ESCOLHA
A POSSIBILIDADE

CB018630

ESCOLHA
A POSSIBILIDADE

ASSUMA RISCOS E PROSPERE
(MESMO QUANDO ERRAR)

SUKHINDER SINGH CASSIDY
Executiva de tecnologia, empreendedora e CEO da Xero

ALTA BOOKS
GRUPO EDITORIAL
Rio de Janeiro, 2024

Escolha a Possibilidade

Impresso no Brasil — 1ª Edição, 2024 — Edição revisada conforme o Acordo Ortográfico da Língua Portuguesa de 2009.

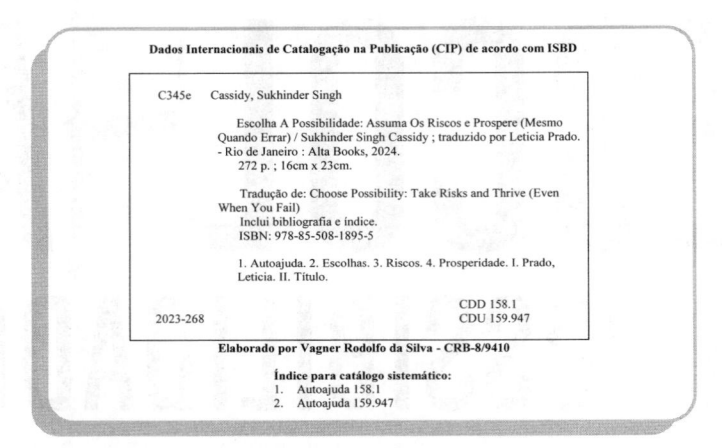

Dados Internacionais de Catalogação na Publicação (CIP) de acordo com ISBD

C345e Cassidy, Sukhinder Singh

Escolha A Possibilidade: Assuma Os Riscos e Prospere (Mesmo Quando Errar) / Sukhinder Singh Cassidy ; traduzido por Leticia Prado. - Rio de Janeiro : Alta Books, 2024.
272 p. ; 16cm x 23cm.

Tradução de: Choose Possibility: Take Risks and Thrive (Even When You Fail)
Inclui bibliografia e índice.
ISBN: 978-85-508-1895-5

1. Autoajuda. 2. Escolhas. 3. Riscos. 4. Prosperidade. I. Prado, Leticia. II. Título.

CDD 158.1
CDU 159.947

2023-268

Elaborado por Vagner Rodolfo da Silva - CRB-8/9410

Índice para catálogo sistemático:
1. Autoajuda 158.1
2. Autoajuda 159.947

Alta Books é uma Editora do Grupo Editorial Alta Books

Produção Editorial: Grupo Editorial Alta Books
Diretor Editorial: Anderson Vieira
Vendas Governamentais: Cristiane Mutüs
Gerência Comercial: Claudio Lima
Gerência Marketing: Andréa Guatiello

Assistentes Editoriais: Beatriz de Assis; Gabriela Paiva
Tradução: Leticia Prado
Copidesque: Bianca Albuquerque
Revisão: Denise Himpel; Wesley Sousa
Diagramação: Lucia Quaresma

Rua Viúva Cláudio, 291 — Bairro Industrial do Jacaré
CEP: 20.970-031 — Rio de Janeiro (RJ)
Tels.: (21) 3278-8069 / 3278-8419
www.altabooks.com.br — altabooks@altabooks.com.br
Ouvidoria: ouvidoria@altabooks.com.br

Editora
afiliada à:

Para os meus pais, que me mostraram
o poder do amor e da possibilidade todos os dias.

Quando nada é certo, tudo é possível.

— Margaret Drabble

SUMÁRIO

PARTE III SEJA RECOMPENSADO

PREFÁCIO

No começo da minha carreira, quando uma startup que eu cofundei estava falindo, um mentor me passou um conselho que ele adquiriu quando o negócio dele estava na mesma situação. "Há uma linha tênue", alguém disse a ele, "entre o sucesso e o fracasso. Enquanto obtiver sucesso, nunca pense ser tão bom quanto as pessoas dizem que você é. E quando estiver fracassando, nunca pense que você é tão ruim quanto te dirão ser."

Essas palavras me ajudaram grandemente, mantendo meus pés no chão durante os bons períodos e confortando-me nos maus. Então, imagine meu deleite ao descobrir que minha amiga, Sukhinder Singh, aprimorou as ideias do meu mentor. *Escolha a Possibilidade* compartilha uma poderosa estrutura sobre os ideais da tomada de riscos que Sukhinder desenvolveu durante sua bem-sucedida carreira no Vale do Silício. Confiar nessa estrutura é estar consciente da linha tênue entre o sucesso e o fracasso. Entretanto, Sukhinder não só observa essa linha, e explica porque existe. Ela também nos ajuda a entender melhor como colocar esse conselho em prática, a fim de nos direcionar aos nossos sonhos.

A verdade é que raramente apreciamos as conexões entre o sucesso e o fracasso. O fracasso é doloroso e ameaçador aos nossos egos, tanto que achamos impossível colher dele as sementes do nosso futuro sucesso. Nós não conseguimos assimilar as bênçãos daquela matéria que reprovamos, da startup que não decolou, ou daquele emprego do qual fomos demitidos. No lugar disso, entramos em pânico e ficamos paralisados. *Escolha a Possibilidade* te ajuda a se recuperar dos tropeços ou passos em falso para que, então, você se arrisque de novo e continue crescendo. Sukhinder te mostra como "se recompor, sacudir a poeira e voltar ao controle."

Com verdadeira compaixão, Sukhinder explora como gerenciar o perigo do ego no fracasso. Como você pode se vacinar do mais perigoso dos medos? Por exemplo, quando acabei de escrever *Empatia Assertiva,* alguém me disse "Você não deveria publicar esse livro. Te faz parecer estúpida e insegura." Ai! Precisava lutar contra o meu antigo medo de passar vergonha se eu quisesse seguir em frente. E, eventualmente, eu segui. Mesmo se as pessoas pensassem que as histórias no meu livro me fizessem parecer ridícula, eu defendi o que escrevi. Sukhinder oferece um novo jeito de olhar para o perigo do ego no fracasso, e como se blindar para que, então, você consiga tomar atitudes positivas mais facilmente. Como queria ter tido o livro dela!

É claro, o risco do fracasso e da rejeição refletem de maneira diferente em cada um de nós. Assim que saí da faculdade, eu já tinha uma meta de carreira específica: trabalhar em Moscou, na questão da conversão militar — um jeito chique de dizer que queria transformar espadas em arados. Não havia muitos empregos nessa área, para dizer o mínimo. Eu consegui um trabalho com um pensador russo a fim de escrever um artigo sobre o assunto, mas o salário era desprezível — seis dólares por mês. Havia exatamente uma empresa americana trabalhando com essa problemática, e minhas cartas para eles estavam todas sem resposta.

Peguei o endereço desta empresa e fui à porta da frente para pedir um emprego. Para mim, isso não era um grande risco. Eu voltei para casa com uma oferta de emprego em mãos. Meu risco ali era o perigo do ego — havia um pequeno risco de dano corporal ao dar de cara com aquela porta. Isso é privilégio, e é injusto.

Compare minha experiência com a de Shaun Jayachandran, um homem indiano-americano. Quando ele entrou nos escritórios do Banco Mundial para solicitar uma oportunidade de estágio, os guardas o ameaçaram com suas armas. Décadas depois, a memória ainda desperta lágrimas em seus olhos. Mas ele usou essa experiência para intensificar seu compromisso de fazer do mundo um lugar mais justo. Hoje, ele é fundador e presidente da Crossover Basketball and Schoolars Academy [Academia de Estudos e Basquete, em tradução livre] um programa internacional de basquete na Índia que fornece oportunidades educacionais para todos os estudantes, sem contar seu status socioeconômico. Shaun escolheu a possibilidade. E sua escolha teve um impacto positivo em muitas pessoas.

Eu espero que ler *Escolha a Possibilidade* ajude você também, a encarar o fracasso como mais um passo. Aprenda as técnicas de Sukhinder. Absorva sua sabedoria. Que você se mova mais ousadamente em direção aos seus sonhos, aprendendo a partir dos sucessos e fracassos, e fazendo o mundo um lugar um pouquinho melhor.

Kim Scott

INTRODUÇÃO

V ocê já passou por uma difícil busca de emprego, recebendo golpes em sua autoestima? Essa era minha realidade durante o outono de 1992. Eu tinha vinte e dois anos, e havia me graduado pela Ivey Business School, da Universidade de Western Ontário no Canadá, no último mês de maio. Todos os meus amigos conseguiram posições de prestígio em firmas de investimento e bancos, mas eu não. Eu fui para o exterior como parte de um programa de intercâmbio, perdendo grande parte do recrutamento que houve no campus. Ao retornar, eu me virei para conseguir entrevistas, e as poucas que consegui não deram em nada. Até a formatura, fui obrigada a retomar o emprego temporário que tive no verão passado: vender o espaço de conferências de um hotel na nossa pequena cidade universitária de London, em Ontário. Enquanto isso, meus amigos davam início às suas carreiras impressionantes.

Eu decidi que precisava de outra chance no recrutamento, então permaneci em London para participar da próxima temporada de outono, indo atrás de todas as oportunidades disponíveis bem ao lado dos alunos um ano abaixo do meu — que sequer haviam se formado ainda. Eu consegui várias entrevistas de "prestígio" — Goldman, McKinsey, Monitor —, mas ainda assim não recebi nenhuma oferta. Fui ridiculamente superdotada no ensino médio, e tinha ido bem na faculdade, sem grandes dificuldades. Agora, pela primeira vez na vida, o sucesso fugia de mim. Eu estava há nove meses inserida na minha busca por emprego, e me escondendo no meu quarto alugado, me sentindo ansiosa e deprimida cada vez que eu reprisava uma rejeição em minha mente.

Sem saber mais o que fazer, continuava a checar obsessivamente as oportunidades de emprego, e me candidatando para novas. Um dia, eu vi que uma firma privada de investimento chamada Claridge Investiment, Ltd., estava contratando um estudante com MBA para uma posição como sócio. Eu não tinha nada a ver com aquela vaga — me faltava um MBA, mal tinha experiência; era, pelo menos, quatro anos mais nova que os outros estudantes de pós-graduação; e tinha apenas uma vaga noção do que era capital privado. Situada em Montreal, era o braço de investimento da família Bronfman, uma das mais ricas e poderosas dinastias do Canadá.

Ainda assim, eu não tinha nada a perder, e me candidatei mais uma vez. Mandei meu currículo, liguei para o contratante (um associado da firma), e deixei uma mensagem na caixa postal. Uma semana passou. E daí outra. Para o meu choque, o escritório do associado me ligou de volta, me perguntando se eu podia voar até Montreal. "Claro, eu adoraria", consegui dizer. Por dentro eu estava pensando, *O que acabou de acontecer?*

Chegando a Montreal, eu fiquei admirada com a correria dessa enorme, cosmopolita cidade. Os escritórios da Claridge me impressionaram também — painéis de madeira caros, uma coleção de arte multimilionária, uma vista incrível da cidade. A entrevista com o associado correu bem, e eu não consegui acreditar quando ele me convidou para mais entrevistas. Enquanto eu ia embora, desabafei: "Por que você me retornou sobre essa vaga? Eu não tenho todas as qualificações."

Ele sorriu. "Quando eu ouvi sua mensagem, eu gostei do som da sua voz e do jeito como você se apresentou. Eu imaginei que deveria te dar uma chance."

Eu voltei para várias outras entrevistas, participando de um rigoroso processo seletivo de seis semanas ao lado dos estudantes de MBA, estudando casos e simulando exercícios. No fim das contas, acabei não conseguindo o emprego — eles decidiram dar a um graduado de MBA. Fiquei profundamente decepcionada (o que não foi uma surpresa, devido à minha natural intensidade), mas também estranhamente revigorada. Minha procura continuou cansativa, mas a minha "quase vitória" em uma oportunidade verdadeiramente ambiciosa se tornou um realce comparada às derrotas contínuas da busca por um emprego. O pequeno risco que eu assumi fracassou em um sentido, mas me despertou algo diferente, uma recompensa mais significativa, me dando um impulso fundamental em minha autoconfiança e me mantendo no jogo. Meses depois, após uma série de reviravoltas (voltarei nisso depois), eu consegui meu emprego "dos sonhos" na Merrill Lynch na cidade de Nova York. Eu estava seguindo meu caminho.

Hoje, sou uma executiva de tecnologia, empreendedora, e investidora no Vale do Silício, o centro global de empreendedorismo e criação de fortuna. Nos últimos vinte e três anos, eu fundei três empresas, fui CEO de outras duas, e ajudei no crescimento de dois gigantes do mundo tecnológico (Google e Amazon). Atuei como funcionária, líder, investidora ou membro do conselho em outra dúzia de empresas de renome global como TripAdvisor, Ericsson, Urban Outfitters e J. Crew, e de serviços digitais de sucesso como Fix, Upstart, e Sun Basket, até pequenas startups que faliram e se afogaram. Eu fui sortuda o suficiente para ver uma empresa que eu fundei (Yodlee) abrir seu capital e se tornar responsável pela venda multibilionária (StubHub) de outra. Fiquei de coração partido ao ver uma empresa em que dei tudo de mim (Joyus) falir, e ingênua o suficiente para me juntar a duas empresas onde eu simplesmente não me encaixava (OpenTV e Polyvore).

Em resumo, venho colocando minha mão no volante em direção ao crescimento, às vezes me saindo bem e às vezes não, durante toda a minha carreira. Assumi incontáveis riscos de todas as formas e tamanhos e ajudei outros a fazerem o mesmo. Apesar de alguns significativos e dolorosos fracassos, a tomada de riscos tem dado tremendos retornos à minha carreira em todas as dimensões — financeiramente, emocionalmente e, na minha reputação. Também me ensinou algo que eu gostaria que todos soubessem: Risco *não* é o que você acha.

OS MITOS DA TOMADA DE RISCOS QUE NOS ASSUSTAM

Para muitos de nós, riscos parecem inerentemente assustadores, e isso é totalmente compreensível: Por definição, risco é uma situação perigosa em que alguém enfrenta a "possibilidade de perda ou injúrias". É claro, evitar riscos é bom para nós, já que nos mantém longe de graves perigos e prejuízos irreparáveis. Ainda assim, nós sabemos que, para crescer mais rápido e conquistar o sucesso, precisamos estar abertos a experimentar e tentar novos desafios. A perspectiva de nos dar essa chance coloca nossas esperanças de progresso e realização contra nossa necessidade de autopreservação. Na maioria das vezes, a necessidade de autopreservação ganha.

Certos mitos que rodeiam a tomada de riscos e o sucesso só aumentam nossa ansiedade. Fundamental e problematicamente, nós tendemos a olhar para a tomada de riscos de maneira discreta, monumental e, francamente, como uma ação louca que uma pessoa faz e não pode voltar atrás com facilidade, como pular de um avião, pegar 401 mil para começar um negócio, ou se casar com alguém que você conheceu há três semanas no Tinder. Em algum grau, esse conceito cotidiano de riscos parece legítimo — de fora para dentro, pessoas bem-sucedidas parecem estar fazendo grandes movimentos não lineares o tempo todo. Os problemas surgem, contudo, quando pensamos que isso é *tudo* que a tomada de riscos é. Nós presumimos — erroneamente — que a tomada de riscos é um único salto que tem o poder de nos arruinar. É melhor que esse salto seja grande; senão, não veremos uma grande recompensa. Se não estivermos andando em uma corda bamba acima do Grand Canyon, nós podemos muito bem esquecer a viagem e ficar em casa. Como Helen Keller, notavelmente, colocou: "A vida é ousar a se aventurar ou nada mais."

O Mito da Única Escolha, como eu chamo, coloca em nós uma pressão enorme para que façamos a escolha *certa,* como um tiro certeiro em direção à glória. Também dá atenção a mais mitos, que eu coloco como igualmente errados. Pelo motivo de tudo parecer estar em jogo, nós acreditamos que precisamos estar cuidadosamente preparados, fazendo o possível para moderar o risco ou talvez até eliminá-lo por completo. Nós nos esforçamos para manipular o "plano perfeito" que, é claro, raramente se concretiza. Para nos ajudar a lidar, dizemos a nós mesmos que se formos apaixonados o suficiente, trabalharmos duro o suficiente, se formos perfeitos o suficiente em nossa execução, nós certamente podemos achar um jeito de controlar o resultado. Se falharmos, tomamos um grande golpe em nossa autoestima, convencidos de que foi tudo culpa nossa. Engatinhamos até uma bolha na qual é muito improvável que assumiremos qualquer outro risco. Quando temos sucesso, os outros nos dão todos os créditos, nos tratando como conquistadores de valor. Depois de tudo, só tem espaço para uma pessoa no topo da montanha — e esperamos que sejamos nós.

Frequentemente, essas crenças nos impedem de tomar qualquer risco. Olhando para o abismo escancarado de incertezas, entre glórias e derrotas épicas. É mais seguro, nós achamos, sentar e não tomar nenhuma atitude. Quando a tomada de riscos surge, *aí* que partimos para a ação. Exceto que não, já que estaremos novamente nos agarrando a um ciclo totalmente novo de ansiedade. Histórias de enormes tomadas de riscos e redenções, de lugares como o Vale do Silício, não ajudam. Em vez de diminuir nosso medo do risco em geral, manchetes do tamanho de um tweet reforçam a natureza mítica e singular da tomada de riscos. Quanto mais o mundo aplaude a tomada de riscos, menos acessível ela se parece para cada um de nós.

ESCOLHENDO A POSSIBILIDADE

É tempo de nos libertarmos de nossa percepção de que a tomada de riscos é "tudo ou nada". Na verdade, a tomada de riscos está disponível para todos, assim como suas recompensas. Minha decisão de décadas atrás de me candidatar a um emprego no qual eu não tinha chance alguma dificilmente foi um risco épico. Era uma aposta pequena que fiz dentre várias na minha meta de ter um emprego "real". Por mais que a aposta não tenha sido bem-sucedida como eu esperava, teve um enorme efeito positivo o qual eu não tinha antecipado. Ganhei um impulso na minha autoconfiança que me deu energias para continuar jogando com a sorte até que outro risco que eu assumi deu resultado. Olhando para trás, todo o processo de procurar um emprego se resume a uma jornada de sucessos e fracassos. Por mais que eu tenha trabalhado duro, meus momentos de vitória nem sempre corresponderam aos esforços de quando eu tentava meu máximo ou me planejava melhor. Às vezes, eu só dava sorte.

A tomada de riscos é algo inerentemente incerto, e qualquer escolha que fazemos pode não funcionar como pretendemos. O poder da tomada de riscos está no ato de juntar várias escolhas a longo prazo, algumas pequenas, outras grandes, mas cada uma produzindo um impacto e aquisição de conhecimento que nos ajude em nossas futuras escolhas. Como Ralph Waldo Emerson uma vez observou, "Toda vida é um experimento. Quanto mais experimentos você fizer, melhor." Seguros no fato de que cada escolha que fazemos nos oferece a oportunidade de ganhar ou aprender algo a partir dos resultados, nós podemos deixar para trás o medo de que um evento isolado terá o poder de nos destruir. A tomada de riscos não é um *único* lampejo de perigo que nós imaginamos. É um *processo* contínuo que nós, humilde e esperançosamente adotamos, sabendo que nossas chances estão mais propícias a falharem, mas que nossa probabilidade geral de sucesso aumenta assim que repetimos o processo.

Eu chamo esse processo de *escolher a possibilidade*. Em vez de nos paralisarmos ao contemplar grandes escolhas, nós focamos na constante tomada de pequenos ou grandes riscos na busca de nossas metas. Nós não nos iludimos com o pensamento de que podemos alcançar nosso objetivo em apenas uma grande tentativa. Simplesmente buscamos começar e nos manter nesse movimento constante, sabendo que toda decisão que tomamos nos ajuda a desbloquear a próxima possibilidade. Nós nos tornamos bem-sucedidos seguindo o caminho dos nossos sonhos, como um veleiro em um vendaval. Como nós, possivelmente, vamos acumular mais fracassos que aqueles ao nosso redor que assumem menos riscos, nós também notaremos muito mais das possibilidades que buscamos.

Como você verá neste livro, o fracasso perde sua convencional característica assustadora quando você pensa nele como parte do processo de escolher a possibilidade. Tornando-se adepto desse processo, podemos trabalhar para construir uma temporada só de vitórias, em vez de nos preocuparmos demais sobre cada jogo e seu resultado. Mesmo ao perder, você obtém benefícios importantes. E mesmo quando sofre uma série de perdas, você acaba vencendo.

PERMANECENDO EM CONSTANTE MOVIMENTO

Muitos de nós não têm problema nenhum em ver a tomada de riscos como um processo de iteração gradual ao sucesso quando se trata de tecnologia. Nós aceitamos que empresas como a Apple lancem produtos de maneira incompleta, adicionando coisas novas e colocando novos elementos em uma série subsequente de versões. Nós aceitamos que uma empresa como a Uber precise pivotar para conseguir alcançar um sucesso maior como aplicativo de caronas do que um aplicativo de aluguel de limusines. Ou um site de vendas como a Amazon que evoluiu de diversas maneiras com o passar de vinte anos e hoje é, ao mesmo tempo, uma loja de conveniência e um estúdio cinematográfico premiado.

Ainda assim, nossas visões sobre a tomada de riscos, em um nível individual, continuam, de maneira teimosa, estáticas. Se nós queremos expandir nossas chances de um impacto em longo prazo, devemos adotar uma nova abordagem. Podemos aprender a escolher a possibilidade, diminuindo o peso de cada escolha, enquanto aumentamos o peso da nossa habilidade de continuar escolhendo. Dominar essa habilidade não é apenas essencial para acelerar nosso sucesso pessoal, como também é para nos ajudar a achar um jeito de ascender em tempos cada vez mais incertos e dinâmicos. Mesmo se escolhermos não assumir riscos, eles ainda "acontecerão" de qualquer forma.

Psicólogos têm observado que nós nos seguramos nas forças que controlam nossa vida — o que eles chamam de "lugar de controle". Pesquisas sugerem que somos mais bem-sucedidos e saudáveis, e com melhor senso do bem maior, quando acreditamos que *nós* temos mais esse controle do que forças externas ou destino. Aprender a escolher a possibilidade nos dá uma grande noção de controle das nossas vidas, incluindo condições mais dinâmicas, nos deixando mais estáveis e empoderados. "Liberdade e autonomia são essenciais para o nosso bem-estar. E escolher é essencial para a liberdade e a autonomia", o psicólogo Barry Schwartz observa. Como o mundo ao nosso redor continua a mudar e velhos jeitos de trabalhar, se comportar e pensar se tornam obsoletos, ficar preso no mesmo lugar se tornará uma grande provação, tanto para nossas psiques, quanto para nossas carreiras. Precisamos permanecer em constante movimento, nos tornando cada vez mais flexíveis, resilientes e atentos ao tomar decisões.

Escrevi este livro exatamente para te ajudar com isso. Eu cresci frustrada com a mística que envolve a tomada de riscos, principalmente em bolhas como a indústria tecnológica. Ao observar tal expansão do lado de fora, qualquer pessoa ambiciosa começa a acreditar que apenas as pessoas com melhor perfil de tomada de riscos conseguem os benefícios ao se arriscarem. Nada poderia estar mais longe da verdade. Olhando para trás, para a minha carreira, eu extrapolei o número de lições-chave de *como* assumir riscos para um crescimento consistente, incluindo estratégias específicas que você pode usar para começar a assumir riscos cedo, fazer grandes apostas calculadas, e continuar a ter a possibilidade de escolha a longo prazo para maximizar seu impacto. Se você estiver procurando melhorar suas contribuições no trabalho ao aprender a assumir riscos, ou se você está avaliando dar um passo maior na sua carreira, ou se está com medo de dar um salto, as dicas neste livro podem ajudar. Você aprenderá a *ir em frente, se tornar cada vez mais inteligente,* e a *ser recompensado* ao longo de sua carreira. Apenas entenda que ter escolhas na vida é um *privilégio* e, se somos afortunados o suficiente para tê-las, devemos exercê-las.

Às vezes buscamos crescimento proativamente por meio de nossas escolhas. Em outras vezes, reagimos aos sistemas e forças ao nosso redor (incluindo situações desafiadoras de viés desigual). De qualquer jeito, ainda podemos escolher em um leque de respostas. Se formos sortudos o suficiente para termos essa possibilidade, isso já mostra abundância. Nosso trabalho é não falhar sendo capazes de escolher, sabendo que muitas pessoas não possuem a mesma sorte. Se ter acesso a possibilidades hoje em dia é difícil, nosso trabalho é seguir em frente fazendo com que até decisões menores sejam capazes de abrir novos caminhos.

Por muito tempo, nós romantizamos o risco como uma montanha mística, onde é necessário ter muita coragem para escalá-la. Em vez de nos ajudar, esse ponto de vista nos deixa querendo ficar na base da montanha. O que a minha jornada tem me ensinado é algo muito diferente. A tomada de riscos não é somente para aqueles que buscam adrenalina. É para todos nós. Se você tem tido dificuldades para seguir em frente, agora é o momento para repensar suas visões sobre o risco.

Pare de se imaginar fazendo uma única grande e perigosa escolha e, em vez disso, coloque-se em movimento. Nós não precisamos ser poderosos ou perfeitos nas nossas escolhas. Nós simplesmente precisamos continuar escolhendo até chegarmos às possibilidades. Candidate-se àquela vaga que você, provavelmente, não vai conseguir. Comece a jogar e se esforce. Quando eu comecei, tinha ambições enormes para a minha carreira, porém pouquíssimo entendimento de como alcançá-las. No fim das contas, não precisei de um grande plano, nem precisei assumir um único, perfeitamente orquestrado, risco. Eu simplesmente comecei a tomar pequenas decisões, e depois maiores, e com o tempo continuei escolhendo até chegar às possibilidades. Você também consegue.

Sukhinder Singh Cassidy

Outono de 2020

PARTE I

Siga em Frente

Nada nunca será atingido, se todas as objeções possíveis forem superiores.

— Samuel Johnson

1   Descarte a Jornada do Herói

Você já alcançou um ponto de inflexão em sua vida ou carreira apenas para sentir a enorme pressão de fazer uma escolha? Minha irmã mais velha, Nicky, sim. Em 2010, ela fazia seus próprios testes de optometria em um shopping. Cuidadosa e generosa por natureza, ela amava servir aos seus pacientes, e tinha muito orgulho de seu consultório com sua pequena equipe, a qual tratava como família. Por uma década, o negócio prosperou, mas recentemente enfrentou dificuldades devido a forças maiores. O tráfego de pedestres estava decaindo, a competição local se intensificou, e mais clientes optavam por comprar óculos online ano após ano.

Sem pausa nas suas despesas fixas, a profissão de Nicky estava gerando cada vez menos lucro ao ano, e ela se esforçava para guardar dinheiro para o futuro. Enquanto isso, seu aluguel exigia que ela mantivesse seu consultório aberto até que o shopping fechasse às nove da noite. Seu marido era um executivo de uma empresa internacional que passava muito tempo viajando e, entre esportes e a escola, seus dois filhos tinham uma agenda cheia. Na maioria das noites, minha irmã chegava em casa às dez, servia o jantar para seus dois meninos famintos, obrigava-os a fazer a lição de casa, e ia para a cama entre uma e duas da manhã. No dia seguinte, ela se levantava e fazia tudo de novo.

Preocupada com seu bem-estar, pedi que Nicky reconsiderasse suas opções, que incluíam fechar ou vender seu negócio, ir trabalhar para outra pessoa, combinando sua especialidade com a de outro médico, ou manter sua especialidade em um novo local. Mesmo exausta e estressada como estava, Nicky não conseguia chegar a uma decisão. Tudo o que ela sabia era comandar seu negócio daquela mesma forma e na mesma locação no shopping. Ela havia construído uma grande base de clientes, gastado muito dinheiro em inventário e equipamentos, e montado uma equipe de pessoas que contava com ela para seu sustento. "Eu assumi um risco enorme comprando e construindo isso", ela disse. "Claro, eu poderia fazer alguma mudança, mas ir trabalhar para outra pessoa pode ser um erro ainda maior. Eu estaria desistindo de tudo aquilo que eu construí." Era muito assustador pensar em fazer algo diferente.

Nicky se sentia sobrecarregada com a ideia de que tudo ao seu redor se resumia à escolha que ela teria de fazer — que era fazer ou falhar. Sem ao menos se dar conta, ela se entregou ao Mito da Escolha Única (Figura 1). Muitos de nós caímos nessa armadilha. Nós temos dificuldade em achar um novo caminho por causa do peso aparente de uma única decisão, e tememos que escolher mal será nossa ruína. Nossa ansiedade aumenta quando já estamos atrelados a uma situação desafiadora, entretanto, também é muito ruim quando nos sentimos estáveis e bem-sucedidos — nós não queremos renunciar à ótima posição que fomos capazes de assegurar. Então, atamos nossas mãos e sofremos noites sem dormir, quebrando a cabeça para descobrir o que podemos fazer. Decidimos ficar imóveis até que nossa situação atual se deteriore, ou nos pressionamos a fazer a escolha perfeita para evitar a ruína. Assumir riscos se torna muito mais difícil do que precisa ser quando aderimos ao Mito da Escolha Única.

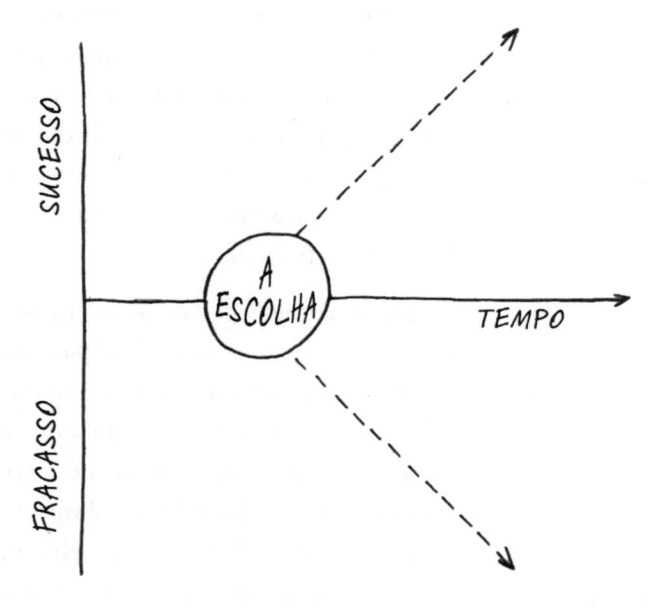

Figura 1

A JORNADA DO HERÓI EM NOSSAS CABEÇAS

Por que tendemos a monumentalizar o risco desta maneira? Frequentemente, vemos pessoas bem-sucedidas como heróis que assumem enormes riscos e eliminam inimigos em uma épica jornada até a grandeza. Transferindo esse pensamento às nossas vidas, nós presumimos que devemos assumir um grande risco para atingir a grandiosidade. Em contrapartida, nós tememos a desvantagem mais do que deveríamos. Nós achamos que quanto maior o sucesso em potencial maior será a queda caso nossas escolhas sejam as erradas.

História que ouvimos durante toda a nossa vida reforçam esse tipo de pensamento. Estudiosos perceberam que narrativas heroicas se apoiam em mitos antigos e contos populares, observando que continuam a influenciar as narrativas que consumimos hoje, em livros, filmes e na televisão. "Em todo o mundo habitado", escreve Joseph Campbell em seu livro *O Herói de Mil Faces*, "em todo o tempo e sob qualquer circunstância, os mitos do homem têm prospe-rado; e estes têm sido a inspiração viva do que quer que tenha aparecido fora das atividades humanas de corpo e mente". Campbell interpreta a jornada do herói como uma passagem épica ao encontro da autodescoberta e da transformação, na qual há uma pincelada de perigo enquanto o herói descobre seu verdadeiro eu. "Um herói se aventura para longe do mundo comum até uma região de ma-ravilhas sobrenaturais. Forças fabulosas estão lá, e a decisão vitoriosa é vencer. O herói volta de sua aventura misteriosa com o poder de conceder benefícios a seu companheiro." Em um aspecto geral, a busca se constitui inteiramente em um desafio monumental ou um perigo que o herói aceita na esperança de alcançar grandeza.

Contudo, olhe cuidadosamente e você verá que a jornada do herói não se resume a apenas um grande risco. Na verdade, de acordo com Campbell, heróis *assumem qualquer número de grandes e pequenos riscos ao longo do caminho*. Eles embarcam em suas próprias jornadas, deixando o mundo ordinário, entrando em outro especial e desconhecido para eles, depositando fé em seus mentores e se submetendo a uma série de testes que provam suas habilidades e muito mais. Mas, em nossas releituras diárias da jornada do herói, tendemos a falhar na hora de reconhecer ou processar esse nível de detalhes. Continuamos a enxergar a jornada como um abrangente, único e grandioso risco.

Seres humanos acham a perspectiva do incerto fundamentalmente aterrorizante. "A incerteza age como um foguete cheio de preocupação", um observador escreve, referenciando inúmeros estudos científicos no assunto. "Isso faz com que as pessoas vejam ameaças em todo o lugar e, ao mesmo tempo, faz com que sejam mais propensas a reagir emocionalmente a essas ameaças." Psicólogos afirmam que o medo do desconhecido talvez seja nosso medo mais básico, ou como um estudioso coloca, "um medo que controla todos os medos". Alguns suspeitam que o incerto nos abala porque ele nos confronta com a necessidade de navegar em nossas tomadas de decisões com mais complexidade.

Todo risco carrega incertezas, mas se você acreditar que tudo gira em torno de uma única escolha, a perspectiva da incerteza aumenta sua inquietação. Nicky se sentiu profundamente incerta sobre seu futuro — ela não tinha como saber se qualquer risco que ela talvez assumisse iria funcionar, e assim como ela percebia, seu futuro dependia de sua decisão.

Um último fator psicológico que intensifica o Mito da Escolha Única diz respeito a *nossa percepção de perda*. Assim como o economista comportamental Daniel Kahneman e a psicóloga cognitiva Amos Tversky argumentaram notoriamente, o medo de perder o que já temos é mais atraente para nós do que o impulso que poderíamos sentir ao mirar um ganho promissor, porém incerto. Se você já tem uma percepção da tomada de riscos como uma única aposta de alto risco, o potencial de perda parece imenso. Some sua aversão à perda, e a desvantagem pode parecer tão esmagadora que tornará impossível assumir o risco em sua mente.

MUITAS ESCOLHAS FAZEM UMA CARREIRA

Por mais paralisante que o Mito da Escolha Única possa ser, você pode, na verdade, dissipá-lo facilmente. Na próxima vez em que assistir a um filme com uma narrativa clara da jornada do herói, tire um momento para mapear os riscos que o herói assume ao longo do caminho. Você descobrirá que há vários — pequenos e grandes, bem-sucedidos ou não. Da mesma forma, se você examinar minuciosamente as carreiras de pessoas bem-sucedidas, você notará que o sucesso se desenvolve progressivamente, como um resultado que ascende de múltiplos fracassos e vitórias ao longo do caminho. Pessoas bem-sucedidas tendem a *iterar* seu caminho ao sucesso cumulativo ao longo de fracassos e conquistas em igual medida.

Para realizar um sonho é preciso unir uma longa série de escolhas, grandes e pequenas, bem planejadas ou não. Eu posso contar ao menos vinte e três escolhas que fiz durante um período de uma carreira de três décadas. A Figura 2 exprime as dez escolhas mais importantes que me guiaram às minhas circunstâncias atuais. Como você poderá ver, algumas dessas escolhas funcionaram, outras não, mas minha carreira, num geral, prosperou. Com o passar do tempo, consegui conquistar muito mais do que sonharia se tivesse uma limitada tomada de riscos.

MINHAS PRINCIPAIS ESCOLHAS DE CARREIRAS

PRINCIPAIS ESCOLHAS DE CARREIRA	DIMENSÃO DOS RISCOS GERAIS	ANO
ANALISTA MERRILL LYNCH BRITISH SKY BROADCASTING	★	1993–1997
DESEMPREGADA VALE DO SILÍCIO	★★	1997
GESTORA OPEN TV	★	1997
GESTORA JUNGLEE/AMAZON	★	1998–1999
FUNDADORA & SPV YODLEE	★★★	1999–2003
DIRETORA, VP, PRESIDENTE GOOGLE	★	2003–2009
DEIXEI A GOOGLE	★★★	2009
CEO POLYVORE	★★★	2010
FUNDADORA & CEO JOYUS	★★★	2011–2017
FUNDADORA & MEMBRO THE BOARDLIST	★★	2015–ATUALMENTE
INVESTIDORA-ANJO	★★	2011–ATUALMENTE
PRESIDENTE STUBHUB	★	2018–2020

Figura 2

Se você se vir aterrorizado ao encarar um grande risco, conduza uma análise similar da sua própria vida ou carreira até então. Você, provavelmente, vai descobrir que seu sucesso não veio de um único grande risco, mas de vários deles, com um número muito maior de riscos menores atrelados.

Assim que você registrar a complexidade do caminho da sua carreira ou daquelas pessoas que você conhece ou admira, note que várias combinações diferentes devem ter destrancado o atual nível de sucesso seu ou deles. Tendemos a idealizar claramente os "caminhos" para o sucesso. Se você quer se tornar um advogado corporativo bem-sucedido, deve entrar em uma faculdade de ponta, conseguir um emprego de verão em uma grande firma de Nova York, seguido de um emprego permanente em uma dessas firmas, e então trabalhar até conseguir ser um dos sócios. Se quer ser o CEO de uma grande empresa, obtenha alguma experiência em administração, então consiga seu MBA, arrume um emprego em uma grande empresa e continue escalando. Mesmo que essas "receitas" tradicionais possam nos confortar, elas também nos assustam, porque tudo parece nos levar a uma ou outra "grande" escolha tomada: onde você fará faculdade de direito, ou o emprego que conseguirá ao se graduar, ou se vai aceitar ou não a nova função arriscada que sua empresa está lhe oferecendo.

Há uma ou duas gerações, as então chamadas escolhas essenciais podem ter sido criticamente importantes. Mas a boa notícia é que, hoje, os caminhos para o sucesso não importam tanto quanto eles costumavam importar. Millennials e Geração Z estão criando, individualmente, caminhos profissionais não tradicionais ao trabalharem com "bicos" ou pulando de indústria em indústria. Em um estudo de líderes administrativas femininas, uma esmagadora maioria — 86% — considerou meios não tradicionais para chegar ao sucesso. Se você está preocupado em dar um passo em particular em direção ao seu objetivo, não pense demais sobre isso. Eu posso ter me tornado uma CEO e líder digital por meio das minhas vinte e três decisões, ou por uma sequência inteiramente diferente.

Alguns CEOs ascendem ao seguirem o caminho bem conhecido de "experiência profissional, MBA extravagante, um emprego alfa, subida de cargo". *Mas isso se torna cada vez menos comum.* Anjali Sud, conhecida como a "mestre da carreira não-linear", experienciou um número de sucessos e fracassos na corrida para se tornar CEO do Vimeo, apesar de possuir um perfil acadêmico com pedigree, que inclui diplomas de Harvard e Wharton. Como ela relembra, "Eu fiz de tudo, desde investimento bancário até ser compradora de brinquedos, passando por marketing de vendas online de fraldas até atuar com o marketing do Vimeo, e me encontrar no meu trabalho dos sonhos como CEO." Ao longo do caminho, ela aproveitou as oportunidades para criar novas. Quando a Amazon a contratou como estagiária em desenvolvimento administrativo, por exemplo, ela transformou aquilo em uma oportunidade de merchandising, o que a levou a uma posição em marketing. Ela aconselha que as pessoas tenham "fé de que possam transformar sua carreira a qualquer momento", entendendo que "oportunidades vêm de lugares que você nunca poderia imaginar. Eu queria ter sabido disso antes. Acho que teria ficado mais tranquila."

Pesquisas apontam que é sábia uma abordagem mais leve ao construir uma carreira. Como observam os autores de um estudo que observou CEOs por mais de uma década, líderes, que alcançaram o maior cargo mais rápido que outros: "não acelere para chegar ao topo adquirindo o currículo perfeito. Os CEOs conseguem chegar lá tomando decisões profissionais corajosas durante o percurso de sua carreira, até serem catapultados ao topo." Essas decisões incluem aceitar cargos menores motivados a ganhar novas habilidades ou experiências, aceitar um emprego para o qual eles não se sentiam preparados, ou se oferecer para resolver um grande e pouco convidativo problema administrativo. Outra pesquisa, incluindo um grande estudo do LinkedIn com centenas de milhares de pessoas que trabalhavam com consultoria de gestão, descobriu que pessoas com vasta experiência profissional avançam mais rápido do que aquelas que se especializam em uma única área no mundo administrativo. Como um artigo do *New York Times* colocou, "O caminho mais rápido é um caminho sinuoso" quando diz respeito àqueles que querem se tornar CEOs.

Para mim, a jornada de tomada de riscos para ter uma carreira de sucesso se desenvolve por meio de diferentes capítulos (Figura 3), cada um definido por suas próprias ambições. Em cada capítulo, eu fiz uma série de escolhas para me ajudar a avançar rumo à ambição em questão, gerando por sua vez uma série de resultados. Com o passar do tempo, cada capítulo novo foi construído com base nos anteriores, de maneira que pareçam lógicos e planejados para terceiros agora, mas que não chegavam nem perto de ter alguma clareza quando ocorreram.

Figura 3

CRESÇA OU DESISTA

Quando o risco de carreira assumido por você resulta em algum tipo de impacto positivo (mais sobre o assunto depois), isso te impulsiona para a frente, realçando suas habilidades e abrindo diversas oportunidades em potencial, mais do que você acessaria previamente. Ainda que uma escolha resulte no fracasso, é provável que esta ilumine novos caminhos para o guiar até onde você quiser ir. Na verdade, a mais arriscada das decisões é aquela que parece a "mais segura": não evoluir de maneira alguma. O poeta alemão Goethe bem colocou ao dizer, "Os perigos da vida são infinitos, e um deles é a segurança."

Se a sua situação atual já é desgastante, ficar onde você está só faz piorar. A vida pode criar situações nas quais não temos nenhuma escolha além de assumir riscos, mesmo se não os procurarmos. Por outro lado, se você obteve sucesso e está visando a uma meta ainda maior, ficar no mesmo lugar custa oportunidades cada vez maiores. Enquanto permanece parado, você falha em desenvolver novas habilidades e capacidades tão rápido quanto seus colegas, fazendo com que a competição fique muito mais difícil. Assim como vi várias vezes, dar uma chance, mesmo que acabe em fracasso, normalmente te permite aprender mais rápido do que permanecer em uma situação mais confortável que não mais te desafia.

Ao entrevistar pessoas para um emprego, eu normalmente peço para que eles nomeiem seu maior arrependimento profissional. Curiosamente, a maior parte dos candidatos não apontam seus fracassos, mas sim seus investimentos que não deram certo, a oportunidade de emprego que eles não conseguiram, o trabalho que eles hesitaram em assumir, o funcionário que eles erroneamente demitiram, e por aí se segue. Há uma lição importante a ser aprendida nisso.

Mesmo em um nível corporativo, pesquisas mostram que, em longo prazo, empresas que se mantêm relativamente estáticas estão muito mais propensas ao fracasso do que aquelas que tomam múltiplas decisões, sejam elas bem-sucedidas ou não. Na pesquisa de seu livro *Além das Projeções Hockey Stick,* os sócios da McKinsey — Chris Bradley, Martin Hirt, e Sven Smit — estudaram empresas durante um período de quinze anos. Eles descobriram que o maior indicador de sucesso de uma empresa em longo prazo era sua consistente habilidade de crescer e evoluir durante as fusões, iniciativas para induzir produtividade. Assim como os autores destacam, "Não se mover é, provavelmente, a estratégia mais arriscada de todas." A lição final para as empresas e, de fato, para todos nós, é: Você precisa Crescer, ou apenas deve Desistir.

QUANDO O MITO PARA, TUDO PODE COMEÇAR

Durante 2010 e 2011, o rendimento mensal de Nicky declinou. Seu locatário, apesar dos vários fechamentos de lojas no shopping, recusou-se a abaixar o preço de seu aluguel e a pressionou para renovar o contrato por, pelo menos, mais três anos. Em dezembro de 2012, depois de numerosas conversas pelo telefone, Nicky e eu concordamos em passar um fim de semana juntas analisando todas as finanças, identificando novas opções profissionais, e organizando tudo isso em uma planilha. Quando o fim de semana terminou, Nicky percebeu o quanto sua escolha atual estava "lhe custando" e como outras escolhas em potencial se acumulavam, financeiramente e emocionalmente, pelo menos em teoria. Concordamos que ela poderia fazer vários experimentos em paralelo para explorar essas escolhas futuramente.

Com o passar dos anos seguintes, Nicky colocou alguns desses experimentos em prática. Ela começou a procurar outra locação para a sua especialidade, mas concluiu que essa opção não funcionaria para todos os seus pacientes. Procurar um novo local carregava muitos riscos, e acabaria com todas as suas economias. Enquanto isso, ela continuava a sentir o estresse de ser uma empreendedora. Nicky, às vezes, ouvia falar em lugares onde ela poderia trabalhar junto de outro médico, mas eles não eram muito adequados para o seu atendimento. Em 2015, Nicky finalmente encarou seu locatário e se recusou a assinar um novo contrato. Ela negociou um termo em curto prazo com opções mensais, permitindo que ela tomasse outra decisão futuramente. Seu locatário concordou e, pela primeira vez em anos, Nicky começou a formar a estratégia de saída do status quo.

No começo de 2017, nós tivemos uma conversa que finalmente a abalou. Mais preocupada que nunca pelas perspectivas de declínio do shopping, Nicky tomou uma decisão ousada: Em vez de esperar para agir, ela parou de trabalhar por um tempo para que tivesse espaço para dar um passo atrás, e colocar toda a sua energia em descobrir quais eram as melhores opções para os seus pacientes. Dar uma pausa, e deixar que seus pacientes soubessem, era um passo assustador. Mas ela entendia que uma nova possibilidade só começaria a ter vez quando ela deixasse para trás a escolha em que viveu por tanto tempo. Seu alívio ao sair de tal situação era palpável.

Lentamente, ela começou a ficar animada para o que poderia acontecer. Também notificou sua equipe de que estava, finalmente, seguindo em frente. O acaso veio para ajudar: Uma amiga lhe contou sobre a abertura de uma nova clínica, muito mais perto de sua casa, parte de uma grande empresa médica que inauguraria diversas clínicas pela região. Cada locação oferecia uma combinação de serviços médicos e optométricos, e a empresa procurava optometristas para oferecer esses serviços.

Nicky foi entrevistada, deixando com que a empresa soubesse da rede de pacientes fiéis que ela havia construído ao longo de dezessete anos. Impressionada, Nicky e a clínica concordaram em um contrato mutuamente benéfico para trabalharem juntas. O acordo, que Nicky aceitou, era financeiramente atraente, e lhe permitia trabalhar mais perto de casa, manter um cronograma semanal mais razoável, e continuar a atender seus pacientes (com melhores serviços, adicionalmente). Apenas assumir um risco e fechar o seu negócio no shopping fez com que Nicky finalmente abrisse um caminho para que novas possibilidades se materializassem. Felizmente, uma se materializou. Uma oportunidade que ela nunca imaginava, após anos de estresse e dificuldade.

O sucesso de Nicky não aconteceu do dia para a noite. Na verdade, ela juntou pequenas escolhas e, então, algumas maiores durante vários e vários anos, para desbloquear uma possibilidade de carreira inteiramente nova, que alavancou sua experiência como uma empresária e optometrista de um jeito completamente inesperado. Ao finalmente deixar seu medo da Escolha Única ir embora, Nicky ganhou coragem, flexibilidade e o impulso de que ela precisava para começar sua próxima jornada.

Se você vem tendo dificuldades para seguir em frente, agora é o momento para repensar o jeito que você vê o risco. O Mito da Escolha Única nos impede de agir, tanto em situações desafiadoras, quanto em tempos de escolhas abundantes. Ele nos convence falsamente que estamos melhor não fazendo nada, quando, na verdade, essa é, provavelmente, nossa jogada mais arriscada. Mantém-nos atrelados à jornada do herói de nossa imaginação, nos distanciando de como a realidade da vida é. Felizmente, para nós, o número de escolhas e combinações de escolhas que pode impulsionar nossas metas para a frente é virtualmente infinito, assim que estivermos dispostos a nos colocar em movimento. Quando o mito para, é que tudo pode realmente começar.

PONTEIROS DE POSSIBILIDADE

- Muitos de nós acreditamos que uma única grande escolha determina nosso sucesso ou fracasso final. (O Mito da Escolha Única).

- Na verdade, carreiras se desenvolvem ao longo de uma série de riscos e escolhas, grandes ou pequenas. Múltiplas combinações de jogadas desbloqueiam o sucesso.

- Nosso maior risco é a inércia. Cresça ou desista!

Fortaleça os Músculos que Assumem os Riscos

Se você quer entender o básico da tomada de riscos, não tem nada melhor do que aprender a vender. Minha própria educação começou no verão de 1989, quando, após completar meu primeiro ano de universidade, retornei à minha cidade natal, St. Catharines, Ontário, Canadá, para conseguir um emprego de verão. Eu sempre trabalhei na clínica dos meus pais, e isso era tudo o que meu pai queria para mim, mas eu tinha outras ideias. Naquele verão, eu queria me sustentar e conseguir um emprego em algum escritório que não fosse da minha família. Procurando nos anúncios do jornal local, eu me candidatei para trabalhar como secretária em pequenas empresas. A filial local da Filter Queen me contratou para atender ao telefone, e eu estava seguindo meu caminho.

Se você nunca ouviu falar da Filter Queen, não te culpo — eu também não tinha ouvido. Durante os anos de 1980, era o Rolls Royce dos aspiradores de pó, com seu "patenteado sistema de ação ciclônica" e elegantes acessórios que faziam com que fosse possível limpar qualquer canto de sua casa. Porém, por mais que qualquer dona de casa conhecesse esses aparelhos, muitas outras não conheciam, e nem entendiam porque deveriam pagar centenas de dólares para ter o privilégio de possuir um. Para ajudá-las a entender, vendedores demonstravam o produto em suas casas, convencendo-as que suas vidas seriam muito piores sem o Filter Queen.

O primeiro dia no emprego acabou sendo muito esclarecedor. Eu entrei em um prédio indescritível, sem logotipo em lugar nenhum, então eu segui até as cadeiras surradas e a mesa em frente ao escritório onde eu ficaria sentada. John, dono da filial e que dirigia um Jaguar verde, tinha seu escritório atrás da minha mesa. Com pouco treinamento, ele me pediu para começar a atender os telefones. Não demorou muito para que eu entendesse onde a ação realmente acontecia: à direita, em um pequeno e quase vazio espaço com algumas mesas, um monte de pacotes amarelos, e quatro ou cinco vendedores tentando o seu máximo para fazer com que alguma magia acontecesse.

Havia Gary e Sarah, o time marido-e-esposa que várias vezes trazia seu bebê para o trabalho. Sarah passava horas tentando marcar encontros pelo telefone e, então, Gary iria para a ação e fecharia negócio. Havia Donny, um jovem e convencido vendedor de olhos azuis, um grande sorriso e muito charme. Ele conseguia fechar negócios como nenhum outro. E tinha um número de novos vendedores no escritório toda semana, cada grupo tentando ganhar seu sustento por meio da negociação por telefone. Alguns conseguiam, outros não.

A venda era o âmago da questão. Começando às nove da manhã, cada representante abria uma lista telefônica e ligava para totais estranhos, tentando convencê-los em quarenta e cinco minutos da mágica que eles testemunhariam com um Filter Queen em suas casas. Eles discavam um número e as pessoas desligavam antes mesmo que pudessem dizer muita coisa. Discavam outro número e descobriam que aquela linha havia sido desconectada. Discavam mais um número, faziam seu monólogo inteiro, encontravam resistência, insistiam mais uma vez, e mais uma, e ainda assim desligavam na cara deles.

Eu testemunhei minha cota de táticas duvidosas e também tive que lidar com um grande número de clientes insatisfeitos que sentiam que tinham pagado muito por seus Filter Queens. Mas, ao fim do verão, eu ganhei respeito e admiração por essa equipe da qual fiz parte. Todos os dias, essas pessoas colocavam seus egos em risco para ganhar a vida, lidando com a rejeição de novo e de novo, com o objetivo de atingir o sucesso absoluto. Enquanto muitas pessoas temem encarar um fracasso que seja, esses indivíduos estavam dispostos a fazer pequenas escolhas todos os dias, e tinham aprendido a não deixar que o fracasso os afetasse. Em vez de trabalho pesado, a vida no escritório da Filter Queens era muito divertida e engraçada.

A lição sobre o valor de aprender a vender ficou comigo, e eu fui para a faculdade visando alguma carreira para mim. Eu comecei no comércio em um pequeno shopping durante o ano letivo, e no verão seguinte comecei a vender espaços de conferências administrativas para um hotel em London, Ontário (onde eu cursava a universidade). Eu ligava, tentava, vendia, assumindo pequenos riscos todo o dia para fazer as coisas acontecerem. Assim como meus velhos amigos da Filter Queens, eu desenvolvi alguns músculos para assumir riscos. Especialmente quando diz respeito a superar o medo de vender e da rejeição, sentindo-me bem confortável enfrentando as adversidades de novo e de novo, fracassando na maior parte do tempo, mas ainda obtendo sucesso vezes o suficiente para me tornar uma ótima vendedora.

Se você quer derrubar o Mito da Escolha Única, um ótimo jeito de começar é formando o hábito de assumir riscos menores no seu dia a dia. Antes de assumir riscos maiores e mais ousados, ganhe um pouco de prática quando as chances estiverem baixas. Você não tem que arrumar um emprego em vendas, mas você precisa, conscientemente, procurar motivos para assumir riscos e se sentir mais confortável com isso. Eleanor Roosevelt nos aconselhou, "Faça todo o dia uma coisa que o assuste." Eu acho que se colocar no jogo de pouco em pouco — *mas fazendo isso várias vezes* — é um ótimo jeito de criar resistência quanto à tomada de riscos.

REVISITANDO O RISCO

Como temos visto, a definição de risco implica um espectro de perda. Acredito que a maioria das pessoas pensam no risco de maneira similar, como um flerte com o perigo. De forma interessante, a *tomada de riscos* é definida de um jeito muito mais balanceado, como "o ato ou fato de fazer alguma coisa que envolve perigo a fim de bater uma meta". Embora reconheça a incerteza de qualquer ação, a simples definição direciona igual atenção aos objetivos positivos da maior parte da tomada de riscos. Sugere que, todos os dias, temos a oportunidade de aproveitar chances, grandes ou pequenas, para alcançar nossas metas.

Não importa onde estamos na vida, assumir microrriscos pode, primeiramente, nos empoderar a assumir riscos cada vez maiores para conquistar mais. Nós não precisamos começar a jornada até a possibilidade imaginando o perigo iminente ou a grande perda. Ou pior, não devemos esperar até o dia inoportuno em que nós encararemos uma decisão em potencial que mudará nossa vida. Podemos começar agora, devagar, ao perseguir o mais simples dos objetivos.

Olhando para trás, eu sinto que fui exposta a uma visão bem "normalizada" e positiva da tomada de riscos quando criança, bem antes da minha pré-carreira nas vendas. Eu tenho que agradecer meus pais por isso. Pensando bem, você seria facilmente pressionado pelos Drs. Singh e Ahluwalia, pessoas que, de fato, assumem riscos. Eles certamente assumiram um grande risco antes de eu nascer, se mudando da África para o Canadá bem tarde em suas vidas. Na África, eles aproveitaram uma carreira médica conjunta de sucesso e um ótimo estilo de vida. Após sua mudança, eles precisaram recertificar seu treinamento como médicos e começar tudo de novo, financeiramente, em um novo país. Após se acomodarem no Canadá, contudo, eles viveram uma vida bem convencional como proprietários de uma clínica modesta. Eu cresci como classe média na pequena cidade de St. Catharines, Ontário, onde a missão dos meus pais era prover uma ótima educação para todos os seus filhos.

Por trás das câmeras, meu pai era um empresário e sonhador de possibilidades que me deu uma educação precoce sobre tomada de riscos e seus benefícios. Desde o momento em que ele me ensinou a fazer seus impostos (sim, você leu corretamente), começando pelos oito anos de idade, eu entendi que comandar um pequeno negócio não era tão inerentemente arriscado e misterioso, mas era um processo respeitável que envolvia contínuas doses de tomada de riscos. Alguns desses riscos eram pequenos, assim como nós tentamos criar uma marca para o seu escritório, chamando-o de Centro de Saúde, bem antes dos clientes entenderem o que era um centro de saúde. Outros eram maiores, como quando ele hipotecou nossa casa para comprar um novo prédio que poderia abrigar vários médicos, na esperança de estabelecer a primeira clínica geral da região. (Ele fez isso uns bons dez anos antes dessa inovação se espalhar, e se tornar a base de novas e grandes corporações médicas.)

Em um aspecto geral, vários desses riscos não funcionaram como planejado — meu pai nunca conquistou seus sonhos de um sucesso comercial descomunal. Mas a memória que tenho dele é a de um homem que se sentiu realizado, e estava feliz em fazer escolhas pequenas e grandes visando possibilidades de negócios. Ele nunca falava sobre tomada de riscos comigo — ele não tinha que falar. Era simplesmente o que ele fazia todos os dias, como um empresário e dono de um pequeno investimento. Ele era igualmente pragmático e ambicioso em sua abordagem ao aproveitar oportunidades, e isso também moldou a minha visão de mundo.

TOMADA DE RISCO PARA O LADO POSITIVO

Mesmo quando nossas vidas estão perfeitas, existem oportunidades a serem encontradas e assumidas a fim de acelerar nosso crescimento e construir nossos músculos de tomada de riscos. Refletindo sobre minhas experiências de infância e minha carreira desde então, identifiquei quatro razões simples pelas quais a maioria de nós corre riscos (Figura 4).

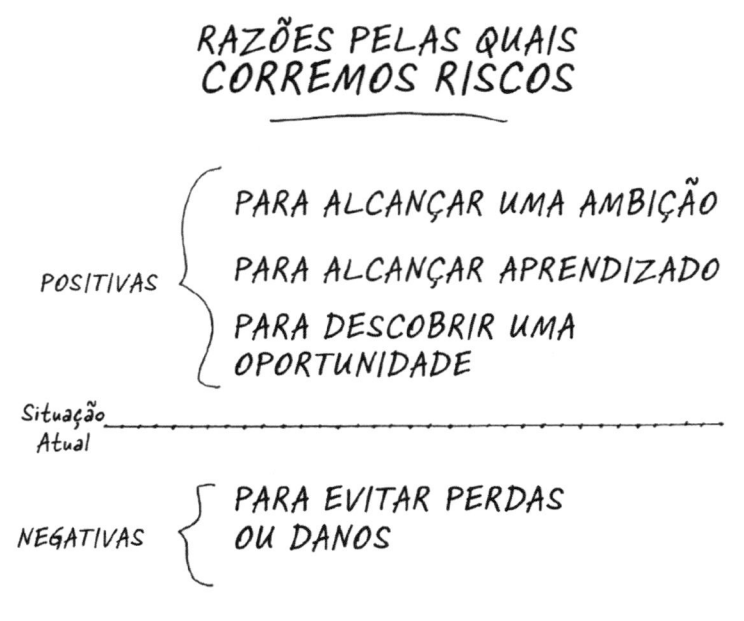

Figura 4

Quando nos encontramos em um lugar estável ou positivo, a tomada de riscos serve como um acelerador que podemos usar para descobrir novas oportunidades, desbloquear novos aprendizados ou alcançar uma meta ambiciosa. Eu chamo isso de *correr riscos para o lado positivo,* e isso pode nos ajudar a obter maiores benefícios de carreira quando já temos um grande plano, ou até mesmo quando não temos.

Digamos que você esteja em um emprego OK ou realmente bom. Você tem uma vaga ideia das suas próximas escolhas de carreira, mas não tem certeza do que elas realmente implicam. Aproveitar pequenas chances de descobrir novas oportunidades é uma maneira simples de começar. Estenda a mão e tente falar com alguém que possa ajudá-lo. Em vendas, prospectei maximizar minhas chances de sucesso mantendo conversas proveitosas com grupos ou empresas. Nós podemos fazer algo semelhante em nossas carreiras, desde pedir para participar de reuniões em áreas que queremos aprender, até abordar alguém no LinkedIn para descobrir o que é interessante ou possível.

Uma segunda razão para correr riscos quando a vida é relativamente boa, é aprender e crescer. Fomos treinados para pensar que todos os riscos são sobre a busca de uma grande e específica ambição. Mas correr riscos pequenos para acelerar o nosso aprendizado vale a pena como um objetivo por si só, e pode, potencialmente, abrir caminhos para um sucesso maior. Observei meu pai experimentar continuamente em sua vida pessoal o gasto de pequenas quantias de tempo e dinheiro para satisfazer sua curiosidade natural. Fascinado por investimentos, mercados financeiros e inovação, ele se debruçou sobre cotações de ações no jornal, ligando para seu corretor, Tom, para "comprar um pouco de AOL", muito antes de eu saber o que era a indústria de tecnologia. Muitas vezes ficávamos absortos em seus 'consertos', quer ele estivesse desmontando a secadora para nos mostrar como funcionava e então ver se ele poderia montá-la novamente, ou me ajudar a construir um modelo de trabalho do olho humano para minha feira de ciências da segunda série em nosso galpão (você pode adivinhar quem estava fazendo a maior parte da construção).

De qualquer forma, a mensagem que internalizei enquanto crescia era a mesma: O principal benefício de tentar algo novo era simplesmente aumentar seu conhecimento. Quão bem você fazia algo importava menos do que sua capacidade de ir até lá, tentar e aprender alguma coisa. Como observou o teólogo John Henry Newman: "O homem nada faria se esperasse ser capaz de fazê-lo tão bem que ninguém fosse capaz de encontrar falhas." Levei essa lição a sério quando adulta, assumindo funções para aprender novas habilidades ou especializações, muitas vezes como movimento lateral e sem a promessa de maior remuneração ou um cargo melhor. Essas experiências não apenas fortaleceram minhas capacidades de liderança, mas, de muitas maneiras, guiaram-me a novas oportunidades de carreira que eu nunca contemplei.

Por último, você pode criar o hábito de assumir pequenos riscos para alcançar os objetivos grandes e específicos que já tenha em mente. Descrevendo seu início de carreira, meu amigo Adam Zbar, cofundador e CEO do serviço de entrega de refeições por assinatura Sun Basket, contou-me sobre uma decisão crítica de vida que ele tomou aos vinte e poucos anos. Depois que ele completou um programa de analista de dois anos na consultoria McKinsey & Company, a empresa se ofereceu para pagar o MBA de Adam, e depois contratá-lo de volta em um cargo bem remunerado quando ele se formasse. Ele já havia sido admitido em administração na Universidade de Chicago, então era mais fácil dizer sim à oferta da McKinsey. No entanto, apesar de ter aprendido muito com sua experiência na McKinsey, Adam percebeu que "embora muitas coisas na vida sejam difíceis, poucas são interessantes", e ele queria seguir um caminho diferente, conectado ao seu amor por contar histórias e fazer filmes. Ele recusou as generosas ofertas da McKinsey para que pudesse seguir seus sonhos e perseguir seu objetivo de estudar cinema.

Embora essa decisão fosse importante, Adam prosseguiu em direção ao seu objetivo, assumindo vários riscos menores. Sem formação acadêmica em cinema, ele percebeu que jamais entraria em um curso ao qual se candidatasse imediatamente, então decidiu fazer algumas aulas como aluno não matriculado e construir um portfólio durante o período de um a dois anos. Voltando a Utah, onde passou parte de sua infância, matriculou-se em um curso de escrita criativa na Universidade de Utah para obter uma sólida formação em contar histórias. Então Adam se mudou duas vezes: primeiro para Minneapolis, para estudar escrita dramática no Playwrights Center, e depois para Nova York, para ter aulas de pós-graduação como estudante não matriculado na Universidade de Nova York. O tempo todo, ele se sustentou trabalhando meio período como consultor de gestão. Quando sentiu que tinha ganhado experiência suficiente, ele se inscreveu na UCLA's School of Theater, Film, and Television, uma das melhores faculdades de cinema dos Estados Unidos, onde foi para fazer um MFA em produção cinematográfica. Essa série de riscos menores ajudaria a aumentar a confiança de Adam, preparando-o bem para assumir riscos muito maiores mais tarde.

É claro que nem todos os riscos acontecem por razões positivas. Como minha irmã Nicky descobriu, às vezes precisamos nos arriscar para escapar de situações difíceis ou em deterioração, reconhecendo que manter o status quo nos causaria mais dor ou perda. Nesses casos, também, assumir pequenos riscos primeiro, em vez de pular direto para um risco gigante, pode parecer menos assustador. Outras vezes, uma situação pode parecer tão negativa que correr riscos parece ser uma vantagem, levando-nos a começar sem temer mais perdas.

Ironicamente, situações difíceis tendem a impulsionar a tomada de riscos de qualquer tipo, muito mais do que as estáveis, levando ao ditado popular de que nunca devemos "desperdiçar uma boa crise".

CEDO E FREQUENTEMENTE: O EFEITO MULTIPLICADOR

Depois de começar a correr muitos riscos menores de forma contínua, você descobrirá que ficará progressivamente mais fácil à medida que constrói seus músculos de tomada de riscos. Não precisamos correr riscos por natureza para nos tornarmos competentes no processo de experimentação em nossas vidas diárias. Algumas de nossas tentativas serão bem-sucedidas, enquanto outras não. Quando nos arriscamos para fins de aprendizado ou descoberta, podemos até aprender a sentir nossos fracassos com menos intensidade, ajudando-nos, também, a temê-los menos. Quando eu era criança, pequenos fracassos como ser silenciada na sala de aula depois de ousar falar, deixavam-me atordoada por um tempo. Mais tarde, porém, quando comecei a correr riscos menores, minhas preocupações com insultos pessoais diante do fracasso diminuíram. Quando comecei a fazer vendas por telefone, minha tolerância à rejeição aumentou ainda mais. Ao nos ensinar a colocar o fracasso em perspectiva, assumir riscos precoces e habituais nos prepara para correr riscos cada vez maiores ao longo do tempo.

A tomada de riscos precoce e habitual também facilita a tomada de riscos ao longo do tempo, ajudando-nos a nos tornarmos sucessivamente mais informados sobre o assunto em questão. Ao ter qualquer objetivo particularmente ambicioso, nossa segunda, terceira, e quartas tentativas têm mais chance de sucesso, uma vez que são informadas e moldadas pelos resultados dos esforços anteriores. Chegamos a pensar em nossas primeiras pequenas tentativas como sinais positivos ou negativos que processamos à medida que fazemos nossos movimentos subsequentes em direção a algo complexo ou audacioso. Quando buscamos objetivos simples, assumir pequenos riscos pode gerar respostas rápidas às nossas perguntas, permitindo-nos avançar com eficiência para outras áreas de foco. Mas parados, não aprendemos nada.

AS VIRTUDES DO FRACASSO TOTAL

Embora possamos e devamos correr riscos pequenos, positivos, para estabelecer o hábito de se arriscar, uma única e grande falha também pode impulsionar a construção desses músculos. Uma amiga minha que chamarei de Gina, co-fundadora e CEO de uma empresa de software de grande sucesso, enfrentou exatamente essa situação quando abandonou o ensino médio na décima série. Ela não fez isso para iniciar uma empresa de software e se tornar uma bilioná-ria. Este foi um fracasso total e completo, com Insuficientes em seu histórico acadêmico, para não mencionar algumas sérias críticas dos pais. Por meses, depois que parou de ir à escola, Gina gastou seu tempo jogando videogame no quarto, lendo livros e se perguntando o que fazer com sua vida. Ela recorda de sentir-se sufocada pela intensa pressão que seus pais colocaram nela para ter um bom desempenho acadêmico. Gina chegou a um ponto em que simplesmente não aguentava mais. "Eu senti como se tivesse atingido o fundo do poço de alguma forma", ela lembra. "Não era como se eu fosse capaz de me recuperar e me inscrever na faculdade com uma boa média de notas."

Os pais de Gina, aterrorizados, convenceram-na a se matricular em um internato na Europa. Depois de passar dois anos lá, e voltar a se envolver com os estudos, Gina voltou para casa para terminar o ensino médio. Ela se inscre-veu em faculdades, e foi rejeitada por praticamente todas as de renome, exceto uma. Gina se saiu bem lá, obteve um diploma de ciência da computação e até se juntou ao time feminino de basquete. Depois de se formar, juntou-se a alguns de seus amigos de faculdade em uma startup de tecnologia, trabalhando como engenheira de software. Passou dois anos e meio ali, aprendendo o básico do empreendedorismo tecnológico. Em 2008, ela se demitiu para abrir uma empresa com um amigo de faculdade e, eventualmente, alcançou o sucesso.

As lutas de Gina no ensino médio e seu tempo em um internato não prepa-raram o terreno para seu sucesso posterior ao expô-la à ciência da computação, matemática e codificação — ela já havia gravitado em torno desses assuntos. Elas fizeram isso ao desmistificar o fracasso, o que, por sua vez, aumentou sua tolerância a riscos subsequentes. Para ela, cada fracasso, agora, parece a janela para um sucesso futuro. "Acho que estou sempre pensando em como encarar uma situação e fazer disso a melhor coisa que já aconteceu", diz ela. "Pode levar trinta anos para esta reformulação, mas ela é um ponto de virada e se torna um marco." Suas experiências como empreendedora apenas confirmaram o valor dessa atitude em relação ao fracasso. "Tivemos muitos e muitos problemas com falhas, então trabalhamos, aprendemos com elas e, como resultado, nos tornamos mais fortes." Os fracassos de Gina no ensino médio não a fizeram recuar em assumir riscos. Na verdade, *exatamente o oposto:* isso a encorajou a assumir ainda mais riscos, grandes e pequenos.

Com o tempo, desmistificar o fracasso também ajudou Gina permitindo que ela se sentisse confortável em equipes repletas de artistas mais talentosos. Falando de sua carreira no basquete, ela observa que em todos os níveis de competição ela "sempre foi a jogadora abaixo da média" em todos os times em que jogou. Ao atingir um certo nível de competência, arriscava e pulava para o próximo nível, achando-se novamente medíocre em relação às colegas de equipe. Em sua faculdade, um dos principais programas de basquete universitário da NCAA, ela era uma das jogadoras mais fracas e passava o tempo no banco. Mas pelo menos ela estava na equipe, aprimorando suas habilidades e conhecimentos, praticando com atletas de elite. Depois, quando jogava basquete recreativo em seu tempo livre, ela percebeu que, embora não fosse boa o bastante para o basquete profissional, ela se tornara uma jogadora excepcionalmente forte e experiente em relação ao público em geral. Por ter feito as pazes com o fracasso, ela pôde se cercar de jogadores melhores e melhorar as próprias habilidades. Não importa quais objetivos você tenha, tornar o hábito de correr riscos e desenvolver uma atitude saudável em relação ao fracasso pode ajudá-lo a assumir ainda mais riscos e acelerar sua trajetória de crescimento.

Se você já se perguntou como empreendedores de alto nível podem arriscar bilhões em uma única grande ideia, ou como profissionais bem-sucedidos podem reunir coragem e jogar fora carreiras de sucesso para tentar algo totalmente novo, ou como alpinistas escalam os rochedos mais perigosos do mundo, agora você sabe a resposta. Muito provavelmente, seu maior risco não foi o primeiro, mas o número cinco ou até quinhentos. Aquele que se arrisca e acerta um grand slam em sua primeira e única tacada não é a regra, e sim, a exceção extrema. As pessoas que você vê correndo grandes riscos hoje, estão correndo riscos o tempo todo — pequenos, até microscópicos. Eles construíram a tomada de riscos como um músculo muito antes que alguém percebesse.

Se você está curioso sobre novas oportunidades de carreira, busque cinco novos contatos na esperança de fazer uma conexão. Se você está em um trabalho corporativo, decida falar em uma reunião mesmo sob o risco de parecer tolo, fazendo a pergunta que todo mundo está secretamente ponderando. Se tem alguma economia e uma profunda paixão por seguir certas empresas ou setores, invista um pouco de seu dinheiro em uma conta de negociação de ações, tentando usar seu conhecimento para gerar recompensas financeiras incrementais.

Minha amiga Reshma Saujani, autora do best-seller de Corajosa sim, Perfeita não, recorre aos esportes e outras atividades físicas como forma de flexionar e desenvolver seus músculos da tomada de riscos. Uma vez a cada mês ou dois, ela experimenta um novo esporte apenas por experimentá-lo. Ela já tentou surfar, diz, mesmo que não parecesse a coisa certa para ela: "Não sei nadar, não gosto de água fria e não gosto de fazer coisas em que não sou boa." Ela foi para as aulas de dança, a única de quarenta e poucos anos dançando entre uma multidão ágil de vinte e poucos. A questão é simplesmente *continuar correndo riscos*, confrontando-se com o choque do novo ou do desconhecido. Como Reshma aponta, correr riscos não se torna apenas mais fácil quando se faz com frequência — pode ser divertido também. "Há algo em se sentir viva e se apressar", diz ela sobre se arriscar.

Mais importante do que qualquer chance que temos, é o compromisso que assumimos de começar a correr pequenos riscos todos os dias. Se você estiver em um ambiente relativamente seguro, protegido e positivo, então você está na melhor posição para ter poucas chances de crescer. Mas qualquer hora é uma boa hora. À medida que ganhamos prática em construir conhecimento de forma iterativa e lidar com pequenas falhas, tornamo-nos mais aptos a escolher possibilidades. Quando chegar a hora de fazermos uma escolha verdadeiramente significativa, como invariavelmente acontecerá, estaremos prontos.

PONTEIROS DE POSSIBILIDADE

- Assumir pequenos riscos precocemente muitas vezes ajuda você a criar os músculos da tomada de riscos, com benefícios compostos.

- Em vez de focar apenas no potencial de perda, podemos reenquadrar o risco como decisões que tomamos que nos proporcionam vantagens consideráveis.

- Existem quatro razões principais pelas quais podemos correr riscos: descobrir oportunidades, aprender algo novo, atingir um novo objetivo ou evitar mais danos.

3 | O Poder da Canalização em Paralelo

$\int$ e você acha que deve se preparar indefinidamente, ou ter certeza sobre seus objetivos, antes de assumir riscos de forma eficaz, tenho uma história para lhe contar. Ao longo dos meus anos de universidade, eu sabia exatamente o que era preciso para ter sucesso. Mas quando me aproximei da minha graduação, impressionantemente, me encontrei incerta sobre o que fazer a seguir. Mesmo a ambição com a qual eu me identificava — tornar-me uma prestigiada consultora de investimentos ou de gestão, repleta de ternos poderosos, CEOs como clientes e um grande salário — era uma meta clichê. Meus amigos mais próximos estavam procurando emprego nessas áreas, assim como vários outros colegas de classe, então, como eu não sabia o que fazer, decidi que deveria procurar esse tipo de trabalho também.

Eu gostaria de poder dizer que já ouvi falar dessas funções antes, ou que pensei profundamente sobre isso antes de minha procura por emprego começar. Gostaria de poder dizer a vocês que coloquei em prática todos os passos para atingir esse objetivo, começando muito mais cedo na universidade e ingressando no Clube de Economia ou de Debate; que reforcei meu currículo com cargos de liderança, como presidente de classe; ou obtive um estágio de verão em uma corporação global. Na verdade, entre ser secretária da Filter Queens local, e fazer vendas locais em varejo e em hotéis, acumulei poucas das impressionantes realizações universitárias de que precisaria para competir com os melhores dos melhores entre meus colegas. Suas escolhas educacionais e de carreira pareciam perfeitamente orquestradas e bem executadas. Não é o meu caso.

Minha ansiedade durante o outono de 1993 estava alta e me sentia terrivelmente deprimida, não tendo conseguido alguma posição em junho anterior, quando me formei com meus colegas. Minha experiência com a entrevista no Claridge me deu um impulso temporário de confiança, mas, no final de novembro, eu ainda não tinha conseguido o emprego dos meus sonhos na área de banco de investimentos globais ou consultoria e senti, mais uma vez, que estava à beira do fracasso.

Minha sorte mudou em dezembro, mas só um pouco: recebi, finalmente, uma oferta do TD Bank, um banco de investimentos canadense em Toronto. Aceitei, muito mais a contragosto do que deveria. Embora eu estivesse feliz por ter conseguido um emprego, meu eu mais jovem, menos iluminado, ainda sentia que eu havia ficado atrás do que os outros haviam realizado e do que eu presumia que poderia alcançar também. Fiz planos de me mudar para Toronto em algumas semanas, mas não fiquei feliz com isso.

Por volta dessa época, tive notícias de meu amigo Bertram, que morava em Nova York e trabalhava na Merrill Lynch, um dos maiores e mais agressivos bancos de investimento em Wall Street. Embora a Merrill não tenha recrutado formalmente em universidades canadenses, Bertram realizou uma busca independente de emprego e conseguiu entrar. Ao ouvir o desânimo em minha voz, ele me encorajou a tentar mais uma vez um emprego em algum banco global. "Envie-me seu currículo e eu o passarei adiante. Você não tem nada a perder." Depois da minha experiência com Claridge, eu sabia que ele estava certo, então não hesitei. Eu também sabia que as chances de receber qualquer tipo de resposta eram mínimas.

Uma ou duas semanas se passaram e, em meados de dezembro, recebi uma carta transmitindo a clássica resposta evasiva. Merrill sugeriu que se eu "já estivesse em Nova York", seria bem-vinda para uma entrevista informativa para "saber mais sobre a empresa".

Sentada à mesa de jantar na casa dos meus pais, na zona rural de St. Catharines, suspirei e disse, "Bem, é isso."

"O que é o quê?", meu pai perguntou.

"Outra rejeição, desta vez da Merrill." Entreguei a carta para ele analisar.

"Isso não é uma rejeição", disse ele. "Eles convidaram você para entrar."

"Pai, é apenas uma cortesia. Eles estão sendo educados. Se eles me quisessem, eles teriam me oferecido uma entrevista de verdade e me pedido para voar até Nova York."

Meu pai me devolveu a carta. "Talvez, mas eu sugiro que você compre uma passagem de trem para Nova York e aceite a oferta."

Assim como Bertram, ele me lembrou de que eu não tinha nada a perder, e não prestou muita atenção ao fato de eu já ter aceitado um emprego. *Em suma, ele estava me encorajando a correr o risco.*

Duas semanas depois, encontrei-me na nova sede mundial da Merrill em Lower Manhattan, localizada em frente às Torres Gêmeas. Cerca de quinze minutos depois de uma entrevista informativa de trinta minutos, a recrutadora perguntou se eu ficaria mais tempo para me encontrar com uma colega dela. Eu concordei e, no final do dia, fui embora com um convite para participar do Super Sábado, a cansativa rodada final do competitivo processo de seleção de várias etapas da Merrill. Os melhores alunos das escolas de elite dos EUA se dirigiriam à sede e se reuniriam para uma tarde de entrevistas e exercícios de alto nível. De alguma forma, eu havia passado pelo processo normal e garantido uma cobiçada chance de competir com os melhores dos melhores por um trabalho de prestígio em Wall Street.

O Super Sábado aconteceria cerca de um mês depois. Enquanto me preparava mentalmente, também completei minha mudança para Toronto e comecei no TD Bank. Dado quão desanimada eu estava com esse trabalho, resolvi buscar várias oportunidades em paralelo e não parei com a Merrill. Se eu não conseguisse realizar meu sonho de conseguir um emprego em um grande banco de investimento global (e depois de falhar tantas vezes, temia que não conseguisse), queria perseguir outra meta igualmente ambiciosa. Eu ainda não sabia exatamente que tipo de carreira eu queria, mas, ainda não contente em ter apenas uma nova opção que me empolgava, comecei a depositar minha energia na pesquisa de novas oportunidades. As três possibilidades que subiram ao topo de minhas ambições reacendidas eram tão diversas quanto se poderia imaginar: ingressar no Serviço de Relações Exteriores do Canadá, cursar a faculdade de direito ou me matricular na faculdade de medicina. Secretamente, inscrevi-me no programa médico da Universidade McMaster e consegui uma entrevista com base em minhas realizações acadêmicas gerais, apesar de nunca ter feito o MCAT ou qualquer curso de ciências da faculdade. Eu, simultaneamente, tentei o exame do Serviço de Relações Exteriores e consegui passar, garantindo uma entrevista pessoal em Ottawa, em fevereiro. E eu me inscrevi no exame LSAT também, apenas para sair cinco minutos depois, quando percebi que nunca, jamais, desejaria trabalhar como advogada. Em retrospecto, eu deveria ter começado a explorar metodicamente essas opções meses antes, bem no início da minha busca por emprego, e canalizá-las. Antes tarde do que nunca. Senti-me aliviada por ter novas escolhas a considerar e o exercício também validou o meu entusiasmo contínuo pela Merrill.

Em meados de janeiro, peguei o trem para Nova York novamente, e participei do Super Sábado. Embora intimidada pelo calibre dos outros candidatos, competi de forma agressiva e me senti bem com o resultado. Aparentemente, os recrutadores da Merrill sentiam o mesmo por mim. Algumas semanas depois, em uma gélida noite de inverno que, por acaso, era meu vigésimo terceiro aniversário, meu entrevistador original da Merrill me ligou pessoalmente para me oferecer um cargo de analista em tempo integral na empresa. Eu começaria em junho — isto é, se estivesse interessada. Eu mal conseguia me conter. Após um ano de luta, finalmente havia conseguido meu emprego dos sonhos. "Adoraria trabalhar na Merrill", consegui dizer. Eu estava pronta para este novo capítulo empolgante da minha carreira, a convicção na minha escolha fortalecida pelos múltiplos caminhos que segui em paralelo.

Eu prontamente cancelei minhas entrevistas pessoais com o Ministério das Relações Exteriores em Ottawa. Embora fosse uma história melhor dizer que também rejeitei a faculdade de medicina, a verdade é que acabei nunca entrando. Tenho certeza de que minha busca por respostas sobre minha paixão pela medicina os deixou procurando candidatos muito melhores após nossa entrevista.

Se o caminho para o sucesso é um processo contínuo de assumir riscos, não presuma que isso favorece apenas aqueles com os maiores objetivos ou os que têm mais clareza sobre eles. Uma das maneiras mais úteis de começar a assumir riscos, antes mesmo de ter certeza do que queremos, é buscar várias opções ao mesmo tempo para descobrir. Os vendedores geralmente iniciam um processo de vendas criando o "funil" mais amplo possível de clientes em potencial, arriscando várias vezes ao mesmo tempo para explorar as possibilidades. Você pode fazer algo semelhante em sua vida, assumindo uma série de pequenos riscos em várias direções simultaneamente. Para perseguir deliberadamente um caminho de descoberta a fim de experimentar um espectro completo de oportunidades e riscos, você pode, de fato, identificar e esclarecer seus objetivos, potencialmente acabando com ainda mais opções a serem consideradas do que imaginava, bem como mais informações para usar quando chegar a hora de finalmente fazer uma grande escolha. Se você já determinou seu objetivo, pode usar esse período para fazer apostas de um em dez e de um em cem, ou até mesmo de um em mil, mantendo suas opções abertas pelo tempo que for possível, caso algum desses caminhos venha a se materializar.

Usei esta técnica de tomada de risco baseada em descoberta — ou *canalização em paralelo,* como eu chamo — ao longo de minha carreira, para descobrir e esclarecer meus objetivos, ao mesmo tempo em que me colocava em movimento para persegui-los. Eu me beneficiei grandemente dessa abordagem, maximizando as oportunidades disponíveis para mim, minimizando grandes riscos ao fazer várias apostas ao mesmo tempo e me preparando emocionalmente para perseguir meus objetivos. Deixe de lado a ideia de que correr riscos só começa quando você "sabe" exatamente o que quer fazer. Use a tomada de riscos para ajudá-lo a descobrir e validar suas metas, e também para abrir caminhos novos e inesperados para alcançá-las.

CANALIZANDO EM PARALELO

À primeira vista, a tática de perseguir vários riscos de diversos tipos ao mesmo tempo deve parecer familiar. Os profissionais financeiros muitas vezes tentam oferecer aos investidores ótimos retornos criando diversos portfólios que incluem classes de investimentos de alto e baixo risco. Ao assumir vários riscos, eles maximizam as oportunidades de investimento enquanto reduzem o risco geral do portfólio em qualquer aposta única. Da mesma forma, à medida que os pais pesquisam faculdades e levam seus filhos para passeios em campus, os conselheiros os incentivam a se inscrever em muitas escolas, em paralelo, desde as opções mais seguras até as faculdades e universidades mais elitistas, para que possam maximizar suas chances de sucesso enquanto diversificam seus riscos. No trabalho, muitos de nós estamos familiarizados com técnicas criativas de resolução de problemas que exigem a exploração de uma ampla gama de ideias de uma só vez, um passo extremamente importante antes de classificar possíveis soluções e tomar uma decisão eficaz.

Por mais difundida que seja essa lógica, a triste verdade é que muitas vezes a ignoramos ao planejar nossas próprias vidas profissionais, restringindo nossas escolhas muito cedo. Pesquisas sugerem que ter muitas opções pode parecer esmagador, e prejudicar nossa motivação para agir. Buscando evitar descon-forto, nós nos concentramos em uma escolha muito cedo e, então, executamos energicamente um plano singular para alcançá-la. Coaches de desempenho, psicólogos e outros que defendem o foco podem reforçar esse instinto de man-ter nossa perspectiva muito estreita desde o início. Eles sugerem que, se não nos disciplinarmos em manter o foco, ficaremos dispersos e não chegaremos a lugar algum. Até porque possuímos força de vontade limitada para ser usada ao executar nossos objetivos.

Certamente, é importante se concentrar com profundidade em um objetivo e persegui-lo cuidadosamente depois de escolhermos um determinado caminho de ação. Mas quando reservamos um tempo *antes* de escolher explorar *todos os* potenciais de oportunidade, geralmente alcançamos resultados muito melhores. Além de nos permitir identificar ou validar nosso objetivo geral e descobrir vários caminhos para o sucesso, a canalização em paralelo pode nos ajudar a mitigar o risco. Diversificando nossos esforços, reduzimos o risco que correríamos se tivéssemos seguido apenas um único plano de ação. Talvez precisemos usar nosso vendedor interno para fazer isso, buscando com otimismo as oportunidades de probabilidade mais alta e mais baixa com igual vigor, enquanto permanecemos céticos o suficiente para saber que temos apenas uma pequena chance de que todas essas oportunidades funcionem. Não temos nada a perder no início de qualquer novo capítulo quando prospectamos amplamente, e muito a ganhar.

Da mesma forma, a canalização em paralelo dessas oportunidades nos ajuda a abrir caminho para que a serendipidade auxilie em nossos esforços e crie novas oportunidades para alcançarmos nossos objetivos. Só recebi a oferta dos meus sonhos porque estava constantemente colocando iscas na água durante minha busca por emprego, e porque respondi às cutucadas de Bertram e de meu pai, apesar do meu próprio ceticismo paralisante.

Finalmente, a descoberta e a canalização proporcionam importantes benefícios emocionais. Se buscarmos escolhas mais seguras em paralelo com as mais arris-cadas, podemos permanecer ambiciosos e esperançosos, ao mesmo tempo em que permanecemos pragmáticos. Na hora de tomar uma decisão, as informações que obtemos pela canalização podem nos dar mais confiança e convicção à medida que concretizamos nosso objetivo e plano. Assumir pequenos riscos antes de se comprometer com um determinado caminho também nos coloca em movimento mais cedo, dando-nos uma sensação de impulso para a tomada de decisão, e depois a execução. Por último, correr riscos para maximizar as oportunidades pode ser libertador, dada a intensa pressão que muitas vezes sentimos quando fazemos uma grande e importante escolha, e contamos às pessoas sobre isso. Quando dedicamos tempo para aprender, tentar algo novo, e buscar oportunidades de longo prazo, como parte de um processo de descoberta, damos a nós alguma permissão para falhar, já que ainda não nos comprometemos com nossa escolha final.

DO ZERO AO UM

Vejo empreendedores usarem a canalização em paralelo o tempo todo para gerar resultados surpreendentes, tanto para suas carreiras pessoais quanto para suas empresas (na maioria das vezes, são a mesma coisa). Ashvin Kumar, fundador do mercado de compras de móveis Tophatter, conta que começou, originalmente, em 2008, quando ele e um amigo deixaram seus empregos para fundar uma empresa de tecnologia. Isso por si só já era um risco enorme, mas eles também enfrentaram uma decisão igualmente grande: qual tecnologia seguir como base para seus negócios. Em vez de desenvolver um único aplicativo ou recurso e comercializá-lo, eles decidiram construir uma enorme quantidade deles para ver o que surgia, e só então escolher um para comercializar. "Não sabíamos realmente o que iríamos construir", diz ele. "Sabíamos que estávamos comprometidos em construir algo. Nós realmente gostamos de construir o navio tanto quanto de navegar para um destino específico. Nós meio que aproveitamos esse prazer e dissemos: 'Olha, não vamos nos preocupar muito com o que exatamente estamos construindo.'"

Ao descobrir que gostavam de e-commerce, os dois gastaram cerca de dezoito meses na construção, testagem e lançamento de quinze a vinte produtos naquele espaço. Esses eram pequenos riscos — os dois não exigiam muito capital para lançar um produto rapidamente (ponto positivo, porque eles não tinham muito). Vários desses experimentos não deram em nada, mas isso não importava. Por meio do processo de busca de possibilidades, os dois foram aprimorando suas habilidades e seu próprio interesse: "Estávamos tentando encontrar o que gostávamos de fazer, que montanhas tínhamos energia para escalar. Nós fomos aprendendo sobre nós mesmos no processo, e quais mercados eram interessantes. A cada experimento, melhorávamos."

Os dois sabiam que não iriam experimentar para sempre — em algum momento, eles teriam que tomar a decisão de focar em um de seus produtos. Mas, em vez de definir uma data final específica, eles continuaram trabalhando, verificando periodicamente uns com os outros para avaliar como estavam se sentindo e se estavam prontos para encerrar o período de descoberta.

Em 2009, uma de suas invenções ganhou força. Blippy era uma rede social que permitia que as pessoas compartilhassem informações sobre suas compras em sites como Amazon ou iTunes com seus amigos e, também, permitiam-lhes ver o que seus amigos estavam comprando. Os investidores colocaram milhões de dólares no projeto, possibilitando que Ashvin e seu parceiro contratassem uma equipe, construíssem o produto e o lançassem de verdade. Infelizmente, Blippy não decolou, então, dentro de um ano, Ashvin e seu parceiro voltaram ao modo de descoberta. Eles canalizaram em paralelo para descobrir oportunidades, dessa vez mobilizando tudo o que aprenderam com o Blippy e experimentos anteriores. Após cerca de nove meses, eles lançaram o Tophatter. Desde o início, o produto "tinha uma mágica que nenhuma das outras coisas [que eles] construíram tinha". A hora havia chegado: os dois estavam dispostos a se comprometerem como nunca antes. Por terem empreendido um período de descoberta tão prolongado e rico, eles podiam seguir em frente com confiança.

Você pode ouvir uma história como essa e temer nunca sair do período de descoberta assim que entrar nele. Ano após ano, você vai criando possibilidades, procurando a escolha "perfeita" e nunca deixando a atual. Você pode evitar essa armadilha definindo um prazo com antecedência para encerrar seu período de descoberta. Muitas vezes, a necessidade definirá um limite de tempo para você. Eu me dei um ano para continuar tentando o emprego dos meus sonhos, mas não poderia ter demorado muito mais por motivos financeiros e por meu currículo.

Lembre-se, também, de que você corre um risco maior de nunca escolher se busca oportunidades *sequencialmente* em vez de se mover em paralelo. Quando você processa escolhas em série por um longo período, é mais fácil dizer não a cada uma delas em antecipação à sempre indescritível "escolha perfeita". Quando você começa a canalizar ativamente, e a fazer apostas mais seguras e arriscadas lado a lado para ver o que acontece, as escolhas e o conhecimento chegam até você mais rapidamente, e em ondas. Como resultado, você constrói a convicção de que "viu o suficiente" para escolher, e sente uma sensação de impulso para fazer uma mudança.

Quando meu amigo Jonathan tinha vinte e poucos anos, formou-se em direito e foi trabalhar em um importante escritório de advocacia como associado. Meses depois, ele percebeu que odiava a rotina diária e não conseguia imaginar passar anos subindo na hierarquia de um escritório de advocacia. Sem saber o que fazer, ele contou com as relações que construiu na faculdade para realizar entrevistas informativas em uma variedade de empregos e setores. Raciocinando que sua formação legal lhe permitiria negociar de forma eficaz, ele explorou oportunidades no desenvolvimento de negócios em empresas de tecnologia, e também procurou trabalhar como agente esportivo (ele sempre foi um fanático por esportes). Jonathan olhou para uma terceira opção: oportunidades no desenvolvimento corporativo, forjando estratégias em torno de fusões e aquisições. Enquanto isso, uma quarta opção se abriu inesperadamente quando um de seus clientes atuais ligou para ele para perguntar se consideraria ingressar no departamento jurídico interno da empresa.

Depois de passar alguns meses pesquisando esses caminhos e as oportunidades específicas disponíveis para ele, Jonathan decidiu dar o salto para o desenvolvimento de negócios. Não só essa opção lhe interessou mais do que as outras; ele aprendeu que poderia fazer a transição para essa carreira rapidamente, e conseguir um bom emprego sem ter que passar por anos de treinamento adicional. Por outro lado, levaria anos para construir uma carreira como agente esportivo. Trabalhar internamente em uma empresa não exigiria muito treinamento adicional, mas, também, não despertava tanto sua paixão. Ao canalizar em paralelo, ele conseguiu comparar oportunidades díspares umas com as outras. Ele se sentiu suficientemente informado para fazer uma ótima escolha, então não hesitou em dar o salto.

CANALIZANDO COMO MESTRE

Ao longo dos anos, tornei-me melhor em canalizar, aprendendo a permanecer aberta à possibilidade por mais tempo, e resistindo à inclinação de fazer uma escolha "grande" antes de ter várias opções na mesa. Também desenvolvi algumas táticas que me ajudaram a tirar o máximo proveito do modo de descoberta e que podem ajudar você também.

Primeiro, *crie sua própria linha do tempo para a descoberta em vez de reagir à programação de todos os outros*. À medida que encaramos as oportunidades, principalmente aquelas que chegam mais rápido do que pensávamos, muitas vezes nos sentimos compelidos a responder rápida e urgentemente às pessoas ou empresas que as oferecem. Em vez disso, dê um passo para trás e se pergunte por que uma determinada oportunidade chamou a sua atenção. Foi por causa de um interesse genuíno de sua parte e uma sensação de que isso serve aos seus objetivos maiores, ou por que outra pessoa estava pressionando você? Faça o possível para responder aos outros, mas também deixe claro (diplomaticamente, é óbvio) qual é o seu cronograma para explorar as opções antes de tomar uma decisão final. Isso também ajudará a descobrir sua verdadeira linha do tempo e quanta flexibilidade eles realmente têm antes de tomar a decisão final.

Segundo, se uma oportunidade parece urgente para você porque ela o libertará de uma realidade presente desagradável ou em deterioração, primeiro *tente articular a perda que você sofreria se não fizesse uma escolha agora e seu status quo continuasse*. Como é esse "cenário negativo"? Como um segundo passo separado, pense na "oportunidade de vantagem" — o resultado positivo que você gostaria de buscar se estivesse em uma situação "neutra". Se você puder chegar a definições aproximadas do cenário negativo e da oportunidade positiva, identificará mais prontamente se está escolhendo algo agora para satisfazer uma ou ambas as ambições.

Distinguindo entre suas metas dessa maneira, você pode evitar confundir as escolhas que está fazendo com seus vários objetivos em mente. Você será capaz de identificar muitos outros movimentos possíveis que poderá fazer em sequência ou em paralelo para avançar, incluindo alguns que você pode não ter considerado alinhar atrás de cada objetivo. O uso desse processo o ajudará a identificar pelo menos uma opção que permita consertar o que está quebrado em sua situação atual, ao mesmo tempo em que analisa quais opções são possíveis de considerar para passar do "neutro" ao seu sonho. Você pode perceber que abandonar suas circunstâncias atuais inteiramente em favor de algo novo não é o seu único ou o melhor caminho a seguir.

Outra tática a ser adotada ao entrar na fase de descoberta é encontrar um parceiro de *brainstorming* para a sua carreira. Escolha alguém que possa entender suas ambições, que seja adepto de gerar possibilidades e que possa ajudá-lo a permanecer otimista. Essa pessoa pode não ser seu melhor amigo, maior confidente ou parceiro de vida. No início de minha carreira, eu contava com meu pai e alguns amigos como companheiros de *brainstorming*, mas, à medida que avançava, encontrei um coach executivo e colegas que estavam passando por situações semelhantes e fiz este processo com eles (o que descreverei um pouco mais adiante como "padres profissionais"). Todos nós temos sabedoria para aprender de diferentes pessoas em diferentes estágios da nossa jornada. Procure uma tribo que melhore em vez de diminuir sua capacidade de gerar ideias em qualquer fase específica. Certifique-se de que eles estejam abertos a ouvir sua lista de oportunidades de maneira imparcial e sem julgamentos e, também, a contribuir para essa lista.

Uma dica final para levar a canalização ao próximo nível é *abraçar a arte da canalização passiva*. Permanecer no modo de descoberta, mesmo quando você não deseja tomar uma grande decisão ou fazer uma grande escolha, pode ser imensamente valioso. Ele pode ajudá-lo a se manter atualizado sobre as oportunidades ao seu redor e a acumular conhecimento que você pode precisar mais tarde. Algumas das melhores oportunidades de carreira que recebi, re-sultaram não de esforços intencionais de minha parte para perseguir um novo objetivo, mas de simplesmente aceitar convites para me conectar com pessoas e empresas interessantes, independentemente de elas contribuírem para meus objetivos atuais.

Ao liderar empresas, sempre mantive conversas estimulantes com candidatos potenciais enviados para mim, mesmo que nenhuma vaga estivesse aberta no momento. Contratei várias dessas pessoas ao longo do caminho, seja na mesma empresa ou na próxima. (Se você se encontrar do outro lado dessa equação, certifique-se de dizer sim a uma apresentação confiável que lhe for oferecida.) Da mesma forma, vários dos meus investimentos mais bem-sucedidos em startups surgiram porque eu estava de olho em empresas nas minhas áreas de especialização que estavam fazendo coisas interessantes, ou porque pessoas em quem eu confiava me indicavam pessoas ou empresas que achavam que poderiam se encaixar com meus interesses ou pontos fortes.

A prática de correr pequenos riscos para maximizar as escolhas, antes de se comprometer com uma grande escolha em sua vida, só tem vantagens. Quando eu tinha vinte e dois anos, não possuía nada dessa sabedoria e tropecei nessa abordagem em um momento de necessidade. Eu certamente não examinei minha busca obsessiva por um prestigioso trabalho bancário global como meu único "objetivo verdadeiro". Eu também balançava como um pêndulo na busca de opções que eu sentia serem igualmente ambiciosas e dignas, sem saber o que eu realmente queria de uma carreira. Embora eu não desejasse esse processo alimentado pela ansiedade para ninguém, a tática de buscar diversas possibilidades ao mesmo tempo trouxe resultados para mim. Você tem a oportunidade de desencadear esse processo mais cedo e de forma mais deliberada do que eu fiz.

Canalização em paralelo pode ajudar cada um de nós a maximizar nossas opções, oportunidades, e nosso conhecimento no início de uma nova jornada, capacitando-nos a fazer uma escolha melhor quando estivermos finalmente prontos para nos comprometer.

PONTEIROS DE POSSIBILIDADE

- Você não precisa de objetivos perfeitos ou clareza para começar a correr riscos.

- Canalizar em paralelo nos permite descobrir novas ambições, esclarecer nossas opções, buscar apostas de alta e baixa probabilidade, e construir nosso impulso.

- Para dominar o processo de descoberta por meio da tomada de riscos, domine sua linha do tempo, ache um parceiro de *brainstorming*, e abrace a arte da canalização em paralelo.

Por que a Proximidade Supera o Planejamento

4

Depois de conseguir meu emprego dos sonhos na Merrill em 1993, estava determinada a provar o meu valor, então dediquei longas horas das minhas noites e fins de semana fazendo meu melhor para antecipar e superar as expectativas do meu chefe. Eu sabia que meu tempo na empresa era limitado — o programa de analistas da Merrill durava apenas dois anos, após os quais os participantes geralmente deixavam a empresa e encontravam novos empregos na indústria ou voltavam para a universidade em busca de seus MBAs — então eu tinha pouco tempo. Servindo como analista no grupo de Serviços Financeiros, trabalhei duro e valeu a pena. Com base em uma avaliação excepcional do primeiro ano, a Merrill me ofereceu uma cobiçada tarefa para o meu segundo ano: uma oportunidade de me mudar para Londres e trabalhar com bancos europeus.

Eu imediatamente aceitei, empolgada com o próximo grande capítulo da minha carreira. Também me destaquei em Londres, e quando meu ano acabou, optei por assumir outro pequeno risco, e ter um grande papel dentro de uma empresa sediada no Reino Unido. A maioria dos meus colegas no banco de investimento estava adotando a tradição de usar sua experiência de trabalho para garantir a admissão em uma pós-graduação em administração numa universidade de elite. Em vez disso, eu queria aprender a operar e crescer como parte de um grande negócio, não apenas trabalhar em uma equipe de consultoria.

Pesquisando potenciais empregadores, mirei na British Sky Broadcasting (ou Sky, como era conhecida), uma das principais empresas de entretenimento da Grã-Bretanha. Fundada pelo magnata da mídia Rupert Murdoch, a Sky era uma empresa altamente inovadora que revolucionou a indústria de TV a cabo ao fornecer filmes, esportes e outras programações via antena parabólica. Embora a Sky tenha, a princípio, enfrentado suas lutas, chegando a perder milhões a cada semana, a empresa cresceu rapidamente graças aos preços e ao marketing agressivos, tornando-se a joia da coroa do império global de Murdoch. Depois de focar em bancos e outras instituições financeiras na Merrill, a perspectiva de trabalhar em uma empresa de mídia de sucesso parecia incrivelmente fascinante. Também fiquei intrigada com a dupla de liderança de alto perfil da Sky, o CEO, Sam Chisholm, e o vice-diretor administrativo, David Chance. Australiano de nascimento, Chisholm era famoso na Grã-Bretanha por sua personalidade agressiva e impetuosa, enquanto Chance era conhecido como um operador de negócios diplomático e de cabeça fria.

Com a ajuda de uma indicação da Merrill, consegui um emprego como analista financeira com o diretor financeiro da Sky. Eu não ficaria nesta posição por muito tempo. Após cerca de seis meses, encontrei-me em uma equipe apresentando um plano de marketing diretamente para Sam, o CEO. Nós nos aventuramos na casa de campo de Sam em um domingo à noite e, à medida que a reunião prosseguia, reuni coragem para falar, correndo um pequeno risco para tentar contribuir com minhas opiniões para a conversa. Na manhã seguinte, Sam me chamou em seu escritório. "Sukhinder", ele disse rispidamente, mas com um brilho nos olhos. "Você sabe por que está aqui?" Quando confessei que não, Sam elogiou meus comentários da noite anterior, e logo depois me promoveu, pedindo que eu fosse trabalhar diretamente para David, diretor de operações da Sky. "Ele precisa de alguém como você", proclamou Sam, e assim fui transferida para o andar executivo e designada para trabalhar como braço direito de David em projetos especiais.

As vantagens no último andar foram incríveis: almoços completos, acesso a um mordomo, exposição diária à equipe de gestão da empresa e muito mais. Não demorou muito, porém, para que eu ficasse desapontada e um pouco impaciente com meu novo trabalho de prestígio. Embora eu esperasse trabalhar perto de David em iniciativas grandes e importantes, ele estava acostumado a ser um lobo solitário e pouco me usava. Ele vinha se saindo muito bem sozinho antes da minha chegada e suspeito que ficou igualmente surpreso quando Sam me promoveu e me designou a estar com ele. Com o passar dos meses, meus dias de trabalho pareciam cada vez mais vazios e um pouco solitários, um grande contraste com meus primeiros meses ocupados na Sky.

Eu também me sentia vazia fora do trabalho. Ao chegar a Londres, pela primeira vez, dividi um apartamento na Kensington High Street com três outras expatriadas dos EUA e do Canadá, que se tornaram minhas amigas mais próximas. Quando todas encerramos nossas posições como analistas em diferentes bancos, elas voltaram para casa para obter seus MBAs. Desde então, fiz novos amigos em Londres, mas estava começando a me perguntar onde eu queria viver em longo prazo. Com tanto tempo para mim, comecei a pensar no meu potencial de voltar para a América do Norte e, também, em deixar o mundo corporativo.

Mesmo com vinte e poucos anos, já havia começado a sonhar em começar meu próprio negócio. Meu pai sempre enalteceu as virtudes de "trabalhar para si mesmo", e a faculdade de administração de empresas me expôs a estudos e mais estudos de casos de empreendedores bem-sucedidos. Agora, quando a magia da vida corporativa começou a se desgastar, questionei-me se também poderia construir minha própria empresa. Antes de começar na Sky, eu e minha colega de quarto Laura trocávamos ideias para novos negócios só por diversão. Quando ela foi para casa nos Estados Unidos para obter seu MBA, continuei essas reflexões com minha irmã Nicky, que havia se casado com um britânico e morava na Inglaterra na época.

A certa altura, cheguei a projetar um novo produto: abotoaduras que mulheres poderiam usar para adicionar glamour e emoção ao traje de negócios. Dados os ternos sérios e conservadores que todos usávamos na Wall Street, e a falta de opções divertidas para enfeitá-los, pensei que essas abotoaduras poderiam ter sucesso e que eu sentiria paixão ao construir um negócio em torno delas. Minha irmã era uma apoiadora entusiástica e me encorajou a tentar. Comprei um tecido e criei um protótipo grosseiro de uma abotoadura com tecidos femininos estampados embutidos nela. Passei a criar diferentes nomes e logotipos de empresas no meu computador, e até encontrei alguém para fabricar mais moldes de abotoaduras nos quais inseri mais padrões. Depois de alguns meses, porém, eu parei, sem saber o que fazer a seguir ou como distribuir ou comercializar as abotoaduras. Eu guardaria esses moldes em um saco plástico Ziploc por mais dez anos, levando-os comigo de casa em casa, uma lembrança da minha primeira minitentativa empreendedora.

Assistir a David e Sam na Sky aguçou ainda mais minhas ambições empresariais; os dois construíram a empresa como se fosse seu próprio negócio, movendo-se rápida e agressivamente para a expansão, praticamente do zero, há muitos anos, e mantendo uma conexão que continua até hoje. Eu invejava a história de sucesso deles e sonhava em criar a minha. Só não sabia exatamente como fazer isso acontecer.

Não tendo certeza de como iniciar um novo serviço do zero, e sem uma grande ideia, comecei a pensar que estar perto de empreendedores poderia ser minha próxima melhor alternativa para dar certo. Quando outra colega de quarto nossa, Jen, retornou ao seu estado natal, a Califórnia, para cursar administração em Stanford (em 1995), aproveitei a oportunidade para visitá-la quase imediatamente e me apaixonei pela Bay Area. A vibração de pessoas inovando e abrindo empresas em todos os lugares parecia bastante mágica, especialmente quando combinada com o céu ensolarado e o ótimo estilo de vida.

Em uma manhã de outono em outubro de 1996, entrei no luxuoso escritório de vidro de David e me demiti da Sky; ele ficou surpreso quando expliquei que me sentia subutilizada, e ele se ofereceu para me incluir mais. Mas as semanas pensando sobre isso me deixaram determinada a fazer uma mudança e assumir um risco. Eu disse a ele que estava voltando para a América do Norte, especificamente para a Califórnia, para definir meu próximo papel.

Embora sumariamente largar um emprego para perseguir um sonho vago possa parecer uma loucura, eu não via dessa forma. Depois de três anos de sucesso em grandes empresas como Merrill e Sky, além de uma difícil busca de emprego fora da faculdade à qual sobrevivi, senti-me bastante confiante de que poderia encontrar um bom emprego na Califórnia. Eu tinha 10 mil dólares economizados, e pais que me ajudariam se eu precisasse. Então, apenas executei um movimento, tomando uma decisão difícil ao ir em direção às minhas ambições, e confiando que eu encontraria meu caminho quando chegasse lá.

Em pouco tempo, eu consegui. Quatro meses depois de sair da Sky, cheguei ao belo subúrbio de Mill Valley, em São Francisco, localizado diretamente ao norte da ponte Golden Gate. Eu passei por Whistler, Colúmbia Britânica (onde fiquei um mês me tornando uma heroína do esqui), e Los Angeles (onde brevemente considerei empregos no entretenimento). Minha outra colega de quarto expatriada do Reino Unido, Laura (com quem sonhei ideias para negócios), também era californiana, e seus pais generosamente concordaram em me hospedar de graça em sua casa em Mill Valley até eu encontrar um emprego. Demorou alguns meses, mas no verão de 1997, convenci uma startup de TV interativa chamada OpenTV a me testar como gerente de desenvolvimento de negócios. Assim começou minha jornada rumo ao empreendedorismo. Dois anos depois, eu teria a oportunidade de abrir minha primeira empresa e, desde então, comecei mais duas e investi em várias outras.

Embora o planejamento geral tenha seus benefícios, a cultura popular nos faz acreditar que não podemos correr riscos a menos que já tenhamos um plano perfeito e preciso em vigor. Mas descobri que a proximidade com a oportunidade pode nos beneficiar mais do que o planejamento em muitos casos. Quando temos apenas uma vaga ideia de nosso objetivo ou de como alcançá-lo, aproximar-nos rapidamente de nossos sonhos pode ser muito mais valioso do que construir um plano preciso, porém abstrato, de longe. As circunstâncias de todos são diferentes, então sua versão de "perto" não precisa ser a mesma que a minha. Larguei meu emprego e atravessei um oceano para me cercar de empreendedores. Você provavelmente pode se aproximar de seus objetivos tomando medidas menos drásticas. Ainda assim, a lição é a mesma: quando ainda não sabemos como marcar pontos, entrar em campo e ficar mais perto de quem sabe (e já o fez) nos ensina muito do que precisamos saber, incluindo insights que nem percebemos que precisávamos.

O MITO DE PLANEJAR PERFEITAMENTE

Para entender por que não devemos esperar por uma meta bem definida para entrar em ação, vamos destrinchar o Mito do Planejamento Perfeito. Um plano é simplesmente uma teoria de como nosso futuro pode se desdobrar assumindo um ponto de partida definido. Como enquadramos os planos como um antecedente da ação, o planejamento em si pode parecer uma maneira de nos aproximarmos de nossos sonhos. Achamos que quanto mais preciso for o plano, maior será a probabilidade de conseguirmos alcançá-lo. Por outro lado, quando nossas ambições são invariáveis e semiformadas, presumimos que não temos permissão para agir. Não fizemos o trabalho "árduo" de construir nosso plano e, portanto, não estamos totalmente preparados para encontrar uma oportunidade.

Também tendemos a presumir que quanto mais específico for o nosso plano, maior a probabilidade de alcançá-lo. Quando internalizamos inconscientemente esta tese, dedicamos cada vez mais esforços para traçar nossos objetivos, depois nossas ações e os resultados esperados, e então, a próxima ação, e assim por diante, tentando prever perfeitamente nosso futuro antes de fazer qualquer movimento. Mesmo quando estamos confusos em nossos objetivos, somos tentados a planejar, pois criar o plano perfeito pode, de alguma forma, nos fazer sentir altamente produtivos e ainda mais positivos.

Mesmo quando agimos, colocar muita ênfase no planejamento pode nos atrapalhar à medida que avançamos em direção aos nossos objetivos, prendendo-nos e impedindo-nos de agarrar oportunidades inesperadas. Shea Kelly, uma veterana líder de recursos humanos em empresas como Citibank, Hewlett Packard, GE, Thomson Sun, Wize Commerce e Sumo Logic, viu muitas pessoas talentosas planejarem seus movimentos de carreira anos, até décadas antes. Eles decidem que querem se tornar um líder sênior de alguma forma, e mapeiam todos os passos que precisam dar para chegar lá. "Acho que o que eles podem perder ao longo do caminho é a possibilidade de ter oportunidades de aprender e mudar sua perspectiva. E se você estiver muito determinado em seguir, fechará esta porta", diz ela.

Kelly oferece o exemplo de um engenheiro conceituado que estava determinado a se tornar o chefe da divisão de engenharia de sua empresa. Reconhecendo que ele entendia bem os clientes e os negócios, os líderes queriam que ele se afastasse da engenharia no meio de sua carreira para se tornar um gestor de produto. O engenheiro resistiu, temendo que isso prejudicasse seus objetivos em longo prazo e sem saber se teria sucesso em uma nova função. Kelly o aconselhou a correr o risco, argumentando que se desviar de seu plano permitiria que ele ganhasse uma série de novos conhecimentos que ele poderia, eventualmente, utilizar em um cargo de destaque na engenharia. Após várias conversas, o engenheiro assumiu o risco. Mas uma coisa boa: depois de seis meses, ficou claro que ele estava "mandando muito bem" em seu novo emprego. Se esse engenheiro tivesse se apegado demais ao seu planejamento de longo prazo, ele não teria feito o que acabou se tornando uma excelente escolha profissional.

Por mais racional que o planejamento pareça, o sentimento pessoal, mais do que a lógica, tende a conduzir o elaborado processo de mapear o futuro. "O que motiva nosso investimento em metas e planejamento para o futuro, na maioria das vezes, não é o reconhecimento sóbrio das virtudes da preparação e olhar para o futuro", observa Oliver Burkeman, autor do livro *The Antidote: Happiness for People Who Can't Stand Positive Thinking*. "Pelo contrário, é algo muito mais emocional: quão profundamente desconfortáveis ficamos com sentimentos de incerteza. Diante da ansiedade de não saber o que o futuro nos reserva, investimos cada vez mais ferozmente em nossa visão preferida desse futuro — não necessariamente porque nos ajudará a alcançá-lo, mas simplesmente porque nos ajuda a nos livrar de sentimentos de incerteza no presente."

O PODER DA PROXIMIDADE

O ato intelectual de planejar, por si só, não diminui a distância entre nós e nossas ambições vagamente formadas tanto quanto pensamos. O que muitas vezes o reduz são certas ações que tomamos a serviço do planejamento. Ao tentar traçar o futuro, muitas vezes realizamos pesquisas documentais para saber como os outros alcançaram algo semelhante ao que queremos. Chegaremos até a realizar entrevistas informativas, arriscando um pouco para saber mais sobre as coisas a que aspiramos. Por mais relevante que seja esse trabalho, o próximo passo importante é nos inserir em um ambiente repleto de pessoas que rotineiramente fazem o que estamos lutando para imaginar.

Aproximar-se dessas pessoas nos ajuda de, pelo menos, três maneiras importantes. Primeiro, nos ajuda a visualizar melhor o que pensamos e o que queremos ao nos permitir ver a ação. Se você sonha em ser um empreendedor em geral, pode ler sobre empreendedorismo em um livro, mas pode, também, encontrar um caminho alternativo, descobrir uma maneira de acompanhar um empreendedor ou aceitar um emprego em uma startup. Cada uma dessas experiências permitirá que você entenda melhor como seu objetivo realmente é, o ajudará a senti-lo e a esclarecer se ele é realmente para você.

Segundo, se você tem um objetivo relativamente claro, mas não tem um plano para executá-lo, pode aprender mais sobre as etapas de execução específicas que precisa seguir ajudando outra pessoa a executar seu plano, e aprendendo ao observar, copiar e fazer. Historicamente, chamaríamos essas funções de formação profissional. Em campos como a academia, as artes e os ofícios manuais, os jovens aspirantes tradicionalmente aprenderam seus ofícios servindo como braço direito de profissionais já estabelecidos, e os ajudando em seus próprios projetos. Nos últimos anos, os formuladores de políticas dentro do ambiente profissional dos EUA procuraram expandir os aprendizados e estágios como forma de ajudar mais jovens a desenvolver habilidades e carreiras, em muitos casos, buscando inspiração na Europa.

Pesquisas em psicologia e neurociência também apontam para o valor de aprender ajudando outra pessoa. Uma corrente de pensamento chamada "teoria da aprendizagem social" sustenta que as pessoas aprendem copiando os comportamentos dos outros, e os neurocientistas descobriram que a aprendizagem social ocorre por meio de uma via neural específica no cérebro. Uma pesquisa traz mais nuances à teoria da aprendizagem social, argumentando que as pessoas aprendem observando os outros porque esses outros "filtram inadvertidamente informações, para que os imitadores aprendam comportamentos que provaram ser bem-sucedidos". Assim, aproximar-se das pessoas que dominam o que você aspira a fazer ou se tornar pode tornar o aprendizado mais eficiente, permitindo que você defina mais rapidamente suas ambições em objetivos claros e acionáveis e, em seguida, forme planos realistas.

Terceiro, quando nos inserimos em ambientes onde as pessoas com ambições semelhantes às nossas foram bem-sucedidas, aumentamos as chances de acessarmos mais oportunidades para avançar em nossas ambições simplesmente em virtude dessa proximidade. Em seu livro Superbosses, o professor da escola de administração Tuck, Sydney Finkelstein, descreve um grupo de profissionais altamente bem-sucedidos em todos os setores que atuam como mestres professores para os jovens que trabalham para eles. Esses praticantes não apenas promovem agressivamente os substitutos e os apoiam à medida que avançam para construir carreiras; eles criam o que Finkelstein chama de "redes de sucesso" compostas de ex-protegidos que abrem portas e ajudam uns aos outros.

Finkelstein desenvolve o exemplo da dona de restaurante Alice Waters, criadora do famoso restaurante Chez Panisse em Berkeley, Califórnia, cuja rede no mundo da culinária é particularmente grande. Como disse um de seus protegidos: "Você vai a qualquer lugar e, de alguma forma, alguém conhece alguém que trabalhou lá, ou ouviu falar de Alice ou de um dos livros de culinária. Até abre portas quando você quer cozinhar em outros países." Se você deseja alcançar um objetivo de carreira, colocar-se em contato próximo com quem está no meio, ou tem muitas oportunidades, pode ser apenas a pausa de que você precisa.

A ARTE DE APOSTAR *Antes* DE PLANEJAR

Em janeiro de 2020, Alyssa Nakken se tornou a primeira treinadora de beisebol feminina em tempo integral da Major League Baseball, e a primeira a aparecer em campo durante um jogo (eu havia conhecido Alyssa vários meses antes, por meio de nossas parcerias com o San Francisco Giants no StubHub). Como ela conseguiu tal distinção? Ela traçou um objetivo claro desde o início, elaborou um plano brilhante e diligentemente o perseguiu?

Não exatamente.

Como uma criança que cresceu na pequena cidade de Woodland, Califórnia, a cerca de quinze quilômetros do centro de Sacramento, Alyssa sonhava em ir para a faculdade e jogar softball na Primeira Divisão. Ela alcançou seu objetivo frequentando a Universidade Estadual da Califórnia, em Sacramento, com uma bolsa de softball. Ao se formar em 2012, ela não sabia o que fazer, além de agir dentro de sua zona de segurança e conseguir um emprego bem remunerado das nove às cinco na área local. Ela conseguiu uma posição como planejadora financeira em Sacramento e gostou bastante, principalmente da chance de conhecer clientes e estabelecer relacionamento com eles.

Não demorou muito, no entanto, para que Alyssa se visse ansiando por mais. Muitos de seus clientes mais velhos contavam histórias sobre suas aventuras na carreira — as cidades em que viveram, seus movimentos profissionais inesperados entre empresas e indústrias. Ao ouvi-los, ela percebeu que queria ter suas próprias aventuras, em vez de se acomodar passivamente em um emprego confortável pelos próximos trinta anos. Ela queria se sentir *apaixonada* por sua carreira e experimentar correr riscos em busca de sua paixão. "Fui inspirada por esses clientes e todos os diferentes riscos que eles corriam", diz ela, "seja para iniciar o próprio negócio ou gastar todas as economias para inventar algo. Em vez de estar em minha zona de segurança, comecei a reimaginar como minha vida poderia ser."

Embora Nakken adorasse o negócio dos esportes e o trabalho em equipes, ela não tinha ideia de qual objetivo específico perseguir. Então, ela deu um salto e se moveu direcionalmente. Assumindo o risco e deixando o emprego, ela se mudou para São Francisco e se matriculou no programa de pós-graduação em gestão esportiva da Universidade de São Francisco, com o objetivo de aprender sobre a indústria do esporte e suas oportunidades. Seus pais apoiaram sua decisão, incentivando-a a adotar uma abordagem iterativa para aprender por meio de riscos. Relembrando suas conversas, ela diz: "Sempre foi como, 'Ok, você tem que tentar isso, aprender sobre isso, se é algo de que você não gosta, ajuste, reajuste e siga um caminho diferente.'"

Como estudante, Alyssa testou partes da indústria esportiva ao conseguir estágios com os Oakland Raiders (a equipe se mudou posteriormente para Las Vegas), Stanford e a Universidade de São Francisco. Inicialmente, ela pensou que gostaria de se tornar diretora atlética de uma universidade, mas depois dessas experiências e de um exercício de visão em sala de aula, ela decidiu que esse objetivo não correspondia exatamente à sua paixão. Ela teria que continuar experimentando para ver se conseguia descobrir o que faria — uma proposta estressante às vezes. "Você está chegando aos vinte e poucos anos e as pessoas estão perguntando: 'Bem, o que você está fazendo? O que vem a seguir?' E eu fico tipo, 'Ah, eu não sei.' Enquanto isso, meu amigo com quem eu cresci agora está quase terminando a faculdade de medicina."

Em 2014, Alyssa conseguiu uma posição como estagiária de operações de beisebol na organização San Francisco Giants. Não era glamoroso: ela trabalhava longas horas e mergulhava nas minúcias administrativas de comandar um time de beisebol. Mas tendo experimentado outras organizações, ela descobriu que adorava os Giants, e podia se ver trabalhando lá por algum tempo. Ela também resolveu aproveitar ao máximo o estágio como uma experiência de aprendizado, para que pudesse continuar a iterar novos movimentos possíveis.

Para entender melhor as oportunidades disponíveis em uma organização como os Giants, ela pegou emprestada uma tática que aprendera na pós-gra-duação. Como parte do exercício de visão que realizou, ela teve que imaginar um trabalho ideal e realizar entrevistas informativas com pessoas que atualmente ocupavam esse trabalho ou outros semelhantes. Tomando a iniciativa, começou a bater às portas dos escritórios de executivos experientes do Giants e a perguntar sobre suas carreiras. "Você percebe rapidamente que nenhuma trajetória é igual. Muitas pessoas pensam que você tem que dar este passo para chegar a esta etapa e, eventualmente, alcançar o objetivo final, mas essa não é a realidade. A realidade é que uma bola curva é jogada em sua direção, e você pode usar isso a seu favor e aprender, crescer e se ajustar, ou pode desmoronar e falhar, e desistir."

Quando o estágio terminou, Alyssa concluiu o curso e tirou uma folga para viajar. No ano seguinte, os Giants ligaram e perguntaram se ela ajudaria em um projeto de curto prazo. Tudo correu bem e, mais tarde naquele ano, eles ofereceram a ela um emprego em tempo integral, ajudando-os a administrar uma série de iniciativas de saúde e bem-estar. Amante de saúde e fitness de longa data, Alyssa aceitou. "As pessoas falam sobre projetos de paixão. Eu fiquei: 'Cara, este é um projeto de paixão, mas na verdade estou sendo paga por isso.'"

Alyssa permaneceu nesse papel por quatro anos. Durante todo esse tempo, ela ainda não tinha um objetivo específico de carreira em longo prazo. No final desse período, durante o verão de 2019, ela queria tentar algo novo, então começou a realizar entrevistas informativas dentro da organização outra vez. Em novembro, a equipe contratou um novo gerente, Gabe Kapler, e ela bateu à sua porta (literal e metaforicamente), e pediu para discutir sua visão e filosofia de coaching para a organização. Eles tiveram uma série de conversas ao longo de um mês, e Kapler começou a trocar ideias com ela. Ela não sabia, mas, na verdade, ele a estava entrevistando para uma posição em sua comissão técnica. Em janeiro de 2020, ele lhe ofereceu um emprego como técnica assistente para trabalhar com defensores externos e corredores de base da equipe, tornando-a a primeira técnica assistente feminina na MLB.

Cerca de seis meses nesse trabalho, Alyssa adorava o que estava fazendo, mas ainda não conseguia identificar um objetivo final específico para sua carreira. Ela tinha "uma mentalidade mais exploratória", empenhada em continuar aprendendo sobre as oportunidades abertas a ela e não desejando se encaixotar indevidamente ao desafiar um objetivo específico. Seu conjunto de seleção havia diminuído um pouco – em longo prazo, ela estava visualizando oportunidades potenciais no beisebol e no treinamento em particular. Mas ela estava contente como nunca em manter suas opções amplamente abertas, em ficar alerta sobre como ela se sentia a respeito do que estava fazendo a qualquer momento, e em iterar seu caminho cada vez mais perto do que ela amava.

Uma pequena porcentagem de nós tem planos claros que nos chegam durante a infância ou em algum momento de nossas carreiras. Se você se enquadra nessa categoria, a próxima seção deste livro mostrará como escolher e perseguir riscos para maximizar suas oportunidades. Mas se você não fizer isso, a história de Alyssa Nakken evoca tudo o que podemos realizar identificando a direção geral que queremos seguir, nos lançando nessa decisão e, em seguida, iterando nosso caminho a seguir da melhor maneira possível, aprendendo com cada escolha. Se Alyssa tivesse esperado até saber exatamente o que queria de uma carreira, ela poderia ter definhado por anos, ou mesmo décadas, em seu trabalho de planejamento financeiro pouco inspirador. Em vez disso, ela deu um salto, aceitando uma certa quantidade de risco e, em seguida, movendo-se, pouco a pouco, na direção geral de seus sonhos.

Uma das melhores analogias que ouvi sobre mudar de direção vem de um colega CEO e empresário de tecnologia que conheço aqui na Bay Area. Como esse veterano em assumir riscos observa, construir nosso caminho para qualquer destino é como estar em um trepa-trepa em um playground local. Quando estamos no curso, não precisamos ver todos os patamares em detalhes. Podemos começar a progredir simplesmente alcançando o que está à nossa frente enquanto soltamos o que está atrás de nós. É hora de simplesmente esticar um braço e o resto acontecerá.

PLANEJE SEU FUTURO EM UM QUADRO BRANCO

Só para ficar claro: a ideia de se mover direcionalmente primeiro não significa que devemos descartar totalmente o processo de planejamento. Ainda podemos usá-lo — só temos que desenvolver o tipo certo de plano para a fase da jornada em que estamos, à medida que alcançamos nossa próxima grande ambição. Não há melhor ferramenta para começar a planejar do que o quadro branco. Podemos usar um quadro branco de verdade, uma tela de iPhone, um quadro-negro — o que tivermos à mão, desde que tenhamos a capacidade de salvar, apagar e editar o que escrevemos. Use seu quadro branco para esboçar os planos mais crus, incluindo suas ambições gerais e alguns caminhos de maior importância que você pode seguir para chegar lá. Suas ambições provavelmente serão tanto extrínsecas (riqueza, digamos, ou ocupar uma posição de poder), quanto intrínsecas (alcançar satisfação ou alegria pessoal). Como observamos, o aprendizado pode ser o próprio objetivo, bem como uma tática que você implanta para atingir um objetivo maior. Em uma única sessão de algumas horas, faça o possível para identificar seus sonhos principais e secundários.

Uma marcação de quadro branco é o rascunho "zero" de um plano, algumas palavras que dão voz a uma ambição geral para o seu futuro, e algumas hipóteses ou ideias diferentes sobre como alcançá-la. Se você realizou pesquisas prévias ou entrevistas informativas e fez anotações detalhadas, guarde-as em uma pasta separada e use-as para informar as várias hipóteses de linha escritas em seu quadro branco da melhor maneira possível. Tudo o que você precisa para dar o primeiro passo é um ponto de partida; resista ao desejo de continuar adicionando detalhes infinitos até que seu quadro branco esteja tão cheio de palavras que seja impossível de ler. Um plano mais detalhado pode vir mais tarde, evoluindo para uma estrutura completa à medida que você adiciona os aprendizados vindos de se aproximar das oportunidades primeiro.

Um plano de quadro branco é uma coisa viva e em evolução — o *oposto* do Plano Perfeito. Sua mera presença nos lembra de que o plano mais relevante é aquele que podemos alterar, modificar, atualizar ou apagar completamente à medida que adquirimos mais informações. Um plano de quadro branco não é nem um pouco precioso. É simplesmente uma ferramenta que se torna mais útil se a mantivermos atualizada. O quadro branco geralmente identifica a essência de uma estrutura para ação futura de forma mais rápida e eficiente do que métodos de planejamento demorados e mais complexos, ajudando-nos a estar grosseiramente preparados e nos movendo primeiro para nos aproximarmos de nossas ambições antes de refinar nosso pensamento. E quando estamos apenas começando nossas jornadas arriscadas, é exatamente isso que queremos fazer, movendo-nos direcionalmente e ganhando mais precisão à medida que avançamos. Em vez de desenvolver a precisão como uma teoria não testada por meio de um planejamento perfeito, faremos muito melhor se a derivarmos diretamente da realidade vivida.

PONTEIROS DE POSSIBILIDADES

- Aproximar-nos de nossos objetivos nos ajuda muito mais do que criar um plano perfeito de longe.

- A proximidade nos ajuda a visualizar nossas ambições com mais clareza, nos torna aprendizes e dá acesso a oportunidades interessantes.

- Um ótimo plano é simples, eficiente e capaz de evoluir à medida que avançamos. Planeje em um quadro branco seu caminho para o futuro.

5 | MDPO > MDF = Ação

E chegou o dia em que o risco de permanecer
apertado no botão foi mais doloroso do que o risco que
correu para florescer.

— Atribuído a Anaïs Nin

Enquanto deixar de lado o Mito da Escolha Única e começar a assumir riscos menores para construir nossos "músculos" pode fazer sentido intelectualmente, ainda podemos ter de enfrentar um grande desafio: o medo.

A razão pela qual muitas vezes não corremos riscos, mesmo que pequenos, não é porque deixamos de ver o potencial positivo de uma escolha. E sim, porque tememos muito mais seu lado negativo. Embora reenquadrar a tomada de riscos como uma série contínua de movimentos positivos e incrementais possa ser o melhor conselho lógico, ainda podemos ser incapazes de agir caso não estejamos aptos a dominar e controlar nossas ansiedades.

Um conjunto de equações simples pode nos ajudar a entender se devemos ou não agir ao avaliar um risco (Figura 5). Funciona mais ou menos assim:

$$MDPO = MEDO\ DE\ PERDER\ OPORTUNIDADES$$
$$MDF = MEDO\ DE\ FALHAR$$

$$MDF > MDPO = INATIVIDADE$$
$$MDPO > MDF = AÇÃO$$

Figura 5

Como essas importantes equações sugerem, se nosso medo de perder oportunidades (MDPO) exceder o medo de falhar (MDF) ao tentar algo novo, agiremos. Caso contrário, simplesmente não faremos. Assumir riscos não é cultivar o destemor ou negar que nossos medos existem. Trata-se de aceitar nossa vulnerabilidade e negociar a relação entre essas duas ansiedades que estamos aptos a sentir a qualquer momento. Quando sentimos desconforto, é porque uma ansiedade "positiva" — o medo de perder as oportunidades — nos assombra tanto quanto uma "negativa" — o medo do fracasso. Permaneceremos inquietos até tomarmos uma decisão definitiva, muitas vezes experimentando esses sentimentos conflitantes por longos períodos.

Quando decidi deixar Londres pela Califórnia, mudei de direção aliada a uma grande oportunidade que se tornou ainda mais atraente devido ao descontentamento que senti na Sky.

Calculei que meu risco de não conseguir um bom emprego quando chegasse à Califórnia era objetivamente muito baixo. Também percebi que seria improvável que eu falhasse financeiramente se levasse mais tempo do que o previsto para encontrar trabalho, já que tinha algumas economias, um lugar para ficar e podia recorrer aos meus pais como último recurso. No geral, a urgência que senti em ir para a Costa Oeste superou em muito meu medo de me afastar de um bom emprego no Reino Unido, então agi. Pense em uma escolha importante que você fez em algum momento de sua vida. Quais medos você sentiu? Como ou por que seu medo da perda superou seu medo de falhar?

A sabedoria popular afirma que devemos investir todo nosso tempo pensando positivo ao tentar alcançar nossas metas. "Eu sou o maior", Muhammad Ali aparentemente comentou, "Eu afirmei antes mesmo de saber que eu realmente era". Diz-se que Winston Churchill apontou: "Quem pensa positivo vê o invisível, sente o intangível e alcança o impossível", sugerindo que fortes crenças positivas são essenciais para perseguir algo verdadeiramente ambicioso. Mas a verdade é que o pensamento positivo por si só não nos levará aonde precisamos ir se não aguentarmos a ideia do fracasso ao longo do caminho.

Em seu livro *Rethinking Positive Thinking*, Gabrielle Oettingen, professora de psicologia da Universidade de Nova York e da Universidade de Hamburgo, mostra em uma pesquisa que o pensamento positivo frequentemente "impedia as pessoas de seguir em frente em longo prazo. As pessoas ficam quase que

mostra em uma pesquisa que o pensamento positivo frequentemente "impedia as pessoas de seguir em frente em longo prazo. As pessoas ficam quase que literalmente sonhando, sem agir." Quando há um objetivo baseado em uma experiência passada, você pode balancear o pensamento positivo com a consciência de que há certos obstáculos em seu caminho. Ao falar sobre assumir riscos visualizando resultados positivos, tomamos uma atitude que proporciona crescimento ao nosso MDPO, mas não nos ajuda a superar nossa ansiedade com uma possível perda. Olhar o fracasso nos olhos imaginando suas consequências pode, na verdade, nos ajudar a acalmar nossos medos, aumentando nossas chances de agir.

Meu coach executivo, David Lesser, um profissional veterano cujos clientes incluem os CEOs das empresas Fortune 50 e startups parecidas, sugere que entender e respeitar nossos medos é fundamental para poder agir com liderança e assumir riscos. Cada um de nós tem o que ele chama de "moderador de risco", uma voz em nossas cabeças que "está sempre procurando por ameaças e perigos, aquela parte em você que toda vez te diz o que pode dar errado e o porquê de você hesitar". Assim como Lesser argumenta, empreendedores em particular passam muito tempo lutando e tentando despistar o moderador de risco porque nós fomos treinados a acreditar que devemos visualizar apenas o positivo. Como resultado, "a maioria das pessoas têm uma relação imatura com o risco... Ser um moderador de risco dentro de uma pessoa positiva deve ser um trabalho e tanto!"

Em vez de antagonizar a voz que nos diz para "sermos cuidadosos", conseguimos ganhar ao nos comunicarmos mais abertamente com nosso moderador de risco sobre as desvantagens desta atitude. Desse jeito, podemos atingir nossas metas enquanto tomamos decisões razoáveis visando a nos manter seguros caso as coisas não aconteçam como planejado. Tendo apenas começado ou já estando no meio do caminho, prove este ponto e escute cuidadosamente quando a dúvida aparecer durante o curso de ação. Vá ainda mais fundo e comece um diálogo com seu moderador de risco, pedindo para que confie em você durante o processo. Assim que trazemos a luz aos riscos, conseguimos usar as táticas a seguir para finalmente manusear nosso medo do fracasso e fazer a equação funcionar a nosso favor.

1. IMAGINE A(S) "ESCOLHA(S)-DEPOIS-DA-ESCOLHA"

Curiosamente, quando confrontamos toda a gama de possíveis cenários de "falha" para qualquer risco que enfrentamos, algo poderoso acontece. Em vez de nos afastarmos de nossos medos, passamos por eles e começamos a identificar a *escolha-depois-da-escolha*. Ou seja, visualizamos o que faríamos para nos recuperarmos de uma perda ou minimizar seu impacto após a ocorrência de uma falha. Podemos descobrir que temos alguma boa opção para seguirmos adiante, ou várias. Quanto mais percebemos que o fracasso não nos destruirá e que podemos identificar várias opções para nos recuperarmos, menos assustador ele parece.

Em uma famosa carta de 1997 aos acionistas, Jeff Bezos, fundador da Amazon, articulou uma estratégia semelhante para diminuir o medo. Descrevendo a abordagem da Amazon para tomada de decisão, tomada de risco e fracasso, ele observou que existem dois tipos de decisões: aquelas que você não pode reverter (o que Bezos chamou de decisões Tipo 1) e aquelas que você pode (Tipo 2).

As decisões do tipo 1 são as "vias de mão única" e, portanto, você deve tomar essas decisões "metodicamente, com cuidado, lentamente, com grande deliberação e consulta. Se você for adiante e não gostar do que vê, não é possível voltar para onde estava". Em contraste, como as decisões do Tipo 2 são reversíveis, você pode tomá-las mais rapidamente, preocupando-se menos com as consequências.

Como reconhece Bezos, a maioria das decisões é do Tipo 2. Porém, mesmo quando nossos movimentos não são totalmente reversíveis, ainda é possível ter muito espaço para manobrar se falharmos. Por isso é tão importante contemplar as *escolha(s)-depois-da-escolha*. Com um pouco de esforço, somos capazes de imaginar possíveis passos que não nos deixariam em uma situação pior do que de onde começamos — recuando ou avançando em outra direção.

Digamos que você tenha uma carreira de sucesso com uma função importante em uma grande empresa e esteja pensando em mudar para um emprego semelhante em um setor diferente ou em uma startup. Embora espere aprender mais, ou apressar seu enriquecimento ganhando patrimônio, a troca traz algum risco. Enquanto vê o lado positivo, imagine paralelamente um cenário de desastre no qual não é possível prosperar em seu novo emprego. Se isso acontecer dentro de alguns meses, você provavelmente terá pelo menos duas opções, se não mais. Retornar à organização em que obteve sucesso anteriormente ou, dada sua experiência, encontrar uma função semelhante à anterior em outra empresa maior do setor. Se essas *escolhas-depois-da-escolha* existirem, é bem provável que o que você originalmente percebeu como um risco maior talvez não prejudique muito sua trajetória geral de carreira ou suas finanças, enquanto o lado positivo permanece alto.

Quando dedicamos tempo para analisar as decisões do Tipo 1 (via de mão única), é provável descobrir que realmente temos duas ou três novas atitudes que podemos assumir em caso de falha, mesmo que ainda haja um custo. Esclarecer os caminhos e seus custos nos capacitará mais em nossa escolha do que se descartássemos oportunidades maiores como "arriscadas demais".

2. CITE *TODOS* OS NOSSOS RISCOS E MEDOS

É muito importante ser específico sobre os tipos de riscos que estamos correndo e os medos associados que eles geram dentro de nós. Se pudermos nomeá-los e também considerá-los no contexto de nossas circunstâncias atuais, é mais provável que os enfrentemos individualmente, olhando-os de forma mais realista e dimensionando-os adequadamente.

Geralmente, existem três tipos de riscos que enfrentamos em qualquer escolha de carreira: *financeiro, reputacional/ego,* e *pessoal.* Se uma de nossas escolhas de carreira der errado, é porque podemos perder dinheiro, sofrer um golpe à imagem que temos de nós mesmos ou que os outros têm de nós, talvez até perder algo que valorizamos profundamente em nível pessoal (o trabalho que nos dá alegria, ou o tempo gasto com nossa família). Os riscos pessoais, às vezes, são mais espinhosos do que os outros dois; em um mundo de ambição de carreira sem fim, podemos nos sentir constrangidos em nomeá-los ou dar--lhes validade. Mas os riscos pessoais afetam imensamente nossa felicidade e, portanto, a avaliação deles é importante.

No geral, o risco emocionalmente mais potente que enfrentamos continuamente ao longo de nossa vida é o risco do *ego*. Desde a infância, esforçamo--nos para construir nossa autoestima, dominando habilidades, enfrentando desafios e impressionando a nós mesmos e aos outros. Quando falhamos em um desafio, levamos para o lado pessoal, questionando nosso potencial inato, personalidade e até mesmo nossa alma. Podemos perder dinheiro ou o status percebido quando falhamos nos negócios, mas o que é isso comparado à nossa identidade e senso de valor próprio?

Embora o risco do ego seja intangível, ele constantemente nos atrasa de pequenas e grandes maneiras, impedindo-nos de tentar coisas novas. No entanto, os medos relacionados ao risco do ego são, talvez, os mais fáceis de superar, uma vez que o risco do ego reside quase inteiramente em nossa própria psique. Se pudermos encontrar uma maneira de nos sentirmos bem conosco quando fracassamos (fique atento!), podemos minimizar nosso medo de correr o risco do ego, liberando-nos para agir e florescer. "Dê-me o jovem que tem cérebro suficiente para se fazer de bobo!" Robert Louis Stevenson disse uma vez. Pode não ser tanto o cérebro, e sim, a capacidade de mudar o significado que atribuímos às nossas ações e seus resultados.

Devemos notar que a natureza de nossos medos muda com o tempo, embora eles não diminuam, necessariamente, em força. Por exemplo, no início de nossas carreiras, o maior risco que enfrentamos ao fazer uma escolha pode ser financeiro: estamos tentando nos estabelecer e ganhar o suficiente para viver de forma independente e economizar. À medida que nossas carreiras progridem e ascendemos profissionalmente, o ego e o risco de reputação podem tomar conta; podemos começar a temer perder a estrutura que ganhamos. Quando chegarmos à metade da carreira, tendo nos estabelecido e construído famílias, podemos nos ver enfrentando os três riscos e os medos que os acompanham. Considerando nossos parceiros e filhos, os custos financeiros e pessoais de nossas escolhas aumentariam significativamente.

Enquanto eu navegava em minha própria carreira, desembaraçar e nomear esses medos me ajudou a enfrentá-los. É muito fácil juntar nossos medos ao fazermos escolhas, o que os faz parecer maiores e mais poderosos. Separe-os e você poderá tomar medidas para mitigar alguns deles. No meu caso, o ego e o risco de reputação passaram para a vanguarda do meu pensamento à medida que me aproximava do meio de minha carreira, tornando-se não menos assustador do que o risco financeiro fora antes. E, como o destino quis, eu me apaixonei, me casei e tive filhos assim que minha vida profissional começou a crescer, então o risco pessoal de minhas escolhas de carreira cresceu (arrisquei o tempo com a família e meu senso de equilíbrio saudável entre vida profissional e pessoal).

Em vez de deixar os riscos não ditos, peguei-me negociando no trabalho e em casa para encontrar soluções toleráveis antes de fazer qualquer escolha definitiva. Por exemplo, passei um ano negociando com meu marido sobre como poderíamos ter um terceiro filho enquanto perseguia meu objetivo de me tornar CEO de uma empresa de tecnologia. Tais esforços permitiram que eu me sentisse mais confortável na hora de tomar decisões. No momento em que disse sim a uma oportunidade, eu sabia que havia otimizado a troca o máximo possível, mesmo que nenhuma decisão abordasse todos esses riscos ao mesmo tempo. No entanto, meu medo do fracasso diminuiu, enquanto meu medo de perder oportunidades permaneceu alto, então finalmente consegui agir.

3. DIMENSIONAR NOSSOS RISCOS

Colocar riscos em uma perspectiva verdadeira é tão importante quanto nomeá-los com clareza. Começando por uma avaliação honesta de nossa situação atual e qual o espaço que temos para falhar, incluindo a disponibilidade de opções após a escolha que nos permitiria recuperação. Ao avaliar as razões pelas quais estamos assumindo um risco, também podemos identificar nossa situação atual e estado mental, o que ajuda a determinar o real peso dos riscos que estamos assumindo e *como nos sentimos quanto a isso*. Dependendo de nossa situação atual, uma determinada escolha pode afetar nossas vidas mais ou menos do que afetaria a de outra pessoa. A magnitude do risco não é absoluta, mas é relativa às nossas circunstâncias atuais.

Quando nos encontramos em uma posição neutra para positiva — isto é, nossas carreiras estão no caminho certo, e são aceitáveis ou até mesmo bastante satisfatórias para nós —, corremos riscos para obter um benefício positivo. Nessas situações, muitas vezes podemos falhar e ainda nos recuperar. Se existem muitas escolhas-depois-da-escolha, os riscos que estamos correndo são, provavelmente, bem pequenos. Se as escolhas-depois-da-escolha nos deixarem um pouco pior do que quando começamos originalmente, é provável que os riscos que estamos correndo sejam medianos.

Mas se nos vemos em uma situação ruim ao assumir um risco (nosso bem-estar está se deteriorando e podemos sofrer mais perdas), provavelmente estaremos na tentativa de evitar mais perdas e retornar a um ponto neutro ou positivo. Nesse caso, também, podemos considerar um risco pequeno se ele prometer, principalmente, vantagens e não podemos imaginar as coisas ficando muito pior. Quando uma escolha feita pode nos mergulhar mais fundo em território negativo, isso representa um risco maior. Da mesma forma, ao fazer uma escolha significativa que é uma via de mão única, oferecendo poucas ou nenhuma escolha viável após o ato e possivelmente nos deixando significativamente pior do que estamos atualmente, esse também é um risco maior, se começarmos de um estado positivo, neutro ou negativo.

Deixe-me lhe dar um exemplo. Meu amigo Ade Olonoh, fundador da plataforma de produtividade no local de trabalho Formstack, assumiu "um risco muito grande" em janeiro de 2006, quando deixou um emprego estável e bem remunerado para se tornar um empreendedor. O momento não era o ideal — a esposa de Ade havia largado o emprego, os dois esperavam o primeiro filho e só economizaram de seis a nove meses de despesas. Mas Ade estava infeliz em seu trabalho, e sua esposa o encorajou a "seguir sua paixão". Ade dirigiu uma startup com alguns amigos por alguns anos depois da faculdade e, embora o empreendimento tenha fracassado, ele gostou imensamente e ansiava por começar outro negócio.

Podemos classificar a escolha como um grande risco. Sim, Ade ficaria pior no curto e médio prazo se seu empreendimento empresarial não desse certo. Com a família dependente de sua renda, sua situação financeira teria sido precária. Mas Ade tinha algumas opções após a escolha que poderiam ajudá-lo a se recuperar, incluindo realizar algum trabalho de consultoria de tecnologia como freelancer ou retornar a um emprego semelhante ao que tinha. Para mitigar seu risco, Ade decidiu prestar consultoria em meio período enquanto construía seu novo negócio (Formstack). Tudo deu certo: Ade construiu o Formstack, continuando como freelancer por alguns anos até conseguir levantar algum dinheiro de investimento e administrar a empresa em tempo integral.

Nomear e dimensionar nossos riscos nos permite entender objetivamente quão bem podemos tolerar uma falha, levando em consideração nossa realidade atual, a disponibilidade de opções caso nossa escolha do risco falhe, e a magnitude de quaisquer perdas que possamos sofrer. Eu faço essa análise mentalmente (às vezes até transformá-la em uma simples planilha) sempre que estou tentando avaliar minhas escolhas.

4. PLANEJE O LADO NEGATIVO MAIS DO QUE O LADO POSITIVO

Negociei centenas de contratos ao longo da minha carreira, tanto de negócios muito simples quanto de extremamente complexos. Descobri que o mais experiente dos negociadores analisa os contratos com um propósito muito distinto em mente. Ou seja, eles colocam todo o seu esforço e energia em primeiro lugar, antes que um acordo seja fechado, para mitigar o risco de fracasso futuro. Para mim, isso faz muito sentido. Todos devemos fazer o mesmo quando planejamos fazer qualquer escolha que traga grandes riscos. Nesses casos, aliviamos nossos medos prestando mais atenção ao planejamento para o lado negativo do que para o lado positivo.

Ao longo dos anos, também vi centenas de planos altamente ambiciosos que detalham minuciosamente as etapas iniciais que serão executadas, os resultados previstos, as etapas subsequentes e assim por diante. No entanto, esses planos dizem pouco ou nada sobre o que acontece se as ações não produzirem os resultados prometidos. Todos presumem que as ações sempre funcionam e que estaremos muito melhores se mapearmos cada movimento sucessivo e bem-sucedido que faremos.

Uma abordagem melhor ao planejamento pende para o lado negativo: prestamos mais atenção ao que pode dar errado do que a tudo o que faremos se as coisas derem certo 100% das vezes. Quanto esforço devemos investir para pensar em contingências? Quando assumir riscos, dos pequenos aos médios, começa de uma perspectiva positiva, identificar mentalmente as escolhas-após-a escolha é o bastante para nos levar à ação. Quando estamos contemplando riscos maiores ou começando de uma posição difícil, é preciso agir rápido, mas dedicar algum tempo para realizar um planejamento detalhado antes de assumir riscos faz muito sentido. Você vai querer avaliar todas as suas alternativas disponíveis, analisando quais variáveis podem ser mais "negativas" com cada escolha e comparando as desvantagens das alternativas umas com as outras.

Quando minha irmã Nicky e eu enfrentamos suas condições de negócios desafiadoras, construímos vários cenários em uma planilha, identificando a gama de resultados financeiros, do melhor ao pior caso, para várias escolhas que ela poderia fazer. A modelagem financeira detalhada para cada escolha pode parecer um exagero, mas deixou bem claro que várias opções que Nicky estava contemplando, incluindo reiniciar seu consultório em um novo local, estavam repletas de repercussões negativas tão ruins, ou até piores, do que ficar parado.

O planejamento negativo impediu que Nicky assumisse um novo risco empresarial com que ela não podia arcar. E o mais importante, ter cada uma das alternativas no papel, com prós e contras, e a gama de possíveis resultados financeiros, aliviou seus medos, preparando-a melhor para ver quais ações renderiam muito mais vantagens do que adicionais potenciais perdas. Com seus medos diminuídos e confrontados, Nicky pôde, então, se mexer, sentindo-se animada e totalmente preparada.

A maioria das pessoas não gosta de gastar tempo e energia mental olhando para o lado negativo. É muito mais divertido pensar em todas as maneiras pelas quais algo excederá nossas expectativas. Mas se você perguntar a alguns dos maiores e mais bem-sucedidos negociadores que assumem risco no mundo, descobrirá que eles valorizam muito mais o planejamento negativo hábil do que o positivo, precisamente porque isso alimenta sua convicção em agir.

Deixe-me dar um exemplo ainda mais incomum de tomada de risco onde a desvantagem foi grave. Em 24 de outubro de 2014, meu amigo e ex-colega Alan Eustace saltou da estratosfera para estabelecer o recorde mundial de salto em queda livre de maior altitude. Conhecendo Alan, um feliz cientista da computação, de óculos, que atuou como vice-presidente sênior de engenharia do Google de 2002 a 2015, você teria dificuldade em imaginar esse programador como um temerário de qualquer tipo. Mas depois de tirar uma licença do Google em 2011 para, originalmente, criar um traje voador, Alan se uniu a um grupo de cientistas para um salto da estratosfera. Ao contrário do recordista anterior para o salto mais alto do mundo, Felix Baumgartner, Alan não tinha experiência anterior com acrobacias tão arriscadas. "Eu meio que gostei da ideia de um velho engenheiro estabelecer um recorde mundial de paraquedismo", comentou Alan mais tarde.

Nos 3 anos seguintes, Alan e uma equipe técnica projetaram o paraquedas e suporte de vida e sistemas de balão necessários para atingir seu objetivo. Como Alan observou, ele abordou o paraquedismo do ponto de vista da engenharia, criando um plano de teste altamente detalhado e cuidadosamente concebido (Baumgartner, ao contrário, havia confiado em uma habilidade de paraquedismo quase sobre-humana). "Provavelmente fizemos 205 testes" durante o período de 3 anos, disse ele, "a grande maioria deles não tripulados, mas alguns deles tripulados. Em cada um deles, trabalhamos muito duro para obter o máximo de informações que pudéssemos sobre reduzir o risco o tempo todo, para que, quando chegássemos a algo que outra pessoa pudesse considerar arriscado, poderia olhar para ele e dizer: 'Sim, mas fizemos todas essas outras coisas para poder mitigar ou entender esse risco.'"

O teste foi tão rigoroso que por vezes Alan achou "agonizante". Em cinco ocasiões diferentes, por exemplo, a equipe testou o traje de voo de Alan para se certificar de que ele poderia suportar o frio da estratosfera, expondo-o a temperaturas tão baixas quanto -120 graus Fahrenheit. Ele observa: "Você precisa ter uma lista de todas as coisas que podem dar errado e, em seguida, analisar quais são as mitigações que está adotando para cada uma dessas coisas." Somente depois que Alan e sua equipe testaram exaustivamente os vários equipamentos individualmente e combinados, e se prepararam para todas as contingências concebíveis, foi que ele completou seu salto de 135.000 pés, 25 milhas acima da superfície da Terra.

Durante o salto em si, Alan não ficou paralisado pelo medo. Surpreendentemente, sua frequência cardíaca permaneceu bastante baixa o tempo todo, um pouco mais de sessenta batimentos por minuto. Isso porque ele e sua equipe fizeram sua lição de casa. Como ele diz: "Demolidores são pessoas que tentam fazer coisas malucas onde há muitas variáveis que são desconhecidas e as chances de serem feridos ou mortos são muito altas. O que me salvava era, principalmente, a tecnologia incrível que a minha equipe projetou. Não é cem por cento seguro, mas é o mais próximo a que os humanos podem chegar."

Em suma, Alan mapeou todos os riscos, os enfrentou e os confrontou. Como resultado, deu o salto psicologicamente consciente de que havia se preparado totalmente para o sucesso, não para o fracasso.

COMO O MDPO DE HOJE CURA O MDF DE AMANHÃ

Ao imaginar a escolha-após-a-escolha, planejar-nos melhor para a desvantagem ou nomear os riscos específicos pode minimizar drasticamente nossos medos. Não há nada como sobreviver ao fracasso para permitir que se assumam riscos no futuro. A tomada de pequenos riscos pode aumentar nossa tolerância para lidar com todos os tipos de resultados, incutindo uma mentalidade de experimentação, mas gerenciar uma falha maior pode ser muito mais positivo e capacitador do que imaginamos, reduzindo nosso MDF no futuro. Por mais doloroso que seja, experimentar o fracasso nos ensina lições poderosas sobre como realmente somos capazes de nos recuperar e descobrir o que fazer a seguir.

O empresário Ade Olonoh pode atestar nossa capacidade de aprender com o fracasso. Inicialmente, Ade fundou sua empresa, Formstack, como um sistema de gerenciamento de dados que permitia às pessoas criar facilmente formulários online para uso em seus blogs e sites. O Formstack se saiu bem no início, mas uma parte de seu serviço estava crescendo muito mais rápido do que outras. Os blogueiros que utilizavam o Formstack aproveitavam os formulários para fazer perguntas ao público, pedindo que contribuíssem com tópicos para os próximos blogs. Pensando que esse era uma bom uso do Formstack, Ade criou uma nova plataforma com sua equipe, como um experimento e um divertido exercício em grupo no final do ano. No Formspring, como Ade chamava a nova plataforma, outros usuários podiam fazer perguntas, e suas respostas eram publicadas em seus perfis no site ou em outras plataformas de mídia social.

Ade antecipou que, talvez, conseguiriam que algumas milhares de pessoas se inscrevessem. E olha, ele estava errado! Em apenas quarenta e cinco dias, um milhão de usuários juntou-se ao Formspring. A demanda era tão grande que os custos de hospedar tantas pessoas arriscavam levar a pequena empresa de Ade à falência.

Conheci o Ade no início de 2010, quando entrei para o conselho dele na Formspring. Naquele tempo, a empresa era uma startup nova e quente, levantando mais de US$16 milhões vindos dos melhores investidores do Vale do Silício para fazê-la crescer. Tendo dificuldades para comandar as duas empresas, Ade contratou um CEO para ficar responsável pela Formstack, então se mudou com a sua esposa e seus dois filhos de Indianápolis para a Bay Area, e se dedicou em tempo integral ao Formspring. "Definitivamente senti que era muito arriscado", ele lembra, "levar a família inteira para lá. Nós não conhecíamos muitas pessoas ou nada parecido, então foi um pouco louco."

De primeira, esse risco pareceu uma boa decisão. A Formspring cresceu rapidamente, adquirindo quase 28 milhões de usuários até 2012. A empresa estava indo longe. Mais tarde naquele ano, contudo, teve problemas com adolescentes que praticavam bullying com memes por intermédio do site, e prejudicavam a empresa e sua reputação de um jeito que Ade nunca imaginaria. Além de que, o Facebook tinha mudado seu algoritmo para desenfatizar o conteúdo de outros sites como o Formspring.

Quase do dia para a noite, o crescimento da empresa estagnou. O tráfego gerado pelo Facebook — que era responsável por um terço do tráfego total do Formspring — desapareceu. Para tratar sobre o bullying, Ade mudou algumas das funções de alguns usuários, como a anonimidade, o que também colaborou para a estagnação no crescimento.

Em dezembro de 2012, Ade dispensou todos os seus funcionários. No mês de maio seguinte, quatro anos depois de sua grande aposta no Formspring, ele vendeu a empresa por pouquíssimos dólares. Ele estava devastado, sentindo que tinha desapontado todo mundo. Felizmente, sua esposa foi solidária. "Ela estava realmente apenas preocupada com a maneira como eu estava lidando com aquilo e queria que eu fosse feliz. Ela não aceitava que o fracasso do Formspring fizesse de mim um fracasso."

Em 2013, Ade voltou a se dedicar à empresa original, Formstack, trabalhando de maneira remota da Bay Area antes de voltar para Indianápolis. A porta, felizmente, ainda estava aberta para ele, permitindo-o se reconectar com as raízes de sua ideia primária. Hoje, Formstack é muito lucrativa, servindo mais de 500.000 usuários em 112 países, e Ade está dando continuidade à sua jornada como um sério investidor e empresário.

Ade olha para trás, para a Formspring e a sua mudança para o Vale do Silício, como o maior fracasso de sua carreira. Mas, ao mesmo tempo, ele também as vê como um de seus maiores sucessos. A certa altura, ele observa, a Formspring foi a plataforma de mídia social que mais cresceu na história. "É muito raro e não sei se serei capaz de replicá-lo", diz ele. Além disso, as atitudes de Ade em relação ao risco mudaram fundamentalmente ao sobreviver a esse fracasso e a outros menores em sua carreira. Ele agora se sente "muito mais confortável com o risco" do que antes, e reconhece que isso vem com a experiência: "O horizonte de tempo é realmente longo, no início de minha carreira, parecia que toda decisão que eu tomava poderia destruir todo meu futuro."

TRABALHE A FÓRMULA DO MEDO A SEU FAVOR

Não importa sua experiência na tomada de riscos, você precisa entender e aceitar que o *medo nunca desaparece completamente*. Entretanto, é possível aprender a escolher a possibilidade abordando os dois lados da equação do medo. Reconheça os medos galvanizantes como o MDPO e gerencie ativamente as emoções mais negativas, como o MDF. Abrace suas ambições ao mesmo tempo em que primeiro observa o fracasso, e identifique maneiras de mitigá-lo. Se você fizer isso, provavelmente sairá se sentindo mais otimista sobre suas chances do que teria de outra forma.

Muitas pessoas consideram o otimismo e a fé como mentalidades que devemos ter durante a tomada de riscos, mas, na verdade, muitas vezes surgem como *subprodutos* da escolha da possibilidade, uma vez que identificamos estratégias de recuperação para nós. É possível que você se torne um otimista realista, permanecendo realista no curto prazo e otimista em longo prazo, pois reconhece que também pode continuar escolhendo seu caminho por meio das falhas. Não há nada como a experiência duramente conquistada para nos ensinar isso e outras lições relacionadas. Se sustentarmos um grande fracasso e pudermos aprender a abraçá-lo, vamos emergir com um medo diminuído daqui para a frente. Antes disso, administrar nossa equação do medo ao contemplar uma escolha aumenta drasticamente as chances de nos movermos.

PONTEIROS DE POSSIBILIDADE

- Agimos quando nosso MDPO supera nosso MDF.

- Abraçar nosso moderador de risco interno nos ajuda a enfrentar nossos medos em vez de evitá-los.

- Imaginando a escolha-após-a-escolha, nomeando e dimensionando seus riscos, além de se planejar mais para o lado negativo são formas poderosas de gerenciar a equação do medo e entrar em movimento.

PARTE II

Fique Mais Esperto

*Assuma riscos calculados. Isso é bem
diferente de ser precipitado.*

— General George Patton

6 Coloque *Quem* Antes de *O Quê* ao Assumir um Risco

Voltemos ao verão de 1997, quando comecei a trabalhar no Vale do Silício. Eu tinha 27 anos e havia assumido um risco decente ao largar meu emprego no Reino Unido e me mudar para a Califórnia sem nada. Esse risco parecia compensar. Consegui um emprego como gerente de desenvolvimento de negócios em uma startup de TV interativa chamada OpenTV. Fui recrutada por Shea Kelly, a carismática executiva de recursos humanos que mencionei anteriormente e que se tornaria uma de minhas amigas e colegas mais queridas. Ansiosa para aprender sobre uma nova e animadora parte da indústria da televisão (que eu ainda achava muito glamorosa), cheguei cheia de entusiasmo e estava pronta para arrasar no primeiro dia.

Esse entusiasmo não durou. No segundo dia, meu novo chefe, um dos líderes masculinos da empresa, me chamou de lado para me dizer meio sério que eu estava "assustando as secretárias". Eu não tinha certeza do que isso significava. Como eu poderia deixá-los tão nervosos em apenas quarenta e oito horas? Eu vinha de duas empresas — Merrill Lynch e British Sky Broadcasting — ambas com culturas agressivas e dominadas por homens e, em ambos os casos, meus chefes me elogiaram e me promoveram. Agora que eu havia chegado ao Vale, o primeiro feedback que recebi foi que eu poderia, de alguma forma, estar sendo franca demais ou exigente demais para o meu ambiente.

Minha experiência se deteriorou a partir daí. Em vez de receber mais responsabilidades do que meu cargo indicaria, recebi menos. A OpenTV me contratou para ajudar no crescimento de sua plataforma, estabelecendo parcerias com outras empresas. Em vez de me atribuir esse trabalho, meu chefe o deu a um colega do sexo masculino com um estilo volátil, pedindo-me para realizar tarefas mais mundanas. Eu aparentemente era "muito assustadora" para a cultura deles, mas esse colega não era. Parecia injusto para mim.

Frustrada, eu pensava no que fazer. Uma noite, quando meu chefe e eu nos dirigíamos para o estacionamento, eu me abri e compartilhei minhas preocupações. Ele tentou me acalmar ao dizer sorrindo que eu era a "estreante do time e precisava ser treinada". Eu recuei, argumentando que nos primeiros anos de minha carreira eu tinha sido recompensada e promovida em duas empresas globais incrivelmente bem-sucedidas e recebido quantidades crescentes de responsabilidade com pouca supervisão.

Depois dessa conversa, meu desespero só aumentou. Comecei a me perguntar se eu era mesmo talhada para o Vale do Silício, para uma função de desenvolvimento de negócios, ou ambos. Quando uma fornecedora externa entrou na OpenTV para oferecer treinamento em discriminação sexual, arrisquei e criei coragem para solicitar uma conversa particular com o treinador. Descrevi minha experiência e perguntei se estava enfrentando preconceito de gênero. Ela se esquivou, relutante em me dar uma resposta direta. Em última análise, o rótulo que demos não mudou o problema subjacente. Meu chefe e eu diferíamos muito em nossas expectativas sobre meu trabalho, e eu tinha pouca confiança de que poderia prosperar na empresa enquanto trabalhava para ele. Ele não estava indo a lugar nenhum, então eu senti que tinha que ir.

Enquanto ponderava minhas escolhas e meus riscos, recebi um telefonema de um caça-talentos da tecnologia que estava recrutando pessoas para atuar como gerentes de produto para uma startup chamada Junglee. Eu estava receosa em responder, o slogan da empresa: "A Internet é o Banco de Dados", não poderia ter soado mais estranho para mim, ou mesmo mais chato. A visão de tecnologia de Junglee era mais nerd do que qualquer coisa que eu já tinha ouvido. Ao construir pequenas "aranhas" (bots) que poderiam se aventurar pela Internet e copiar ou "raspar" um pouco de informação de qualquer página da web, Junglee poderia criar novos serviços online que agregassem todas essas informações em um único lugar. Como sua primeira aplicação da tecnologia, a Junglee juntou pedaços de listas de empregos de milhares de sites de empresas na Internet, reunindo-os em um único serviço de quadro de empregos no site do Yahoo.com, que permitia àqueles à procura de vagas de trabalho encontrá-las com muito mais facilidade.

Eu não sabia nada sobre o papel de gerente de produto que o recrutador descreveu e nunca imaginei algo assim para mim. Os gerentes de produto são pessoas que ajudam a projetar e determinar quais recursos um serviço ou produto online deve ter para ajudá-lo a atrair os clientes. Eles também trabalham em colaboração próxima com os engenheiros que escrevem o código-fonte, ajudando-os a entender esses requisitos. Embora muitas empresas de tecnologia não exijam que os gerentes de produto sejam programadores, outras o fazem, pois o conhecimento técnico pode facilitar muito o trabalho com os engenheiros. Esse recrutador me convenceu de que eu não precisava saber programar — eu só precisava ser inteligente o suficiente para descobrir como falar com engenheiros em seu idioma (bom, já que eu não sabia nada de programação).

Apesar das minhas reservas iniciais, concordei em fazer uma entrevista na Junglee. Saí impressionada. Em uma pequena e vazia sala de conferências em Sunnyvale, Califórnia, quase uma hora ao sul de São Francisco, encontrei Venky Harinarayan, um dos fundadores da Junglee. Ele tinha um PhD do conceituado programa de ciência da computação de Stanford, conhecido por produzir empreendedores de sucesso. Anteriormente, ele se formou em uma das melhores escolas de tecnologia da Índia. Além de seu intelecto, admirava sua franqueza e seu estilo discreto.

Fiquei igualmente empolgada vários dias depois, quando conheci seus cofundadores, Ashish, Anand e Rakesh, e ainda mais quando soube que eles conseguiram recrutar Ram Shriram, um ex-executivo de vendas bem-sucedido da Netscape, queridinha da Internet, como presidente da empresa. Coletivamente, esses líderes eram extremamente inteligentes e também verdadeiros; em comparação com meu chefe atual, senti que eram muito mais confiáveis, diretos e com vontade de agir. Recebi uma oferta e rapidamente assinei como gestora de produto do serviço de empregos da Junglee, deixando meu emprego na OpenTV com um enorme suspiro de alívio.

Minha experiência do segundo dia na Junglee foi o oposto do que eu experimentei na OpenTV — quase comicamente. Ao entrar em nossos escritórios em Sunnyvale, ansiosa para aprender os fundamentos do gerenciamento de produtos, Venky e Rakesh perguntaram se eu me sentiria à vontade para fazer um trabalho de última hora. A Junglee estava prestes a lançar um novo serviço de comércio eletrônico no site do Yahoo que ajudava os consumidores a comparar preços de itens em dezenas de sites de compras. Os fundadores estavam lutando para colocar o serviço em funcionamento o mais rápido possível e queriam que eu atuasse como gerente de desenvolvimento de negócios. Meu trabalho seria pegar o telefone e persuadir os sites de compras a se associarem formalmente a nós e nos pagar se enviássemos um novo cliente por meio de nosso serviço. Esqueça coaching, treinamento ou supervisão gerencial: Venky estava confiante de que eu poderia dar conta desta nova função e ajudar a empresa a crescer. Não só os fundadores não me pediram para "reduzir o tom" — eles queriam que eu me apoiasse na minha capacidade de vendas e crescesse o mais rápido possível. Foi assim que voltei a ter um trabalho de desenvolvimento de negócios em tecnologia sem nunca querer.

Nos meses seguintes, agi, liguei e ajudei a Junglee a assinar com quase uma centena de comerciantes online como parceiros no novo serviço. Nossos esforços chamaram a atenção da Amazon, para a qual eu também telefonei, e que na época vendia principalmente livros, músicas e fitas de vídeo online, mas tinha ambições muito maiores. Jeff Bezos, então um jovem fundador e CEO carismático, imaginou um dia em que a Amazon o ajudaria a encontrar produtos de qualquer vendedor na web, independentemente de a própria Amazon estocar ou não esses produtos. Junglee parecia ter a tecnologia necessária para ajudar a alcançar essa visão.

Durante o verão de 1998, seis meses depois que entrei na empresa, a Amazon adquiriu a Junglee por US$280 milhões como seu primeiro passo para a construção da Amazon Marketplace. As parcerias com comerciantes online que construí foram parte fundamental da aquisição, e a Amazon me ofereceu um trabalho pós-venda para persuadir mais vendedores online a listarem e venderem seus produtos na Amazon. Juntamente com quase todos os outros funcionários de tempo integral da Junglee, mudei-me de São Francisco para Seattle para trabalhar para nosso novo pai. As ações da Amazon que recebi como parte de nossa venda me renderam milhões de dólares, uma quantia assombrosa para qualquer um, quanto mais para alguém de vinte e poucos anos como eu.

Minha decisão de migrar da OpenTV para a Junglee me ensinou uma importante lição inicial sobre assumir riscos inteligentes, que foi reafirmada várias vezes em minha carreira: ao fazer escolhas críticas de carreira, não podemos superestimar o valor e a importância do fator "pessoas". Originalmente, assinei com a Sky e a OpenTV porque adorava a ideia de me tornar parte da indústria da televisão e do entretenimento. Como uma consumidora apaixonada por entretenimento, eu via esses trabalhos como divertidos e empolgantes. Meu entusiasmo pela Junglee não foi assim no início (embora em pouco tempo eu tenha desenvolvido uma paixão pelos serviços que estava construindo). Isso não importava: consegui porque me cercava de pessoas que respeitava e com quem podia aprender, ao mesmo tempo em que prosperava na cultura que elas criaram.

Ao ponderar quais riscos assumir em sua carreira, sempre reconheça que "com quem" nos alinhamos influencia nosso sucesso final muito mais do que "o quê" escolhemos para focar. Não tenha tanta certeza de que se apaixonar por um determinado campo, tipo de trabalho ou indústria o levará mais rapidamente ao topo da montanha. Preste muito mais atenção aos indivíduos que irão acompanhá-lo na jornada.

O PROBLEMA COM "O QUÊ"

Seja na escola ou no trabalho, todos nós aspiramos trabalhar em assuntos que achamos interessantes ou intrigantes. Presumimos que nos sentiremos mais motivados a trabalhar duro quando nos envolvermos com tópicos que amamos ou que nos empolgam — nossas "paixões" (mais sobre isso depois). Muitas vezes nos colocamos em infinitas buscas e maquinações para alinhar o quê trabalhamos com nossos desejos mais profundos. Embora essa abordagem seja lógica, passamos a maior parte do tempo do emprego trabalhando em equipe com colegas, subordinados diretos, líderes e, às vezes, parceiros externos. Esses outros influenciarão no que realmente trabalhamos e como trabalhamos também. Um fator importante em nossa capacidade de ter sucesso é saber se o processo de trabalho é alegre, gratificante ou inspirador, ou excessivamente ineficiente, não colaborativo ou esgotante.

Se todos nós trabalhássemos sozinhos, talvez o o quê de um trabalho faria toda a diferença entre o sucesso ou o fracasso, mas não o fazemos. Em vez disso, o quem em nossa equação risco-recompensa influencia significativamente nossas interações e mecânicas do dia a dia. Grandes pessoas ao nosso redor podem aumentar ativamente nosso engajamento e entusiasmo por qualquer objetivo, tornando-nos mais curiosos sobre o assunto que estamos tratando. Mesmo que, a princípio, não achemos uma determinada linha de trabalho tão interessante, ela poderá se tornar mais interessante se nos encontrarmos cercados de pessoas engajadas, motivadas e inspiradoras.

COMO PESSOAS INCRÍVEIS MUDAM
NOSSAS CHANCES

No capítulo 4, falamos sobre se aproximar de um objetivo mesmo sem saber como chegar lá — simplesmente se aproximando das pessoas e oportunidades certas. Quando nos cercamos de pessoas com o conhecimento que nos falta, elas podem nos ajudar a melhorar nossos resultados mais rapidamente do que se tentássemos resolver tudo sozinhos por tentativa e erro. Esse aprendizado acelerado acontece, pelo menos, de quatro maneiras distintas: por osmose, desafios ativos, coaching e aprendizado social.

Quando estamos aprendendo por osmose, simplesmente observamos e imitamos pessoas com habilidades e capacidades desejáveis. Os chefes também podem nos desafiar a tentar algo que nunca fizemos antes, ampliando nossas capacidades e arriscando nossos egos, embora com o imenso valor de uma rede de segurança. Quando trabalhamos com líderes que nos pedem para assumir novos desafios, temos o melhor dos dois mundos: a chance de tentar algo ambicioso ao mesmo tempo em que fazemos perguntas ou solicitamos apoio quando nos encontramos perdidos. Muitas vezes acreditamos que os chefes que nos empurram para uma nova área estão nos preparando para falhar no curto prazo. A verdade é que, na maioria das vezes, eles estão nos preparando para ter sucesso em longo prazo, acelerando o desenvolvimento de nossas habilidades de resolução de problemas e agilidade.

Quando aprendemos por meio do coaching, nos beneficiamos trabalhando com líderes que prestam atenção ao nosso desenvolvimento e objetivos, que nos dão feedback consistente e que às vezes desaceleram as atividades diárias para nos acompanhar ou nos ajudar a desenvolver uma habilidade no momento. Quando aprendemos socialmente, nos beneficiamos de líderes que atraem equipes qualificadas e diversificadas, dando-nos a oportunidade de aprender mais rápido por meio de muita discussão, debate e outras interações com nossos colegas.

Seja como for a aprendizagem, o benefício mais importante que obtemos quando seguimos pessoas incríveis é a chance de um desenvolvimento mais rápido do que poderíamos obter de outra forma. Enquanto trabalhamos arduamente para manter o ritmo, eles estão nos ensinando a trabalhar de forma mais inteligente. Nós nem percebemos o quanto absorvemos até olharmos para trás muito mais tarde. A oportunidade de trabalhar com pessoas incríveis ou líderes é muitas vezes a melhor razão para participar de qualquer inovação ou oportunidade em startups: esses empreendimentos atraem indivíduos que podem sonhar mais alto e pensar de forma completamente diferente da nossa. Mesmo que o empreendimento falhe, com certeza desenvolveremos nossas capacidades mais rapidamente e expandiremos nossa habilidade de pensar assim.

As ótimas pessoas com quem trabalhamos também se tornam nossa melhor fonte para mais oportunidades, desde que façamos um ótimo trabalho. Certa vez, quando eu dirigia a Joyus, um colaborador escreveu em uma pesquisa sobre a satisfação dos funcionários: "A recompensa por um ótimo trabalho na Joyus é mais trabalho." Embora eu tenha certeza de que esse feedback não foi oferecido como elogio, não pude deixar de concordar. Como líder, costumo dar mais trabalho (e, na minha opinião, mais oportunidades) às pessoas da minha equipe que conquistaram meu respeito, aumentando a confiança e a responsabilidade em um ritmo mais rápido.

Nesses casos, identifiquei pessoas talentosas que queria desenvolver ainda mais, e essa é a minha forma de fazer. Tendemos a acreditar que o feedback positivo sempre assume a forma de elogio verbal, mas descobri que as pessoas que continuam superando as outras e acumulando silenciosamente quantidades crescentes de responsabilidade estão, na verdade, recebendo a mais alta forma de reconhecimento verdadeiro.

SUA MELHOR REDE INDIVIDUAL

Pessoas incríveis também tendem a se tornar ímãs de oportunidades, recebendo novas ofertas de outras empresas em ritmo acelerado. Não é possível para elas aproveitarem todas essas oportunidades, então as repassam para outras de suas próprias redes que tiveram um bom desempenho. É por isso que considero chefes, colegas e associados compondo nossa melhor rede de carreira.

Os livros sobre negócios geralmente aconselham a construção da nossa rede de contatos de forma agressiva em eventos empresariais ou em situações sociais, na tentativa de conhecer ou se aproximar de pessoas que concretizaram sonhos parecidos com os nossos. Entendo o mérito de tal ligação fria — assumimos um pequeno risco para causar uma ótima primeira impressão, recebendo como recompensa uma nova oportunidade que poderia nunca ter acontecido. Mas, apesar de toda a pressão autoimposta para fazer conexões em um coquetel, nossa maior chance de encontrar uma nova e empolgante oportunidade de carreira vem de nossas conexões profissionais mais profundas. Quando aprendemos ao lado de alguém, com aprendizado rápido e mostrando nossa vontade de trabalhar mais, é mais provável que coloquem suas próprias reputações em risco para atestar nossas habilidades. Como diz o professor de administração David Burkus: "Seus velhos amigos são melhores que seus novos amigos", quando se trata de gerar oportunidades.

Os fundadores da Junglee abriram as portas para mim, dando-me oportunidades adequadas ao meu perfil e que eu nunca poderia ter previsto. Usando a riqueza recém-conquistada na aquisição da Amazon, começaram a investir em outras startups. Quando eles conheceram um entusiasmado professor de ciência da computação da Universidade da Califórnia em San Diego que estava iniciando seu próximo empreendimento utilizando tecnologia semelhante à da Junglee, eles foram rápidos em financiá-lo. Quando o fundador pediu ajuda a seus novos investidores para encontrar o primeiro empresário a se juntar a ele como cofundador, tive a oportunidade de abrir minha própria empresa — a Yodlee.

Cinco anos depois, quando comecei a contemplar meu futuro pós-Yodlee, a equipe executiva da Junglee ficou, novamente, feliz em ajudar. O ex-presidente da Junglee, Ram Shriram (o executivo da Netscape que mencionei anteriormente), foi o primeiro investidor do Google e membro de seu conselho. Quando ele soube que eu estava procurando meu próximo emprego, ele foi rápido em sugerir que eu me reconectasse com os fundadores do Google (que conheci em eventos relacionados a startups) e o principal executivo de negócios da empresa. Logo depois, fui almoçar com Omid Kordestani, diretor de negócios do Google. Contei a ele meu interesse em fundar uma startup em vez de ingressar em uma empresa como o Google, que, com seus quase mil funcionários na época, parecia enorme para mim.

Oito meses depois daquela reunião, eu ainda estava na Yodlee refletindo sobre meu próximo movimento. Omid ligou novamente e descreveu uma nova oportunidade dentro do Google para construir um negócio "greenfield" — um produto para competir com o Yahoo Maps, os serviços Mapquest da AOL e a tradicional indústria multibilionária de páginas amarelas (lembra-se daqueles grossos catálogos amarelos de negócios, deixados à sua porta?). Realizando algumas pesquisas, percebi quão grande um negócio como esse poderia se tornar e concordei com uma entrevista. Em duas semanas, recebi uma oferta para me tornar a primeira gerente geral da Maps e Pesquisa Local do Google e aceitei o trabalho, surpreendendo até a mim mesma. Tenho que agradecer a Ram por investir na Yodlee, mas também em grande parte por este incrível novo capítulo da minha carreira.

Embora minha própria rede tenha se expandido imensamente desde aqueles primeiros dias, agora incluindo colegas da Yodlee, Google, Joyus, StubHub e muito mais, ainda considero os fundadores da Junglee como meus melhores mentores no Vale do Silício. Sempre que enfrento crises profissionais substanciais, foi para Venky que liguei pedindo conselhos. Ao mesmo tempo, quando tenho a oportunidade de fazer um favor a um deles, fico feliz em dizer sim. Espero que, agora, eu esteja inclusa em suas melhores redes de contato, simplesmente porque tive a oportunidade de atuar ao lado desses empresários no começo de suas carreiras.

À medida que minha carreira cresceu, comecei a pensar em minha própria rede como composta por três círculos. O mais externo inclui pessoas que não conheço pessoalmente, mas que sempre aprecio por ter a coragem de me contactar no LinkedIn, fazer uma pergunta no Twitter ou tentar me envolver enquanto lutam por suas próprias carreiras. Tento responder à maioria das mensagens que recebo, mesmo que não seja capaz de dizer sim a todos. Na segunda ordem estão conhecidos meus, ex-colegas de trabalho ou pessoas associadas a indivíduos em quem confio. Também tento ajudá-los caso solicitada, e quando sou capaz de fazê-lo de forma relativamente rápida e eficiente. Repassei currículos para membros da minha rede profissional e fiz reuniões com pessoas dessa rede quando solicitada. Escolher a possibilidade me ensinou o poder da serendipidade, e fico feliz se puder servir como uma catalisadora de alguma forma para pessoas em minhas redes profissionais mais abrangentes.

Reservo meu apoio mais vocal às pessoas do meu círculo mais íntimo, que conheço bem e com profundidade — os primeiros em minha lista ou o que chamo de minha "melhor" rede. Coloco as pessoas neste patamar não por causa de sua posição ou proeminência, mas porque trabalhamos juntos de maneira profunda e significativa. Colocarei minha própria credibilidade em jogo para ajudá-los a ter sucesso, porque realmente posso garantir o trabalho que fizeram, tenho uma visão de seus pontos fortes e áreas a serem desenvolvidas e posso atestar seu potencial de crescimento. Sua melhor rede também estará ao seu lado após passar por sucessos e fracassos juntos, forjando uma conexão autêntica.

AS "FALAS" DOS GRANDES LÍDERES

Líderes que podem turbinar sua carreira são pessoas especiais e vêm em alguns pacotes bastante inesperados. Em Superbosses, Sydney Finkelstein descreve uma classe de chefes de elite que têm uma habilidade incomum de desenvolver talentos. Esses "super chefes" são incrivelmente diversos, exibindo personalidades diferentes, vindos de uma variedade de países e origens, operando em setores díspares. "Além de sua humanidade básica", escreve Finkelstein, "e sua incrível capacidade de inovar ao mesmo tempo em que desenvolvem performances magníficas, podemos nos perguntar o que os super chefes têm em comum."

Quando penso na minha primeira e altamente positiva experiência de trabalho na Merrill Lynch, não teria caracterizado meu novo chefe, um excêntrico e jovem diretor administrativo chamado Henry Michaels, como um líder estilo super chefe que poderia, de alguma forma, turbinar minha jornada de carreira. Mas ele acelerou minha jornada profissional de maneiras pelas quais ainda sou grata.

Conheci Henry "Hank, o mal-humorado" Michaels quando fui designada como analista do Grupo de Instituições Financeiras, carinhosamente conhecido como FIG (ou GIF, em português). Um nova-iorquino intenso, fumante de cachimbo, apaixonado por lucites (os lindos troféus de mesa pequenos concedidos toda vez que o banco aconselhava sobre um IPO ou fusão bem-sucedida). Henry subiu rapidamente na hierarquia de associado até diretor administrativo (a função mais sênior em bancos de investimento). Ele era responsável por lidar com empresas de poupança e empréstimo — ou thrifts, como esses bancos eram conhecidos — e tentar ajudá-los a abrir o capital ou a adquirir outras entidades.

No começo, fiquei desapontada por estar no grupo da FIG. Eu não estava interessada em estudar o funcionamento de bancos e corretoras, muito menos instituições financeiras obscuras como thrifts. Mas como me senti muito grata por ter conseguido meu emprego dos sonhos em Wall Street, aceitei a tarefa e estava determinada a trabalhar duro e me provar.

Henry acabou por ser meticuloso e altamente detalhista, e ele esperava que eu agisse da mesma forma. Meu trabalho principal era preparar seus "pitch books" (livros de vendas), os volumes grossos que ele levava para reuniões com clientes em potencial. Esses livros apresentavam os pensamentos de Henry sobre o setor, a empresa, seus concorrentes e, por último, as credenciais dele e da Merrill Lynch como potenciais consultores do cliente em sua estratégia de financiamento ou fusões e aquisições. Meus colegas analistas e eu passamos a maior parte dos dias e noites preparando esses livros, trabalhando com grupos de processamento de texto e design gráfico nas entranhas dos arranha-céus da Wall Street. Éramos jóqueis de PowerPoint, nos esforçando para entregar o pitch book perfeito para qualquer reunião.

Eu sabia que Henry se certificaria de que cada cor de fonte, tamanho e escrita estivessem corretos em cada página, e que ele verificaria meus cálculos das métricas financeiras de uma empresa para garantir que eles não fossem apenas perfeitos, mas mostrassem o número certo de decimais em cada coluna. Trabalhei duro para atender às suas expectativas de precisão, e foi assim que aprendi os principais números e índices para o setor de poupança e empréstimo e suas empresas individuais, de pasta de apresentação em pasta de apresentação.

Em pouco tempo, cheguei a antecipar do que Henry gostava e queria em seus arquivos. Ele, por sua vez, não teve que gastar tanto tempo me instruindo sobre o básico do que ele gostou. Ele também estava feliz em me ensinar pessoalmente sobre o negócio, pulando a hierarquia tradicional do escritório que colocava, pelo menos, dois níveis de pessoas entre nós. Ele me contou a história desse thrift enquanto fumava seu cachimbo, descrevendo qual empresa ele estava lançando e o porquê, levando-me para reuniões com clientes importantes para que eu pudesse ouvir e aprender. Como qualquer bom analista, esperava-se que eu carregasse todos os pesados pitch books, mas agradeço por ser exposta, tanto a ele quanto aos CEOs de grandes empresas que o encontravam nessas reuniões.

Logo depois que comecei, Henry foi contratado por uma instituição financeira de Long Island que queria abrir o capital e precisava de um consultor. Nessa ocasião, ele pediu à Merrill Lynch que eu o ajudasse diretamente no projeto — uma raridade para jovens analistas, que muitas vezes passavam um ano ou mais em pitch books antes de participar de um "acordo ao vivo". Uma associada (uma pós-graduada em MBA que trabalhava de forma permanente e era alguns anos mais velha do que eu) também foi designada para a equipe, e ela não parecia muito feliz quando Henry continuou a me dar tarefas diretamente e me levava para as reuniões, ignorando-a às vezes e outras vezes nos tratando como iguais. Quanto mais exposição ele me dava, mais eu me apressava e mais rápido aprendia. No final do meu primeiro ano, eu não apenas ajudei a abrir o capital de uma empresa, mas me tornei uma das analistas mais bem classificadas em todos os grupos do banco. Isso, por sua vez, levou à oportunidade de me mudar para Londres que descrevi anteriormente.

Não era fácil trabalhar com Henry, mas ele continuava me dando mais chances de experimentar e aprender, de assumir mais responsabilidades e de sentir que meu trabalho tinha impacto. Não poderia ter pedido melhor experiência e modelo de liderança no início da minha carreira.

Então, se líderes como Henry são tão diversos e peculiares, como você os identifica? Como observa Finkelstein, os super chefes tendem a exibir alguns traços de personalidade comuns, incluindo autenticidade, confiança, integridade e imaginação. Em minha experiência, e com base também em outras partes da pesquisa de Finkelstein, há três sinais adicionais que eu destacaria em líderes marcantes que valem a pena seguir.

A primeira tem a ver com a empresa que esses líderes mantêm. Bons líderes atraem pessoas inteligentes e podem vender uma visão atrativa que geram adesões. Grandes líderes são verdadeiros ímãs de talentos, cercando-se de pessoas igualmente inteligentes, confiantes e diversas em suas capacidades. Além disso, grandes líderes podem reter essas pessoas e alavancar seus conhecimentos. Quando você vê uma equipe forte de pessoas que debatem, discordam, mas se reúnem repetidamente de bom humor, você pode ter certeza de que seu líder sabe como desenvolver, aproveitar e mobilizar suas habilidades.

O segundo sinal revelador de que vale a pena seguir alguém tem a ver com seus pontos fortes, habilidades e capacidades em relação aos nossos. Certamente, os líderes não precisam ser perfeitos, mas quando encontramos pessoas que pensam diferente de nós e que têm estilos e capacidades que admiramos, mas de que também carecemos, podemos ter certeza de que poderão nos ensinar coisas novas. Do meu pai, ao Venky na Junglee, ao meu chefe Omid no Google, todos os líderes que segui tinham qualidades diferentes das minhas, incluindo profunda paciência e diplomacia, um estilo discreto e uma capacidade de fazer os outros se sentirem ouvidos (para o bem e para o mal, costumo ser agressiva, compartilhar opiniões cedo demais e gastar muita energia em qualquer situação). Ao complementar minhas próprias tendências, esses líderes me permitiram alcançar potência em meus pontos fortes em um ambiente seguro e confiável, ao mesmo tempo em que me ensinaram novas maneiras de lidar com as situações de forma mais produtiva.

Para identificar se vale a pena seguir um chefe, eu também avaliaria se os seus valores parecem se sobrepor fortemente aos nossos. Se um líder compartilha valores subjacentes conosco, é mais provável que os entendamos e os respeitemos. Por sua vez, é mais provável que permaneçamos por tempo suficiente para fazer contribuições significativas, lidar com suas peculiaridades e ainda aprender o máximo. É difícil discernir se uma pessoa compartilha nossos valores quando a conhecemos, mas podemos pesquisar seu histórico (incluindo como ela lidou com situações difíceis), ouvindo sobre sua reputação de colegas atuais e antigos ou subordinados diretos. Também podemos perguntar diretamente sobre seus valores, comparando suas respostas com o que nossa pesquisa revelou para ter uma noção de sua própria autoconsciência.

A ex-CEO da TaskRabbit, Stacy Brown-Philpot, passou uma fase importante de sua carreira atuando em cargos de liderança no Google. Ao descrever sua decisão de ingressar na empresa, ela descreve como passou um dia inteiro de entrevistas com líderes do Google e ficou impressionada, não apenas com a inteligência das pessoas que conheceu, mas seus "valores combinavam" com ela. Preocupava-se em fazer mais por meio de seu trabalho do que apenas ganhar dinheiro, e ela descobriu que o pessoal do Google estava igualmente focado em uma missão maior. Como ela lembra:

> Cada pessoa já era muito realizada, mas falava com esse senso de humildade, e também queria algo maior do que elas mesmas. Elas queriam algo melhor do que elas mesmos… Elas realmente se importavam em como a missão [do Google], era maior do que elas. Elas iriam trabalhar com muitas outras pessoas para tornar esse objetivo uma realidade. Foi isso o que me atraiu. Eu fui atraída por pessoas que se preocupavam com algo maior do que elas mesmas e queriam trabalhar com outras pessoas para tornar algo assim uma realidade.

Um dos pontos altos do dia veio no final, quando ela conheceu Sheryl Sandberg, a líder que serviria como sua chefe. Aqui, também, Brown-Philpot identificou uma forte correspondência de valores, desta vez relacionada não apenas ao foco, mas também à sua abordagem de gerenciamento. Brown-Philpot observa que Sandberg não passou muito tempo perguntando a ela sobre suas capacidades ou experiências passadas. Em vez disso, ela se concentrou no porquê Brown-Philpot desejava trabalhar no Google. "Ela realmente mostrou que estava mais interessada nas minhas motivações do que nas minhas competências. Eu acho que essa é uma característica muito boa para um líder, não apenas entender quão inteligente alguém é, mas o que os impulsiona e o que os motiva."

Olhando para trás, em minha própria carreira, acredito que o alinhamento de valores me motivou a fazer alguns dos meus melhores trabalhos, enquanto em alguns casos, os desencontros me levaram a lutar. Dois dos meus valores mais importantes — autenticidade e flexibilidade — apareceram em líderes e costumes que encontrei na Merrill Lynch, British Sky Broadcasting, Junglee, Google, Yodlee e muito mais. Na OpenTV, lutei para trabalhar com um líder cujos valores eu (mais tarde) julguei diferentes dos meus. Mais tarde em minha carreira, cometi outro erro doloroso em relação ao alinhamento de valores que se mostrou mais caro (mais sobre isso a seguir).

Se você vai seguir alguém ao assumir um grande risco, tenha certeza de que valha a pena. Como Finkelstein escreve: "Os super chefes são os grandes coaches, os acendedores de talentos e os professores de liderança na maioria das indústrias. Na verdade, os super chefes dominaram algo que a maioria dos chefes erra — um caminho para o sucesso extraordinário baseado em tornar outras pessoas bem-sucedidas." Quer tenhamos um verdadeiro super chefe ou apenas um super chefe, nosso trabalho número um ao assumir riscos inteligentes é garantir que valorizamos com quem estamos trabalhando tanto quanto com o que estamos trabalhando.

QUEM + O QUÊ = *INCRÍVEL*

Ao ponderarmos se devemos arriscar o quem ou o quê de uma possível escolha, devemos ter em mente que muitas vezes não precisamos fazer uma troca. Podemos encontrar um trabalho interessante por si só e fazê-lo com pessoas que potencializam nosso próprio aprendizado e impacto. Quando as pessoas perguntam sobre minha própria jornada de carreira, geralmente digo a elas que "fazer um ótimo trabalho para ótimas pessoas" desbloqueou tanto a realização profissional quanto o rápido progresso para mim. Mas ao priorizarmos nossa busca por pessoas que possam nos ensinar, nos complementar, nos desafiar e nos motivar a aprender desproporcionalmente, provavelmente nos encontraremos mais engajados e estimulados pelo que decidirmos focar.

PONTEIROS DE POSSIBILIDADE

- Para assumir riscos mais inteligentes, supervalorize o "fator pessoas" em suas escolhas.
- Pessoas excelentes nos ajudam a aprender por osmose, desafios ativos, coaching e aprendizado social.
- Para identificar seus próprios super chefes em potencial, observe o talento que eles atraem, seus pontos fortes e habilidades em relação aos seus e até que ponto seus valores se sobrepõem.

7 | Nem Tudo é Sobre Você

Ao longo da década que se seguiu à minha arriscada mudança para a Califórnia, minha carreira floresceu. De gestora júnior de desenvolvimento empresarial em uma startup de tecnologia, passei a ser uma das executivas de alto escalão do Google. Nesta trajetória, ajudei na construção de uma startup vendida com sucesso para a Amazon, lancei minha primeira empresa de tecnologia e ajudei o Google a lançar e ascender em vários negócios, incluindo operações internacionais e o Google Maps.

Recebi muito crédito por gerir minha carreira como um foguete de oportunidade e crescimento. É verdade que mergulhei no processo de escolher possibilidades, trabalhando incansavelmente, acumulando sucessos e fracassos e construindo capacidades e habilidades de liderança. Mas, em um nível básico, eu tive muita sorte.

Em 1997, quando cheguei à Bay Area, a Internet estava começando a explodir.

O capital da Amazon, que fora lançada apenas três anos antes, foi aberto nesta época como uma livraria online. O Google, o gigante das buscas de hoje, só foi fundado em setembro de 1998. (O Yahoo.com, baseado na ideia de que um único portal poderia agregar todas as notícias do dia, entretenimento esportivo e cotações de ações para você, foi o gigante da época.) Os investidores de risco estavam despejando dinheiro em quaisquer novos serviços em que os consumidores online estivessem interessados, enquanto os empreendedores sonhavam com as possibilidades do que se poderia fazer em breve com pequenos celulares. Na época, o dispositivo móvel mais popular usado para transmissão de dados era o BlackBerry, um portátil com teclado completo usado pelos executivos mais ocupados para enviar e receber e-mails em aparelhos. Em 1997, a startup Unwired Planet trabalhou com as três maiores empresas de telefonia celular da época — Nokia, Ericsson e Motorola — para identificar um padrão chamado WAP, que permitiria às empresas melhorarem a transmissão de dados pelas redes para que a indústria pudesse crescer.

Eu gostaria de poder dizer que fui o gênio que previu a taxa e a magnitude do crescimento da Internet e que sabia quais segmentos da indústria de tecnologia se expandiriam mais rapidamente, mas prefiro não encher seu saco. Embora, como consumidora, eu conhecesse nomes de tecnologia maiores como AOL ou Yahoo, eu não tinha conhecimento interno. Estava, principalmente, focada em fisgar uma oportunidade de empreender para mim. Isso não importou: toda a indústria estava crescendo e eu fui levada pelo fluxo, dando-me uma enorme oportunidade. Olhando para trás, comparo minha jornada à de Nemo pegando a Corrente da Austrália Oriental até as costas de um vasto e novo continente. A verdade é que eu simplesmente embarquei em um dos maiores eventos imagináveis favoráveis aos negócios, o crescimento da Internet.

Indivíduos mais aptos a arriscar são mais alertas do que a maioria para o que não os envolve — o ambiente externo. Reconhecendo que forças externas podem influenciar desproporcionalmente suas chances de sucesso, eles tentam antecipar essas forças ao escolher quais riscos assumir e quais evitar. Eles procuram identificar e aproveitar a maré de tendências a favor que podem acelerar suas probabilidades de sucesso e evitar a maré contrária na medida do possível. Todos devemos nos esforçar para fazer o mesmo. Para nos arriscarmos com inteligência, devemos levantar a cabeça e avaliar como as circunstâncias que modificam nosso ambiente influenciam nossas escolhas. Devemos tentar identificar as correntes de possibilidade externa que podem nos fornecer combustível para nos ajudar a chegar aonde queremos ir.

O MITO DO CONTROLE

Se você acha estranho considerar grandes tendências externas ao fazer escolhas, você não está sozinho. Muitos de nós tendemos a negligenciar o nosso ambiente como um fator de sucesso, concentrando-nos em nós mesmos e em nossa capacidade de elaborar o plano perfeito e hermético. A sociedade nos ensina a valorizar a liberdade, a autodeterminação, a autonomia e a perseverança, então presumimos que correr riscos diz respeito a nós e a fatores que estão inteiramente sob nosso controle. Se trabalharmos duro o suficiente, pensarmos, planejarmos nossas ações com bastante cuidado e executarmos nossos planos com diligência e persistência, certamente teremos sucesso. Da mesma forma, internalizamos quaisquer falhas que experimentamos. Se não podemos transformar nossos sonhos em realidade por meio de nossa própria inteligência e determinação, devemos ser fundamentalmente falhos de alguma forma.

Como pesquisadores e filósofos observaram, nós humanos temos uma necessidade emocional e até biológica de sentir que podemos controlar nossos destinos. Quando estamos inaptos a escolher, perdemos a confiança em nossas habilidades, nos sentimos desamparados e estamos mais propensos à depressão e outras doenças. Como os estudiosos argumentaram: "A necessidade de controle é biologicamente motivada, o que significa que as bases biológicas para essa necessidade foram selecionadas de forma adaptativa para a sobrevivência evolutiva." Certamente a noção de que podemos prever e controlar nossos próprios resultados nos ajuda a permanecer motivados para perseguir objetivos em meio aos desafios. Se não podemos escolher e manifestar nosso próprio destino, se estamos simplesmente à mercê das circunstâncias ao nosso redor, por que se preocupar em perseguir qualquer meta ambiciosa?

A oportunidade à nossa frente diz respeito a moldar nosso destino por meio de nossas escolhas, ações e respostas, reconhecendo que não controlamos nosso ambiente. Podemos presumir que as condições externas são estáticas ou "neutras", mas isso raramente é verdade. Se persistirmos em aderir a este Mito do Controle, corremos o risco de frustrar nossos próprios esforços. Impedimos nosso aprendizado, deixando-o para a próxima. Falhando em identificar e entender as forças ao nosso redor que distorcem os resultados de nossas escolhas. Ao continuar a canalizar toda a nossa energia para nossos planos internos, também podemos perder a chance de encontrar e responder às oportunidades de desenvolvimento apresentadas pelo nosso ambiente.

Dessa forma, aderir ao Mito do Controle paradoxalmente nos dá menos controle sobre nossos destinos. Se pudermos nos livrar desse mito e ficarmos alertas aos ventos a favor e contra sempre que escolhermos a possibilidade, poderemos cronometrar melhor nossas escolhas para aproveitar essas macrotendências (positivas ou negativas), aprender a antecipar novas forças e arriscar de forma mais eficaz.

METRÔS E COCOS

Identificar ventos favoráveis e contrários não significa tentar prever o futuro com precisão. Escrevendo sobre previsão em contextos de negócios, os especialistas em gestão Spyros Makridakis, Robin M. Hogarth e Anil Gaba sugerem que simplesmente não podemos prever o futuro com precisão, mesmo usando técnicas avançadas. Não podemos extrapolar completamente as realidades futuras desconsiderando o passado, pois "o futuro muitas vezes é um pouco como o passado, mas nunca exatamente igual". Mesmo que usemos modelos matemáticos sofisticados para prever o futuro, descobrimos que eles têm dificuldade em contabilizar todos os dados sobre o passado e prever o que vem com precisão. Os humanos não se saem melhor do que os modelos estatísticos — na verdade, somos piores, um problema agravado pela ignorância de nossas próprias deficiências. Possuir resmas de conhecimento especializado não ajuda, pois os especialistas geralmente não preveem a pessoa média bem informada.

O que podemos fazer, dadas as semelhanças imperfeitas que existem entre o passado e o futuro, é avaliar as tendências que já existem antes de fazermos nossas escolhas, identificando as condições visíveis hoje e as ultrapassando para fazer suposições sobre o que acontecerá a seguir. Em sua análise, Makridakis, Hogarth e Gaba distinguem entre eventos que são totalmente imprevisíveis e aqueles que, embora imprevisíveis, têm qualidades que podemos antecipar. Podemos moldar estatisticamente variações na prontidão ou atraso de nosso trem do metrô quando estamos indo para o trabalho, considerando essas variações em nosso planejamento (por exemplo, resolvendo chegar cinco minutos mais cedo todas as manhãs). Mas não importa quão sofisticados possamos ser em nossas previsões, não podemos prever e planejar ocorrências estranhas, como um coco caindo em nossas cabeças quando estamos de férias. Como esses autores observam, ocorrências estranhas são "menos raras do que você imagina" e podem ser positivas (ganhar na loteria, por exemplo) ou negativas (aquele maldito coco).

Para nos arriscarmos de formas mais inteligentes, devemos tentar antecipar as tendências do "metrô", que podem afetar nossas escolhas e incluí-las em nossa tomada de decisão. Essas tendências são desenvolvimentos macro, como o crescimento do tamanho do comportamento do consumidor (como jogos em nossos telefones celulares) ou de uma indústria em que estamos pensando em ingressar. Podem ser tendências mais específicas, como o tamanho e a taxa em que os lucros de uma empresa ou divisão estão crescendo e diminuindo e por quê. Para encarar os atuais ventos favoráveis ou evitar os contrários, é preciso observar o que realmente acontece hoje e que possivelmente continuará seguindo na mesma direção. Não anteciparemos perfeitamente a proporção dessas tendências ou o quanto elas mudarão, mas tudo bem. Identificar, ainda que aproximadamente, o que pode ajudar ou atrapalhar as apostas que consideramos ainda aumenta as chances que escolheremos de maneira a reconhecer essas condições. Desbloquearemos mais oportunidades, acelerando nosso sucesso.

POR QUE A REGRA DOS VENTOS FAVORÁVEIS

Analistas escreveram livros sobre o impacto do macroambiente e condições para o sucesso em longo prazo das empresas. Como a pesquisa mostrou, as empresas que identificam e exploram tendências externas tendem a crescer muito mais rápido do que os concorrentes que se focam apenas em si e buscam fazer pequenas melhorias em suas operações. Da mesma forma, quando as empresas tentam superar grandes e significativos ventos contrários fazendo apenas pequenas melhorias operacionais, é mais provável que falhem no longo prazo.

A forma como as empresas participam das macrotendências tem implicações importantes para nós em nossa própria tomada de riscos de carreira. Quando nos encontramos em empresas que estão a favor, provavelmente também veremos um salto desproporcional nas oportunidades de carreira disponíveis para nós. As funções de trabalho individuais crescerão em escopo e tamanho à medida que a empresa luta para contratar com rapidez suficiente para acompanhar seu crescimento. Pessoas competentes receberão novos desafios e funções de gerenciamento mais rapidamente, incluindo oportunidades de subir e se mover lateralmente para novas áreas dentro de uma organização. Mesmo aqueles dentro de organizações de crescimento mais lento podem experimentar um crescimento de carreira descomunal à medida que novas divisões ou grupos surgem para tentar tirar proveito das novas tendências de negócios.

Em minha experiência, os profissionais se concentram mais no tamanho dos negócios do que nas tendências relevantes ao tomar decisões de carreira. Por que deixar um emprego em uma unidade de negócios de grande porte já considerada importante para se juntar a uma nova equipe que é pequena, mas está crescendo rapidamente? Tais movimentos podem parecer um rebaixamento, mas frequentemente se tornam algumas de nossas melhores oportunidades de avançar desproporcionalmente, encontrando e aproveitando novos ventos a favor.

Considere por um momento como um dos CEOs mais famosos do mundo, Satya Nadella, da Microsoft, chegou ao topo de sua organização aproveitando um vento forte e muito específico. Em 2011, o então CEO da Microsoft, Steve Ballmer, pediu a Nadella, líder de confiança e veterano na empresa, para assumir uma mina de ouro da Microsoft, o negócio de Servidores e Ferramentas. Essa unidade supervisionava produtos como o Windows Server (que dá suporte ao principal produto da Microsoft, o sistema operacional Windows), que as empresas usavam em seus grandes data centers. Mas dentro dessa unidade, um grupo buscava uma nova aposta: a plataforma de nuvem Azure da Microsoft. Embora em seus primeiros momentos na Microsoft, esse serviço acabaria por atrapalhar os principais fluxos de receita da empresa, pois prejudicaria a necessidade das firmas de comprar cada vez mais software e servidores para seus data centers.

Como resultado, isso causou muita consternação interna, já que essencialmente competiria com os bilhões em vendas de software e servidores que eram a base da divisão. Como Nadella observa em seu livro Aperte o F5: "A organização estava profundamente dividida sobre a importância da nuvem. Havia tensão constante entre forças divergentes. Por um lado, os líderes da divisão diziam: 'Sim, existe essa coisa de nuvem' e 'Sim, devemos abranger isso', mas, por outro lado, eles rapidamente alertariam: 'Lembre-se, nós temos que nos concentrar em nosso negócio de servidores.'"

Em vez de se afastar dessa nova área de negócios, Nadella reconheceu os serviços de hospedagem na nuvem como uma grande tendência macro e concluiu que a Microsoft tinha que fazer parte disso para vencer. Já a Amazon Web Services (o maior player de hospedagem em nuvem do mercado) era um dos segmentos e centros de lucro de mais rápido crescimento da Amazon. Ao identificar a oportunidade, Nadella começou a gastar uma quantidade desproporcional de seu tempo na oferta de nuvem da Microsoft, tentando ajudar a empresa a se concentrar nesse importante vento favorável, apesar de todo o ceticismo interno. "Eu tinha uma ideia muito boa sobre onde precisávamos ir", lembra ele.

Tudo isso representava um grande risco para Nadella e seu histórico corporativo? É claro. Mas ele também sentiu que havia recompensas desproporcionalmente grandes a serem alcançadas, sintonizando-se com a tendência massiva da computação em nuvem.

A Microsoft começou a perder sua reputação sonolenta conforme a divisão de nuvem cresceu e, em 2014, Satya Nadella foi nomeado o novo CEO da empresa. Ele lideraria uma das maiores reviravoltas da história corporativa, ajudando a Microsoft a reafirmar seu lugar entre os maiores gigantes de tecnologia do mundo. Como ele observa: "Um líder deve ver as oportunidades externas e, também, a capacidade e cultura interna — junto a todas as conexões entre as partes — e responder a elas antes que se tornem partes óbvias da sabedoria convencional." Da mesma forma, nós, como indivíduos, também devemos identificar as oportunidades externas, combiná-las com nossas próprias capacidades e aproveitar as marés crescentes.

COMO OS VENTOS CONTRÁRIOS PREJUDICAM (E AJUDAM)

Enquanto as divisões, empresas e indústrias que enfrentam grandes ventos favoráveis muitas vezes experimentam um crescimento mais rápido, aquelas que enfrentam grandes ventos contrários experimentam uma pressão constante para acelerar seu desempenho, enquanto se voltam para novas áreas de oportunidade. Indivíduos dentro de empresas que enfrentam ventos contrários muitas vezes experimentam pressões semelhantes. Felizmente, dificilmente somos impotentes perante essas situações. Se soubermos o que fazer, também podemos encontrar oportunidades de crescimento na carreira.

Nosso primeiro e mais óbvio passo é reconhecer o tamanho e a magnitude das forças externas negativas ao nosso redor que podem afetar o crescimento da nossa carreira. Como vimos com o planejamento de risco negativo, só podemos descobrir como sobreviver e possivelmente prosperar em condições adversas se dedicarmos tempo para entendê-las. Talvez aparente que identificar os ventos contrários que são mais fortes e mais observáveis pode promover a mentalidade de uma clássica vítima, deixando-nos desamparados e acreditando que tudo está acontecendo conosco. Pelo contrário, avaliar honestamente o ambiente externo, bem como nosso próprio passado e respostas potenciais pode nos dar mais, e não menos, autonomia em situações desafiadoras.

Podemos descobrir, por exemplo, que o crescimento estagnado de nossa empresa significará menos potencial de mobilidade ascendente dentro da organização, ou um limite no escopo de nossos empregos atuais. Alternativamente, podemos descobrir que nossa empresa com pouco dinheiro cortará a maioria dos recursos de que precisamos para executar um novo programa que era nosso maior objetivo para o próximo ano. Com essas informações em mãos, podemos ajustar nossas próprias expectativas e nos capacitar a pensar estrategicamente sobre a melhor forma de reagir.

Uma opção, claro, é simplesmente sair, buscando um macroambiente mais hospitaleiro para crescimento de carreira em outro lugar. Pense com cuidado antes de fazer essa mudança — porque circunstâncias desafiadoras geralmente podem nos fornecer algumas das melhores oportunidades de carreira. Podemos ser capazes de identificar oportunidades para contribuir mais em nosso trabalho atual, acelerando nosso próprio aprendizado e desenvolvimento. Dado quão difícil é para as empresas competirem pelos melhores talentos, nossos gestores podem nos pedir para assumir novas áreas de responsabilidade de trabalho ou para melhorar a eficiência de nossa equipe. A disposição de assumir novos desafios e metas, inclusive os difíceis, amplia nossas capacidades, nos dá a chance de ter um impacto maior agora e nos torna muito mais atraentes para futuros empregadores. Os recrutadores hoje classificam a flexibilidade e a resiliência em novas contratações entre as características mais atraentes, e ventos contrários que nos permitem desenvolver e demonstrar essas habilidades de maneiras que de outra forma não poderíamos.

Um olhar sobre a carreira da pioneira executiva bancária Jane Fraser atesta as grandes possibilidades que situações adversas podem abrir. Atuando como a primeira CEO do Citigroup (a primeira mulher a liderar uma instituição financeira global líder), Fraser chegou ao poder por meio de, pelo menos, duas grandes situações de reviravolta nas quais enfrentou estridentes ventos contrários. Em 2013, ela foi nomeada chefe do negócio de hipotecas do Citigroup, que ainda lutava para se recuperar da crise de empréstimos subprime da Grande Recessão. Sob sua supervisão, a empresa liquidou reivindicações relacionadas a hipotecas ruins que havia passado para credores do governo, a um custo de centenas de milhões de dólares. Em seguida, Fraser liderou uma reviravolta nos negócios problemáticos do Citigroup na América Latina, fazendo investimentos estratégicos e ajudando a transformar uma cultura que se mostrou muito flexível para condutas antiéticas. Como observou uma reportagem da mídia, "Fraser fez seu nome revisando os pontos problemáticos do Citigroup". Pense duas vezes antes de abandonar uma situação aonde os ventos são contrários. Essas podem ser exatamente as oportunidades de que você precisa para chegar ao topo.

Ao decidir ir ou permanecer, precisamos avaliar o quanto os ventos contrários limitarão nosso crescimento de carreira e pesarão em relação às novas oportunidades de contribuição e avanço que perceberemos se ficarmos. Se pudermos desenvolver nossas habilidades e gerar mais impacto em um ambiente confiável, podemos acabar maximizando nosso crescimento de carreira e liderança se permanecermos muito mais do que faríamos ao sair.

LIDANDO COM COCOS

A maioria dos ventos contrários e favoráveis são apenas eventos rotineiros nos negócios — como um metrô, são situações ou tendências que podemos identificar facilmente e às quais podemos responder de forma consistente. Em contraste, pouco pode nos preparar para as ocorrências de coco em nossa carreira — as mudanças repentinas e abruptas em nossas condições externas que são impossíveis de prever, mas que podem alterar significativamente nossa realidade quase da noite para o dia. Embora nunca desejemos encontrar essas forças inesperadas em nossa vida, elas oferecem algumas das maiores oportunidades de crescimento e aprendizado profissional e pessoal que teremos.

Em 2012, após uma fracassada candidatura a uma cadeira no Congresso dos EUA, Reshma Saujani fundou a Girls Who Code [Garotas Que Programam, em tradução livre], uma organização sem fins lucrativos dedicada a remediar a disparidade de gênero na tecnologia, ensinando programação a meninas. A organização cresceu rapidamente, em parte devido às macrotendências em torno da diversidade e inclusão nos EUA. Em 2020, ela havia atendido 300 mil meninas em todo o mundo — somente naquele ano contando 8.500 clubes Girls Who Code, 80 programas de imersão de verão dentro de empresas de tecnologia e 80 mil ex-alunos em idade universitária em sua rede. Então, em março daquele ano, um grande e inesperado vento contrário atingiu: a pandemia de COVID-19. Como as atividades da organização eram todas presenciais, elas fecharam quase da noite para o dia. A crise econômica resultante ameaçou as contribuições financeiras corporativas que sustentavam a organização.

Para Reshma, que estava de licença-maternidade na época, a crise foi verdadeiramente um momento profundamente pessoal. "Tenho quase cinquenta funcionários em tempo integral e milhares de pessoas em meio período que dependem de mim para pagar seus cuidados com saúde e seus salários. Naquele momento, tive que tomar uma decisão. Iríamos articular, trabalhar duro e construir um produto que fosse virtual ou faríamos uma pausa e apenas seguiríamos em frente?" Pivotar representava tanto um risco enorme quanto uma escolha dolorosa. Reshma estaria, de fato, transformando a organização, redesenhando completamente suas ofertas para ficar online. Não estava claro se eles poderiam fazer sucesso com isso.

Julgando que a pandemia não passaria rapidamente e que a educação virtual se tornaria uma necessidade a curto e médio prazo, Reshma e sua equipe decidiram pivotar. Em oito semanas, a organização projetou, construiu e lançou clubes virtuais extracurriculares, um programa virtual de imersão de verão e um produto de aprendizado para educação remota. Como Reshma reflete, sua equipe "foi capaz de fazer o que as comunidades escolares em todo o país não foram, que é tomar uma decisão difícil, arriscar, considerar estar errado sobre o que você pensa sobre quanto tempo essa crise vai durar, e assim poder atender milhares e dezenas de milhares de estudantes, milhões de estudantes." Em agosto de 2020, apenas cinco meses após o início da pandemia, o Girls Who Code havia ensinado mais de 5.000 meninas virtualmente e havia sido notado por construir um dos produtos educacionais inovadores no cenário nacional. "Acabamos não apenas sobrevivendo à crise", diz Reshma, "mas prosperando nela."

Reshma não está sozinha em transformar uma crise do tipo "coco" em uma oportunidade oculta de aprendizado e crescimento. Como um estudo mostrou, os executivos corporativos podem acelerar drasticamente seu caminho para se tornarem CEOs assumindo tarefas difíceis e "confusas" e as solucionando.

"Quando confrontados com uma crise", observam os autores do estudo, "os líderes emergentes têm a oportunidade de mostrar sua capacidade de avaliar uma situação com calma, tomar decisões sob pressão, assumir riscos calculados, reunir os outros ao seu redor e perseverar diante da adversidade. Em outras palavras, é uma ótima preparação para o cargo de CEO."

CRIADOR DE TENDÊNCIAS OU SURFISTA?

Até agora, discutimos a importância de identificar e reagir a tendências facilmente notáveis ao fazer escolhas. Mas alguns dos riscos mais empolgantes em nossas carreiras envolvem oportunidades de estar "à frente da curva" e ajudar a construir serviços novos e disruptivos. Como devemos pensar sobre essas oportunidades? Devemos iniciar ou ingressar em empresas que visam a lucrar e a crescer sendo os primeiros a identificar uma tendência nascente e mudar a forma como as pessoas se comportam?

O Vale do Silício há muito celebra a ideia de uma empresa verdadeiramente "disruptiva", e os empreendedores lançaram muitas novas tecnologias antecipando que os clientes vão adorar uma oferta inovadora e estarão prontos para adotá-la. Eu gostaria que mais pessoas pudessem experimentar o processo de sonhar com algo e construí-lo do zero. Na verdade, é um dos trabalhos mais divertidos, ambiciosos, criativos e gratificantes que já fizemos. Apostei grande parte da minha carreira em inovações e percebi um enorme crescimento pessoal e profissional ao me desafiar dessa maneira. Mas escolher ser um criador de tendências é um risco muito específico. Não há dúvida no que diz respeito à oportunidade que teremos de aumentar nossas habilidades e capacidade, mas quando se trata de saber se realmente vale a pena financeiramente ser pioneiro, os resultados são mais confusos. Vale a pena entender os prós e contras da inovação quando se trata especificamente de risco financeiro.

Em 1999, dois anos depois de chegar ao Vale do Silício, e após a aquisição bem-sucedida pela Amazon.com da startup à qual me juntei, fui convidada a cofundar uma nova e excitante startup de tecnologia financeira chamada Yodlee. Ao conhecer os cinco cofundadores de engenharia da empresa, saí muito impressionada com a tecnologia que eles criaram. Como parte de sua oferta de serviços, milhares de "aranhas" (bots) técnicos vasculhavam a Internet, acessando com segurança saldos bancários, contas de corretagem, contas a pagar, programas de recompensa de companhias aéreas e muito mais. O serviço daria aos usuários uma visão agregada de todas as suas informações pessoais em uma única tela. Yodlee havia garantido um grande apoio inicial de investidores-anjo, tinha doze engenheiros programando dia e noite e precisava de um empresário para se juntar à equipe fundadora e ajudar a descobrir como desenvolver ainda mais o serviço, distribuí-lo e criar um modelo de negócios.

Tendo acabado de completar 29 anos, eu estava pronta para deixar a Amazon. com para realizar meu sonho de me tornar uma empreendedora.

Durante o verão de 1999, arrecadamos mais de US$15 milhões de dois dos mais famosos capitalistas de risco do Vale do Silício com a promessa de nos tornarmos "o Yahoo para todas as suas informações pessoais". Mas um ano após o lançamento dessa previsão, achamos difícil conseguir que um grande número de consumidores adotasse nosso serviço diretamente, pois eles precisariam confiar imensamente em nós para nos entregar todas as suas senhas pessoais. Nós mudamos, oferecendo nossos serviços para grandes instituições financeiras como Citibank e Merrill Lynch com a ideia de que eles iriam comercializá-los para seus consumidores.

A Yodlee acabou se tornando uma fornecedora de software empresa-para-empresa, levantando mais de US$141 milhões e gerando receita ao licenciar seu serviço para as grandes instituições financeiras. Ainda assim, os consumidores não abraçaram amplamente a tecnologia por meio de nossos parceiros na primeira década da empresa, pois nosso serviço estava à frente de seu tempo. Os consumidores estavam acostumados a receber e pagar contas pelo correio e tinham apenas uma pequena parte de suas contas financeiras para acesso online. Ao dar a eles a oportunidade de compilar todas as suas informações em um único lugar online, estávamos fornecendo muitas funcionalidades que ainda não eram bem-vindas ou que eles valorizavam o bastante.

Ainda assim, a Yodlee continuou fazendo mais dinheiro, embora as receitas crescessem mais lentamente do que projetamos. Sobrevivendo ao boom e ao colapso das pontocom no início dos anos 2000, o serviço se tornou a espinha dorsal de muitas novas startups financeiras, trabalhando nos bastidores para reunir os dados de que essas startups precisavam para funcionar. Em 2007, o Mint.com foi lançado, gerando grande entusiasmo por suas ferramentas de consumo, mas também falhando em atrair usuários suficientes. De forma inteligente, seu fundador vendeu a empresa para a Intuit por US$170 milhões depois de apenas 3 anos no mercado. O serviço tinha mais de 1 milhão de clientes, mas esses usuários se sentiram bastante entusiasmados com a promessa do produto.

Após 2010, mais e mais consumidores se sentiram à vontade para conduzir seus negócios financeiros online. A indústria fintech (tecnologia de serviços financeiros) começou a acelerar, alimentada por dinheiro de investidores de risco. Em 2014, 15 anos após sua fundação, a Yodlee abriu seu capital, conquistando uma respeitável avaliação de US$450 milhões. Mas a empresa nunca se tornou a maior em seu meio, apesar do pioneirismo. Em 2013, um serviço de software mais recente e oportuno chamado Plaid foi lançado para atender o setor e foi adquirido pela VISA por mais de US$5,3 bilhões em 2019. No entanto, como pioneira do setor e a espinha dorsal sobre a qual empresas ainda maiores foram construídas, eu estava imensamente orgulhosa do que havíamos realizado.

Muitos dos funcionários da Yodlee passaram a receber ofertas de outras empresas empolgantes e bem-sucedidas do Vale do Silício ou iniciar seus próprios empreendimentos. Não fui exceção, deixando a Yodlee em 2003, quase 5 anos depois de iniciar a empresa. Não havia mais nenhum cargo sênior para mim ali — o cargo de CEO estava felizmente ocupado por Anil Arora, o executivo que ajudei a recrutar para a Yodlee tantos anos antes (por causa de uma proposta escrita em um guardanapo, aliás). Felizmente, a reputação que construí na Yodlee levou o Google a se interessar por mim, e entrei no Google como um de seus primeiros mil e duzentos funcionários.

Apesar de todo o sucesso da Yodlee em sua indústria (uma história contada em The Money Hackers, de Daniel P. Simon), não ganhei muito dinheiro com minha própria empresa — cerca de US$300 mil no total durante esse período de 16 anos. Meu patrimônio como a última fundadora era pequeno para começar. Dada a grande quantidade de capital que a Yodlee precisava levantar para continuar ao longo de 16 anos, minha participação tornou-se absolutamente minúscula no final. No geral, valia apenas cerca de US$20 mil por ano antes dos impostos durante os muitos anos necessários para obter um resultado financeiro, ou cerca de US$10 mil após os impostos anualmente. Ao mesmo tempo, a Amazon — a empresa cujas ações eu abandonei para ingressar na Yodlee — montou a macro-tendência de compras online e excelente execução para a estratosfera financeira. Entre 1999 e 2020, o valor das ações da Amazon subiu de US$97 para US$3.500, para uma avaliação total de US$1,8 trilhão em 2020.

Nossa equipe fundadora na Yodlee nunca poderia ter previsto o curso e a taxa em que os consumidores adotariam serviços financeiros online. Não sabíamos o quanto estávamos à frente do tempo em antecipar essa tendência. Da mesma forma, eu não poderia ter previsto que a Amazon se transformaria de vendedora de livros em um estúdio de cinema, uma gigante de entrega e logística maior que o Walmart e um negócio de computação em nuvem usado por milhões de empresas online. No entanto, nada disso importava. Colhi recompensas profissionais e financeiras desproporcionais da Yodlee construindo minha própria empresa, aprimorando minhas habilidades de liderança pela primeira vez e ganhando a reputação de inovadora e líder, entre outros benefícios. Essas conquistas, por sua vez, abriram muitas outras oportunidades de carreira para mim desde então, incluindo a oferta de ingressar no Google e construir novos negócios lá e, mais tarde, participar do setor de tecnologia de ponta como membro do conselho e investidora.

Tentar prever quando exatamente os usuários estarão prontos para qualquer conceito muito precoce e promissor é um negócio complicado. Mesmo as melhores equipes e talentos terão dificuldade em ter sucesso se o tempo estiver errado. O Vale do Silício tem um ditado que, embora clichê, vale a pena repetir: "Entre grandes equipes e mercados ruins, os mercados ruins vencem." No entanto, se você pode viver com a incerteza do mercado, a inovação oferece algumas das maiores recompensas de carreira pelo risco que você assume para construir algo novo. Mais fundamentalmente, você ganha uma oportunidade de acelerar seu aprendizado, contribuições e agilidade. Quando tomamos a frente, encaramos um caminho mais imprevisível, mas aprendemos a antecipar, avaliar, responder e articular em um nível heroico, independentemente do resultado.

CÉREBROS NA SUA CABEÇA E
PÉS NOS SEUS SAPATOS

Como exercício, avalie suas tentativas anteriores de assumir riscos, revisando não apenas seus próprios esforços, mas as condições gerais sob as quais você operou. Faça uma análise semelhante para ações realizadas por pessoas aparentemente bem-sucedidas que você admira de longe. Como você provavelmente descobrirá, há forças ao nosso redor que podemos superestimar ou subestimar, ou falhar totalmente ao tentar prever nossos riscos. Nunca somos tão terríveis quanto podemos perceber em nossos piores resultados, nem somos tão brilhantes quanto os outros pensam que somos quando temos sucesso.

Não podemos controlar todos os resultados por pura vontade, mas sempre podemos escolher para onde vamos, maximizando nossas chances de sucesso, identificando e nos posicionando continuamente para explicar as forças em mudança ao nosso redor. Devemos nos animar: se enfrentarmos ventos contrários que nos permitem crescer mais rápido do que imaginávamos ou encontrarmos uma maneira de assumir mais responsabilidade diante desses ventos, sempre podemos navegar em direção a mais oportunidades. Nas palavras imortais do Dr. Seuss: "Você tem cérebro na cabeça/você tem pés nos sapatos/você pode ir em qualquer direção que escolher."

PONTEIROS DE POSSIBILIDADE

- Nossos ambientes externos influenciam desproporcionalmente nossas chances de sucesso em qualquer escolha. Cuidado ao se submeter ao Mito do Controle.

- Podemos antecipar ventos contrários e favoráveis ("metrôs") para oportunidades de crescimento, sem nunca prever totalmente os "cocos".

- Procure ventos favoráveis ao ingressar em divisões, empresas e indústrias. Em situações de vento contrário, procure oportunidades para aprender mais rápido e contribuir mais.

8 | Bem, Algumas Coisas São (Como Apostar em Nós Mesmos)

Uma amiga na casa dos quarenta — eu a chamarei de Margaret — construiu uma carreira de muito sucesso no mundo editorial. Ela sempre teve como ponto forte a escrita na escola — na verdade, chegava a ser um tanto prodigiosa. Durante seu primeiro ano na faculdade, o professor que aplicava um seminário de redação obrigatório a chamou em seu escritório no meio do semestre para dizer que sua escrita estava em um nível muito elevado ao padrão da turma. Ele já planejava lhe dar um dez na disciplina. Tudo o que pediu foi que ela continuasse a participar das aulas e ajudasse outros alunos com seus trabalhos.

Margaret teve experiências semelhantes em outros cursos intensivos de redação. Mas ela só começou a escrever como meio de subsistência quando estava na casa dos trinta. Até então, ela oscilava entre as carreiras, lutando para encontrar o caminho certo para canalizar suas paixões, pontos fortes, e valores.

Margaret também era altamente qualificada como musicista, tocando piano em bares e festas nos fins de semana para ganhar um dinheiro extra. Ao se formar na faculdade, ela pensou em seguir uma carreira criativa na escrita ou na música. O pai dela tinha outras ideias — ele queria que a filha escolhesse algo "mais seguro", "menos arriscado".

Ele perguntou a ela: "Que tal obter um doutorado em antropologia e se tornar professora?" Margaret gostava de antropologia e se saía bem. Ela se destacou no ambiente estruturado da academia. Como professora, ela poderia construir uma vida escrevendo artigos de pesquisa e seguir tocando música em segundo plano, tudo isso enquanto ganhava uma renda estável e avessa ao risco.

Aterrorizada com a perspectiva de viver como uma artista faminta e intrigada com a chance de passar seu tempo lendo, escrevendo e participando de conversas intelectuais tarde da noite com alunos e professores, Margaret ouviu seu pai e se candidatou aos principais programas de doutorado. Ela foi admitida em vários e escolheu um que lhe oferecia a chance de obter seu diploma a baixo custo por meio de bolsas de estudo e assistência de ensino.

Mas a universidade não foi como o esperado. As conversas intelectuais eram raras. Seus colegas competiam intensamente uns com os outros, ansiosos para agradar seus professores e construir suas carreiras. Além disso, entre o ensino e seus estudos, a carga de trabalho era esmagadora. O mais preocupante era que os professores não valorizavam o tipo de escrita elegante e criativa de que Margaret gostava e na qual era tão talentosa. Eles a orientaram a produzir textos altamente acadêmico-científicos que atrairia apenas um pequeno público de especialistas da academia. Escrever, aos olhos dessas pessoas, era apenas uma ferramenta para transmitir ideias com precisão, não uma forma de arte que pudesse encantar e inspirar dezenas de milhares ou mesmo milhões de pessoas.

Depois de seu primeiro ano, e novamente todos os anos seguintes, Margaret ansiava por desistir e tentar outra coisa, mas seu pai e os orientadores acadêmicos lhe disseram para continuar. Ela era muito boa escrevendo sobre antropologia, diziam, e seria uma professora incrível algum dia, com uma carreira estável se conseguisse seu doutorado. Ela ouvia, mas ficava cada vez mais deprimida à medida que prosseguia — alguma parte essencial de si se sentia sufocada na academia. Ainda assim, ela simplesmente não conseguia desistir, com medo de não ter objetivos claros ou estrutura. Além disso, disse a si mesma, estava progredindo em direção a esse marco mágico — seu doutorado.

Já aos vinte e tanto anos, oito anos depois, Margaret recebeu seu doutorado. Ali, ela sabia que não poderia seguir carreira acadêmica, então não mais se forçou. Enquanto seus colegas se candidatavam a empregos acadêmicos, ela se recusou. Sem saber o que fazer, e com o conselho de seu pai para encontrar uma carreira estável ressoando em seus ouvidos, ela se candidatou ao curso de Direito. Ao entrar, ganhou uma bela bolsa de estudos, mas odiava tanto suas aulas que desistiu depois de apenas um semestre. Depois disso, ela flutuou por alguns anos, trabalhando como pesquisadora e depois conseguindo um emprego corporativo.

Sua "descoberta" veio depois que a empresa a demitiu. Por vários meses ela ficou isolada, deprimida e sobrevivendo com o seguro-desemprego do governo. Certa manhã, pensou: "Não tenho absolutamente nada para fazer hoje." Mas então lhe ocorreu: "Isso significa que posso fazer qualquer coisa. O que eu quero fazer?" Uma resposta surgiu em sua cabeça, uma que ela nunca havia pensado antes: "Eu quero escrever histórias."

Correndo para o computador, Margaret se inscreveu em um curso local de escrita ficcional. Depois de apenas algumas sessões, percebeu que não só adorava escrever contos — ela era incrível naquilo. Dotada de uma maneira única de ver o mundo, uma habilidade natural de exercer empatia por meio de seus "personagens", projetando vozes na página. Seu instrutor leu uma história enviada por ela — sua primeira — e conseguiu que um jornal a publicasse.

Alguns meses depois, um agente literário viu a história e ficou tão emocionado que convidou Margaret para almoçar. Pela primeira vez em sua vida, Margaret parou de ouvir o que os outros prescreviam para ela e se concentrou naquilo em que sentia ser excepcionalmente boa e também adorava fazer. Embora naquele momento ela não tivesse muito a perder, deixou de lado seus medos e foi em frente. Ela publicou mais trabalhos e acabou apostando suas habilidades de escrita em uma carreira editorial, publicando dezenas de livros, incluindo vários best-sellers.

Após os últimos capítulos, talvez você considere que é preciso se concentrar no ambiente ao seu redor ao decidir quais riscos assumir. Na verdade, quem somos e como estamos conectados desempenha um papel crítico em nosso sucesso. Quando assumimos riscos, estamos apostando em nós e em nossa capacidade de decidir, experimentar, agir, iterar, ajustar e barganhar de acordo com o ambiente em mudança ao nosso redor. Se pudermos identificar não apenas nossas paixões, mas nossos valores e pontos fortes, poderemos fazer escolhas melhores que tirem o máximo proveito de quem somos, aumentando nossas chances de sucesso. Podemos encontrar as funções e ambientes que nos permitem maximizar nossos resultados pretendidos.

Com muita frequência, abordamos pais, conselheiros, amigos e outras autoridades confiáveis para ajudar a decidir sobre escolhas profissionais. Infelizmente, esses conselhos por vezes podem nos levar ao erro quando não consideram nossos dons especiais. Como Margaret, podemos optar por escolhas "seguras", perseguindo objetivos que superficialmente parecem certos, mas que não se alinham com quem somos. Alternativamente, podemos nos ver assumindo riscos ousados sem considerar se eles se encaixam em nossas paixões, pontos fortes e valores. À medida que podemos nos conectar com o que nos motiva, nos colocamos em uma posição muito melhor para prosperar ao fazer nossas escolhas. Nós somos os protagonistas dos filmes de nossas carreiras — não devemos esquecer. Embora não controlemos o ambiente ao nosso redor, ganhamos autonomia quando antecipamos e respondemos às situações circundantes usando todas as nossas habilidades. Mas apostar em si exige que nos conheçamos profundamente — um pré-requisito muito negligenciado para uma tomada de risco inteligente.

O "SANDUÍCHE" DE AUTOCONSCIÊNCIA

Sábios sempre nos aconselharam a buscarmos vidas cheias de paixão e senso de propósito, e nos encorajaram a mergulharmos em nosso interior para definirmos esses elementos. Como Mark Twain observou: "Os dois dias mais importantes da sua vida são o dia em que você nasce e o dia em que descobre o porquê." No entanto, ao assumirmos riscos, no que exatamente devemos nos esforçar para entender sobre nós que pode maximizar as chances de sucesso?

Penso na autoconsciência como um "sanduíche" de três camadas de autoconhecimento que podem ajudar a orientar nossas escolhas (Figura 6). No topo estão nossas paixões, as atividades que naturalmente nos cativam e excitam. Como observamos, as paixões podem evoluir com o tempo, algumas se desenvolvendo e se aprofundando e outras diminuindo. Além disso, o que gostamos de fazer em nosso tempo livre pode ou não se traduzir bem em uma profissão de tempo integral. Dado que podemos nos apaixonar pelas habilidades que desenvolvemos ou pelas contribuições que descobrimos que podemos oferecer de forma única, não queremos ancorar nossas trajetórias de carreira com muita firmeza em uma visão única e focada do que nossa paixão é ou deve ser. Em vez disso, ficar atento ao que nos cativa a qualquer momento permite levarmos em conta o que nos dá energia ou alegria, pois podemos fazer escolhas profissionais sem nos tornarmos reféns dela.

"SANDUÍCHE" DE AUTOCONSCIÊNCIA

PAIXÃO ~ INTERESSES & AMORES

SUPERPODERES ~ PONTOS FORTES & HABILIDADES

VALORES ~ O QUE ACREDITAMOS SER BOM, JUSTO E ÍNTEGRO

Figura 6

Um nível abaixo da paixão, no meio do nosso sanduíche de autoconsciência, encontramos a "carne" de quem somos feitos: nossos pontos fortes inatos, "marca registrada", bem como as habilidades e conhecimentos especializados que adquirimos ao longo de nossas vidas. Embora sempre possamos desenvolver mais habilidades (como a capacidade de se comunicar de forma profissional, liderar uma equipe ou entender profundamente um setor) e obter mais conhecimento, nossas qualidades pessoais naturais, como nossa capacidade de ter empatia com os outros, pensar estrategicamente ou se comportar com verdadeiro carisma, permitem que sejamos distintos e excelentes em determinadas tarefas. É claro que algumas das capacidades que podemos adquirir capitalizarão nossos pontos fortes como marca registrada e, portanto, serão mais fáceis, enquanto outras exigirão mais esforço devido às nossas disposições naturais. Desenvolvi habilidades de venda, por exemplo, porque sou naturalmente extrovertida e com muita energia; este é um exemplo perfeito de como habilidades e qualidades inatas podem ser entrelaçadas e distintas.

Em seu livro Career Superpowers (Superpoderes de uma Carreira, em tradução livre), James Whittaker nos ajuda a corrigir um erro comum que as pessoas costumam cometer ao confundir nossos pontos fortes com nossas realizações. Ele argumenta que nossas credenciais educacionais e experiência podem nos servir como entrada para uma profissão, mas geralmente não nos diferem. O que é capaz de fazer isso são uma ou duas qualidades que possuímos em abundância, os "superpoderes" que nos tornam especialmente eficientes em nossas atividades. Whittaker descreve a arte de construir nossas carreiras como semelhante à gestão de um negócio: para acelerar seu sucesso, você precisa dobrar o que faz bem e parar de fazer o que é ruim. Isso pressupõe, é claro, que você tenha alguma consciência básica de seus superpoderes e de suas principais fraquezas. Se você duvida que tem seus próprios superpoderes, fique tranquilo: como meu amigo Kim Scott, autor best-seller do livro Empatia Assertiva, diz: "Eu não acredito que exista algo como um 'B-player' ou um ser humano medíocre. Todo mundo pode ser excelente em alguma coisa."

A terceira dimensão fundamental da autoconsciência fica na base do sanduíche. Estou falando sobre nossos valores, nossos princípios mais queridos que descrevem o que acreditamos ser justo, certo e honesto. Ao contrário dos traços de personalidade, que nos descrevem como indivíduos, os valores são, nas palavras de um grupo de pesquisadores: "grandes objetivos de vida com bastante estabilidade que carregam importância para pessoas e orientam sua percepção, julgamentos e comportamento".

Você pode ser honesto — isso é um traço de personalidade. E pode procurar ambientes nos quais as pessoas falem o que pensam — isso porque você valoriza a transparência. Mover-se em direção aos nossos valores significa encontrar nossa "tribo", pessoas que pensam da mesma forma que, por aderirem a algum conjunto de valores semelhantes, nos energizam e nos fazem sentir confortáveis e seguros em sua presença. Nós prosperamos quando cercados por pessoas que pensam de maneira diferente e que têm pontos fortes diferentes. Mas é difícil construir confiança entre diversas pessoas em longo prazo se não encontrarmos valores em comum entre elas também. A maioria de nós precisa sentir que as culturas de trabalho de nossas equipes ou organizações afirmem pelo menos alguns dos valores que prezamos; caso contrário, será uma luta para operar juntos da melhor maneira possível.

À medida que minha amiga Margaret assumiu mais tarefas de edição, ela percebeu que tinha tanta liberdade para escolher com quem trabalhava quanto para o que trabalhava. Quando perguntei sobre seus valores, ela foi rápida em mencionar humildade, empatia, integridade e mente aberta. Ao selecionar os poucos projetos de livros em que trabalha a cada ano, ela considera cuidadosamente os valores dos autores com quem faz parceria. Hoje ela se sente realizada não apenas porque consegue aplicar seus dons únicos no trabalho que ama, mas porque se identifica profundamente com seus colegas e confia neles.

CONHECE A TI MESMO

Muitos de nós não têm clareza sobre nossas paixões, superpoderes e valores. Quando dou palestras de liderança para estudantes de MBA ou CEOs de tecnologia, rotineiramente peço aos membros da plateia que levantem a mão se puderem citar um ou dois pontos fortes que são sua marca registrada. Normalmente, apenas um quarto das pessoas na sala responde. Suspeito que parte disso reflita falsa modéstia, mas, se for, não é aconselhável. Estamos melhor posicionados para ter sucesso quando somos mais autoconscientes e honestos sobre nossas habilidades, e não o contrário. Na verdade, a falta de autoconhecimento provavelmente nos deixará expostos a mais riscos; as escolhas que fazemos podem terminar em fracasso porque exigem que nos comportemos de maneiras incompatíveis com quem somos.

Em uma longa pesquisa sobre autoconsciência, a psicóloga organizacional Tasha Eurich descobriu que "embora 95% das pessoas pensem que são autoconscientes, apenas 10 a 15% realmente são". Se conhecer pode ser desafiador — somos impedidos por nossos vieses cognitivos, assim como nossa ignorância de como nossas experiências de infância continuam a moldar e a distorcer nossa autocompreensão. A autoconsciência também pode se tornar mais difícil à medida que você ganha poder e experiência, possivelmente porque você tem menos pessoas ao seu redor capazes e dispostas a lhe dar um feedback honesto.

Para cultivar a autoconsciência, faça -se algumas perguntas para sondar. Desafie-se a nomear várias áreas nas quais você é excepcionalmente talentoso. Se para chegar nelas é preciso esforço, reflita sobre as atividades que o deixam energizado e que parecem fluir até você. Que traços ou competências subjacentes permitem que você tenha sucesso nessas áreas? Alternativamente, pense nos três ou quatro adjetivos que todos que o conheceram profissionalmente ou pessoalmente usariam para descrevê-lo. Reserve um tempo também para listar as habilidades que você construiu enquanto você cria sua lista de superpoderes.

Por mais útil que seja a introspecção, ela não é perfeita. Como observa Eurich: "Simplesmente não temos acesso a muitos dos pensamentos, sentimentos e motivos inconscientes que procuramos. Porque muita coisa está presa fora de nossa consciência, tendemos a inventar respostas que parecem verdadeiras, mas muitas vezes estão erradas." Para nos entendermos mais completamente, queremos complementar nossos próprios esforços internos de autodescoberta com o feedback dos outros. Quando foi a última vez que você solicitou não apenas conselhos, mas feedback honesto sobre suas paixões, atributos pessoais e valores? Como sugere a história de Margaret, estamos tão acostumados a pedir aos outros que nos aconselhem que nos esquecemos de pedir que nos ajudem a refletir sobre nós mesmos e nossos dons. Compile uma lista rápida de amigos, familiares e colegas e pergunte a esses indivíduos se eles podem compartilhar percepções sobre você como pessoa. Eu ficaria surpreso se você não os ouvisse mencionar pelo menos um ou dois pontos fortes e habilidades como marca registrada que você nunca considerou.

De volta à décima primeira até a décima terceira série (a escola secundária, ou ensino médio, canadense dura cinco anos), aprendi uma lição memorável sobre autoconsciência. Nossa escola local tinha um dos únicos estúdios de televisão completos e programas de artes de TV na província, e tive a sorte de descobrir meu amor pela produção de vídeo e cinema. O Sr. Tufts, o professor descontraído que usa óculos e dirige o estúdio, não apenas me encorajou a perseguir minha paixão; ele reuniu uma pequena equipe para filmar o primeiro anuário em vídeo da escola. A experiência me deixou com sonhos de seguir a carreira de produtora de cinema em tempo integral.

À medida que a formatura se aproximava, descobri que tinha diversas ideias de carreira. Como minha amiga Margaret, senti um chamado criativo e acalentei a ideia de ir para a universidade estudar cinema ou jornalismo. Achei importante construir uma "carreira segura", então também me candidatei a um curso de graduação em estudos comerciais. Precisando de cartas de recomendação, pedi apoio ao Sr. Tufts. Ele me escreveu uma carta, enviando-a diretamente para inclusão no pacote.

Eu estava animada para ver a carta, imaginando todas as grandes coisas que o Sr. Tufts escreveu sobre meu intelecto, criatividade e ambição. Mas respondendo a uma pergunta sobre meus maiores pontos fortes, o Sr. Tufts usou uma palavra que eu nunca esperaria: empatia. Ele passou a descrever minha capacidade de me relacionar com outras pessoas e sentir suas circunstâncias de forma autêntica, apresentando isso como uma qualidade que vale a pena apreciar. Eu nunca tinha parado para pensar sobre o valor desse ponto, nem tinha considerado o seu papel na minha vida.

Desde então, passei a ver como a empatia acelerou meu caminho para obter sucesso profissional. Recebi feedback consistente de funcionários, colegas e chefes dizendo que me importo profundamente com o sucesso geral da empresa e dos funcionários e que minha capacidade de ser autêntica e me relacionar com os outros é uma vantagem. Se vale de alguma coisa, minha energia como líder muitas vezes me leva a parecer que me importo muito com o trabalho, e não pouco. Cheguei a brincar sobre minha tendência de chorar junto às equipes de que participei na última década, seja porque estou feliz, emocionada, compartilhando a dor de alguém ou, sim, até mesmo com raiva. (Eu tento reservar essa última emoção para quando estou sozinha em meu escritório e posso ter tempo para me acalmar.) Relacionar-me com as pessoas tendo emoções reais me levou muito mais longe como uma força de liderança do que eu jamais imaginei como estudante.

No geral, minhas paixões, superpoderes e valores específicos desempenharam um papel enorme em determinar o sucesso da minha carreira, especialmente no início. Por exemplo, enquanto eu lutava para encontrar o primeiro emprego perfeito fora da universidade, questionei por que não me "encaixava" em muitas das empresas de prestígio e um tanto conservadoras onde fiz entrevista. Também achei difícil me encaixar na OpenTV quando cheguei ao Vale do Silício. Enquanto isso, instantaneamente me senti em casa na Merrill Lynch e na Sky. Ambas ofereciam culturas agressivas e com esforços guiados que ressoavam em meus próprios pontos fortes e valores. Nessas organizações, não precisei desperdiçar energia tentando fazer fluir em um ambiente que parecia infinitamente desafiador. Fui livre desde o primeiro dia para dar meu melhor no trabalho. Da mesma forma, na Junglee, Yodlee e Google encontrei pessoas que apreciavam e precisavam de meus pontos fortes únicos em estratégia, vendas e análise, o que me permitiu expandir ainda mais essas habilidades quando cheguei, enquanto aprendia novas.

Nosso desafio não é simplesmente levar em conta quem somos ao fazer nossas escolhas, mas ter a coragem de apostar em nosso próprio conhecimento mais profundo ao assumir riscos importantes, em vez de seguir cegamente os conselhos dos outros. Paguei um preço particularmente alto por ignorar esta lição no início de minha carreira. Quando comecei a trabalhar na Merrill Lynch, não só construí novas habilidades analíticas, mas adquiri conhecimento especializado sobre o setor de serviços financeiros. Como eu precisava acompanhar e entender as métricas públicas detalhadas de todos os bancos e setores de poupança e empréstimo para trabalhar, decidi arriscar um pouco e comprei minhas primeiras ações também no setor bancário. Lucrei com essas pequenas apostas e me lembro de estar muito orgulhosa por usar minha experiência recém-adquirida para ganhar algum dinheiro.

Mas vários anos depois, ignorei o que eu sabia para seguir alguém cegamente. Deixe-me explicar. Lembra-se do ganho inesperado em ações da Amazon vindos da aquisição da Junglee? Animada com o sucesso, aproveitando o estouro inicial das empresas pontocom, contratei um corretor da bolsa para me ajudar a investir o dinheiro. Quando Jack (nome fictício) me disse para sacar meus ganhos da Amazon e apostar em um provedor de hospedagem na web chamado Digital Island, eu segui cegamente o que ele disse, colocando 90% do meu lucro inesperado nesta empresa, embora eu não soubesse nada sobre ele ou o setor de infraestrutura. Menos de um ano depois, a bolha das pontocom estourou, dezenas de grandes empresas públicas de tecnologia entraram em colapso e a Digital Island faliu. Da noite para o dia, perdi praticamente todo o dinheiro que ganhei. Tudo porque fiz uma aposta confiando apenas no conselho de outra pessoa e sem utilizar meu próprio conhecimento ou percepção. Eu tive que começar praticamente do zero na construção de economias em 2002, mas essa lição muito cara se infiltrou profundamente em minha psique. Felizmente, eu era jovem, solteira e morava em um lugar com ventos fortes e duradouros. Mas imagine se não fosse assim.

BEM-VINDO À KRYPTONITA

Pode parecer estranho ouvir sobre seus superpoderes de outras pessoas, mas pelo menos sairemos dessas conversas nos sentindo queridos e reconfortados. Ouvir sobre nossas fraquezas ou deficiências, por outro lado, parece muito mais assustador. Esses elementos — eu os chamo de nossa kryptonita — muitas vezes acabam sendo lados sombrios de nossa marca registrada de forças; os efeitos colaterais dolorosos e não intencionais do que nos torna tão grandes. Mesmo que seja tentador ignorar nossas fraquezas, enfrentá-las diretamente nos permite fazer escolhas melhores, diminuindo os riscos de prejudicarmos nosso sucesso por meio de nossas próprias ações menos produtivas.

Como alguém que recebeu dezenas de avaliações de desempenho, para não mencionar os testes de personalidade como os Myers Briggs ou o Eneagrama, sei em primeira mão que receber um feedback sobre seu desenvolvimento nunca é divertido. Dito isto, a repetição facilita o processo. Ainda me preparo um pouco ao receber uma avaliação 360 graus, mas me sinto menos assustada do que no passado, pois sei que ouvirei temas familiares. Também aprendi a compartilhar feedback negativo sobre mim com os outros (primeiro por meio de sessões de coaching em equipe), e agora o faço com antecipação e proativamente. Na verdade, ao entrevistar pessoas com quem eu tenho possibilidade de trabalhar em conjunto, tenho o ímpeto de compartilhar essas áreas de desenvolvimento para garantir que os outros saibam onde meu estilo será, provavelmente, desafiador, e também sondarei para encontrar meu complemento. Descobri consistentemente que os outros respondem bem à autoconsciência e humildade sobre nossas áreas de desenvolvimento. Isso os deixa à vontade, muitas vezes levando-os a aceitar graciosamente minhas imperfeições ao lado das suas próprias. Eu acho que a kryptonita perde o poder de nos ferir se a encararmos com frequência, internalizando-a à medida que nossa liderança contínua trabalha tanto quanto nossos pontos fortes, e a manifestemos autenticamente aos outros.

Reconhecer humildemente nossas fraquezas junto às nossas forças não precisa ser destrutivo à nossa confiança e autoestima. Quando se trata de assumir riscos, acostumar-se a sentimentos verdadeiros e ser visivelmente imperfeito realmente nos ajuda a nos comportar com mais ousadia, reduzindo a ameaça do risco do ego que costumamos enfrentar. Quando nos sentimos menos pressionados para parecer perfeitos, tendemos a ficar menos obcecados sobre parecer bobos se uma falha ocorre, e podemos nos sentir capacitados a considerar uma variedade maior de oportunidades potenciais para descobrir, aprender ou alcançar uma grande meta.

Aceitar nossa kryptonita nos traz outro benefício, a capacidade de mitigar o comportamento improdutivo que pode diminuir nossas chances de sucesso. Se aspiramos a ser CEO, mas sabemos que somos introvertidos e temos dificuldade para vender bem, podemos trabalhar conscientemente em nossa habilidade de vendas e nos cercar de líderes extrovertidos e carismáticos que nos complementam. Se tendemos a tomar decisões com nosso emocional, podemos adotar hábitos que nos ajudem a nos comportar de forma mais racional, como desacelerar um processo o suficiente para nos acalmarmos ou conversar com um mentor sensato antes de tomar uma decisão. Como nossos dons naturais, nossas áreas de desenvolvimento nos seguem onde quer que vamos. Idealmente, nos colocaremos em situações que nos permitem prosperar por meio de nossos superpoderes, mas devemos sempre buscar oportunidades para mitigar nossas tendências mais difíceis ou ajudar a preencher nossas próprias lacunas.

APRENDENDO SOBRE VOCÊ À MEDIDA QUE AVANÇA

Comecei este capítulo com minha amiga Margaret, a estudante de pós-graduação que decidiu se tornar escritora e editora. Agora vamos passar algum tempo com um escritor que se tornou um executivo de sucesso do Facebook, e que o fez por estar em contato com — e confiando em — suas forças e valores internos.

Durante seus anos de graduação na Faculdade de Pomona, Nick Grudin estagiou na Time, Inc., e ele foi, como ele mesmo diz; "um tanto inspirado pela ideia de ser jornalista". Ao se formar em 2001, ele se candidatou a dezenas de jornais em todo o país, acabando por conseguir um emprego como repórter no Lodi News-Sentinel em Lodi, na Califórnia, uma pequena cidade ao sul de Sacramento. Durante a maior parte do ano ele escreveu muito para cobrir o crime local. Depois disso, ansioso para morar em uma cidade maior, ele encontrou um emprego no Los Angeles Daily News e ficou lá por alguns anos.

Embora Nick gostasse de seu trabalho jornalístico como repórter local, ele sentiu vontade de aprender e talvez se dedicar a um trabalho maior cobrindo notícias nacionais. Em 2004, ele se matriculou na Kennedy School of Government em Harvard. Lá, ele fez um estágio no Washington Post, trabalhando não como jornalista, mas na área de negócios, ajudando o jornal a desenvolver uma nova estratégia que o ajudaria a sobreviver financeiramente na era digital. Nick descobriu que não apenas adorava trabalhar na interseção de jornalismo, tecnologia e negócios, mas também era bom nisso. Embora não estivesse fazendo uso de suas habilidades na escrita, ele descobriu que havia desenvolvido algumas habilidades analíticas, de resolução de problemas e colaboração, subjacentes que agora poderia aplicar em um ambiente de negócios.

Quando seu tempo em Harvard terminou, Nick decidiu não se candidatar a grandes meios de comunicação como havia planejado, mas tentar empregos em consultoria de estratégia. Ele conseguiu um cargo no Boston Consulting Group e passou os dois anos seguintes trabalhando em uma série de projetos com clientes nos setores de telefonia móvel, viagens e música. Lá, ele aprimorou suas habilidades de negócios, incluindo planejamento estratégico, desenvolvimento organizacional, gerenciamento de clientes e análise quantitativa. Depois, ele assumiu um papel de liderança na Newsweek, ajudando o venerável meio de comunicação a desenvolver uma estratégia para prosperar no mundo digital. Colocando suas novas habilidades de negócios para trabalhar, bem como sua paixão de longa data pelo jornalismo, ele acabou gerenciando todas as parcerias da Newsweek com empresas de tecnologia, incluindo Twitter, YouTube e Amazon. Ele também desenvolveu novas franquias editoriais, como o Green Rankings anual das empresas Fortune 500 da Newsweek.

Em 2010, antecipando que o proprietário corporativo da Newsweek (o Washington Post) a venderia em breve, ele procurou uma nova oportunidade. Ele não sabia exatamente para onde queria ir, mas sabia que queria seguir suas paixões por mídia, tecnologia e negócios. Ele não começou sua carreira com esses interesses em mente — eles se desenvolveram ao longo do tempo. "Foram necessárias essas experiências no jornalismo, na Kennedy School, no Washington Post, no BCG e na Newsweek" para ensiná-lo exatamente o que ele gostava de fazer e no que era bom. "Naquele momento, eu também tinha consciência do quanto me importava com as equipes com as quais trabalhava. Eu queria encontrar um lugar onde eu fosse desafiado e aprendesse com as pessoas ao meu redor. Eu sabia que queria estar em um ambiente de ritmo acelerado e em rápida mudança."

Nick acabou no Facebook em um papel que o colocaria no outro lado da mesa, negociando acordos entre a rede social e os grandes veículos tradicionais. Em 2020, ele estava na empresa há uma década, supervisionando um portfólio em expansão de responsabilidades que incluíam entretenimento, esportes, notícias, parcerias sociais com organizações sem fins lucrativos, parcerias no Instagram, parcerias em vídeo, produção de conteúdo original, parcerias em educação, saúde e muito mais. Pequena no início, sua equipe agora conta com várias centenas de pessoas em todo o mundo e é responsável pelo desenvolvimento de vídeos na plataforma do Facebook, incluindo o Facebook Watch.

Como observa, ele permaneceu no Facebook porque "todo ano parece que algo realmente novo está acontecendo ou estamos iterando, ou nos adaptando de alguma maneira significativa que me força a crescer novamente, como se eu estivesse em um novo emprego."

A essa altura de sua carreira, Grudin entende bem a importância de correr riscos para crescer. Também sabe uma coisa ou duas sobre nossa capacidade de adquirir autoconhecimento por meio dos riscos que corremos. Sempre que fazemos uma nova escolha, nossa jogada mais inteligente é apostar no que vai ao encontro das nossas forças e valores naturais. Foi isso que Nick fez: ele estava em contato com seus pontos fortes e valores, e isso o guiou ao longo de sua carreira. Mas é claro que o ato de escolher a possibilidade também nos empurra para novas situações, revelando facetas anteriormente ocultas de nossas personalidades e coisas que podem ser ótimas quando as experimentamos. A cada escolha que fazemos, passamos a nos conhecer um pouco melhor, garantindo que qualquer futura aposta em nós será ainda mais recompensadora.

Escolher a possibilidade também oferece outro poderoso benefício quando se trata de autodesenvolvimento: como sugeri, nos permite construir nossa agilidade, flexibilidade e resiliência. Muitas pessoas assumem que a própria capacidade de correr riscos é inata, mas correr riscos é uma prática que também pode ser dominada com a repetição. À medida que corremos riscos, enfrentamos desafios imprevistos e, ocasionalmente, falhamos, aprendemos a nos tornar mais aptos a nos ajustar, a nos contentar com o que temos, a desenvolver soluções criativas, a tirar a poeira e tentar novamente. Ao considerar a tomada de riscos como um processo de crescimento que se desdobra ao longo do tempo, podemos buscar carreiras que não apenas aproveitem nossos pontos fortes naturais, mas que aumentem nossas capacidades específicas de flexibilidade e resposta com agilidade, independentemente de como nossas escolhas funcionem.

PONTEIROS DE POSSIBILIDADE

- Assumir riscos de forma mais inteligente exige que também olhemos para dentro, alinhando nossas escolhas não apenas com nossas ambições, mas também com quem somos em nossa essência.

- Construa seu "sanduíche" de autoconsciência, fazendo um balanço de suas paixões, superpoderes e valores.

- Conhecer nossa própria kryptonita ajuda a diminuir seu poder sobre nós à medida que procuramos fazer escolhas e também as executar melhor.

9 | Saltos Maiores

Você abriria mão de um cargo executivo sênior e um grande salário para liderar uma startup em estágio inicial? Essa é a escolha, que mesmo gerando ansiedade, considerei em 2008. Eu estava no Google há mais de cinco anos e, em muitos aspectos, atingi o auge da minha carreira. Tive a sorte de enfrentar grandes ventos favoráveis, assumir uma quantidade cada vez maior de responsabilidades em um ambiente solidário, ampliar minhas áreas de especialização e desenvolver habilidades de liderança significativas. Depois de ajudar a lançar o Google Maps e o Local, assumi nossas operações internacionais fora da Europa, ajudando a transformar nossa região Ásia-Pacífico e América Latina em um negócio multibilionário. Minha reputação e perfil profissional cresceram também. Eu era agora uma das executivas mais antigas do Google, e uma das mulheres com mais idade também.

No entanto, apesar desse sucesso, eu me sentia incomodada. O Google havia se tornado uma organização muito maior desde que cheguei, seu número de funcionários aumentou de 1.200 para quase 40 mil (incluindo contratados), e eu estava cansada da burocracia adicional. Com demasiada frequência, me vi passando mais tempo estabelecendo políticas com outros líderes seniores do que construindo novos serviços ou liderando equipes motivadas. Também ficou claro que um líder não técnico como eu nunca se tornaria CEO do Google. Meus colegas de negócios, como Sheryl Sandberg (agora CEO do Facebook) e Tim Armstrong (que se tornou CEO da AOL) começaram a se desprender um por um, e eu sabia que também precisaria sair e buscar um emprego mais importante.

Para meu próximo passo, eu realmente ansiava assumir um cargo de CEO, no qual eu pudesse expandir uma empresa usando todas as habilidades que desenvolvi. Eu tinha oportunidades na ponta dos dedos; startups empolgantes me abordaram perguntando se eu me juntaria a suas equipes e se lideraria seu crescimento. Mas o MDF (medo de falhar) e o MDPO (medo de perder a oportunidade) travavam uma batalha em minha cabeça. Eu só conseguiria "sair do Google uma vez" — no fundo, eu sabia que minha escolha sobre o que fazer a seguir seria grande. As considerações pessoais também foram um fator decisivo em tudo isso. Cheguei ao Google com trinta e poucos anos, solteira e capaz de dedicar todo o meu tempo ao trabalho ou à diversão. Agora eu tinha quase quarenta anos, casada com um colega canadense na Bay Area que era mãe de dois filhos (meu enteado, Ryan, e minha filha, Kenya) e com um terceiro a caminho. O argumento para permanecer em uma empresa grande e altamente estável que me conhecia, confiava em mim e oferecia benefícios incríveis era forte.

Todos nós enfrentamos decisões grandes e arriscadas, momentos que representam verdadeiros pontos de inflexão em nossas vidas. Nesses momentos, as oportunidades em potencial são atrativas, mas também envolvem uma variedade de riscos. Como podemos seguir em nosso caminho até um sucesso ainda maior? Como discutimos anteriormente, um passo importante é, primeiro, *assumir pequenos riscos* para fins de descoberta, o que chamei de canalização em paralelo. Fiz isso no final do meu período no Google, atendendo ligações de recrutadores muitos meses antes de deixar a empresa. Mas a decisão final, o que fazer a seguir, exigiu muito mais reflexão e análise. Então, como exatamente eu dei meu próximo grande salto na carreira e como você deve abordar movimentos maiores em sua própria vida?

SEU GUIA APROXIMADO PARA APOSTAS MAIORES

Para ajudar nas escolhas menores, basta aplicar as dicas de risco descritas nos capítulos anteriores, pensando nelas como variáveis a serem consideradas em avaliações diretas. No entanto, com objetivos maiores, onde as apostas são mais altas e várias motivações e considerações entram em jogo, queremos reunir todas as variáveis e avaliá-las simultaneamente. Winston Churchill uma vez exortou que devemos "deixar nossa preocupação antecipada se tornar pensamento e planejamento antecipados", e quando se trata de objetivos maiores, eu concordo plenamente.

Podemos combinar as variáveis que discutimos juntos em uma estrutura simples de cinco fatores para nos ajudar a assumir riscos inteligentes de carreira (Figura 7). Essa estrutura pode nos ajudar não apenas a avaliar escolhas individuais, mas a compará-las e classificá-las em várias dimensões usando o que chamo de Tabela de Pontuação de Possibilidades.

Figura 7

Vamos começar listando as escolhas amplamente consideradas por nós, incluindo "não fazer nada" ou "status quo" como escolhas possíveis. Nosso trabalho é primeiro avaliar cada escolha em relação às quatro variáveis-chave que nos permitem assumir riscos mais inteligentes para obter mais vantagens.

Vamos começar identificando nossa primeira variável, nosso(s) objetivo(s) maior(es) que, em primeiro lugar, são as razões pelas quais estamos correndo riscos. Muitas vezes, ao fazer mudanças na carreira, buscamos vários objetivos ao mesmo tempo, tangíveis (como alcançar uma certa quantidade de riqueza ou nível de responsabilidade de liderança) e menos tangíveis (como alcançar um impacto maior nos negócios ou encontrar uma função que nos faça felizes). O aprendizado pode ser seu próprio objetivo, pois buscamos acelerar nossas habilidades e conhecimentos agora para oportunidades futuras. Consciente de seus principais sonhos, tente articular seus objetivos específicos nos próximos dois, ou cinco anos, mesmo sem ter a certeza do que virá a seguir. Além disso, se possível, priorize essas metas em relação às outras.

Em segundo lugar, vamos descrever nossas paixões, superpoderes e valores. Anote esses elementos em um bloco de notas ou tela, lembrando que você deseja que cada uma de suas escolhas faça bom uso dessas características e, ao mesmo tempo, ofereça a oportunidade de adquirir novas habilidades. Depois de anotar, podemos começar a avaliar até que ponto cada escolha em consideração se alinha com nossas ambições e quem somos.

Em seguida, precisamos avaliar nossas escolhas em relação aos dois grandes fatores externos que podem afetar os resultados: ventos favoráveis/ventos contrários e "encaixe de pessoas". Como vimos, vale a pena pesquisar sobre as pessoas com quem ou para quem trabalharemos e as macrocondições (em uma equipe, organização, empresa ou setor) que cercam qualquer escolha e podem reforçar ou dificultar nossos esforços. As forças externas provavelmente variarão dependendo das escolhas em consideração, criando mais ou menos oportunidades.

Reunindo esses quatro fatores, podemos avaliar cada uma de nossas escolhas em relação a essas variáveis. Pessoalmente, gosto de avaliar quantitativamente, usando uma escala de 1 a 5. Pense nisso como uma avaliação de nossas oportunidades de crescimento para "ótimas" escolhas. Colocando tudo isso em uma planilha simples (Figura 8), podemos criar um Placar de Possibilidade que nos ajude a entender cada escolha e articular o que nos deixa mais empolgados e porquê. Uma folha como esta pode e deve fazer nosso MDPO funcionar.

SUA PONTUAÇÃO MDPO/OPORTUNIDADES
(DE BAIXO PARA CIMA 1-5)

	SEUS OBJETIVOS	SEUS SUPERPODERES	FATORES HUMANOS	VENTOS FAVORÁVEIS E CONTRÁRIOS	TOTAL
ESCOLHA 1	5	4	3	3	15
ESCOLHA 2	3	4	5	5	17
ESCOLHA 3	4	2	3	4	13

Figura 8

É claro que correr riscos maiores é reduzir nosso medo do fracasso, pois trata-se de maximizar nosso entusiasmo sobre as possibilidades futuras. Dado que escolhas maiores são inerentemente incertas, é hora de abordar o quinto fator — nossos medos — e avaliar as possíveis desvantagens que enfrentamos ao buscar todas as alternativas. Enquanto estamos nisso, também devemos visualizar nossa(s) escolha(s)-após-a-escolha e levar em consideração nosso estado atual e "espaço para falhar". Confrontar nossos medos de frente é um passo fundamental e muitas vezes negligenciado em qualquer processo de tomada de decisão.

Ao avaliar cada escolha, podemos criar uma pontuação de classificação de risco junto ao nosso Placar de Oportunidades. Faça isso criando uma segunda planilha semelhante e classificando o nível de potencial desvantagem que enfrentamos ao buscar cada escolha. Avalie individualmente cada escolha de acordo com os medos que confrontamos com mais frequência — financeiro, pessoal e de reputação/ego — em uma escala semelhante de 1 a 5 (com pontuações baixas representando os menores riscos). Use a quarta coluna para fazer um brainstorming de escolhas-após-a-escolha (nossas ideias de como podemos nos recuperar em caso de falha). Descobri que listar todas as ações que podemos tomar para mitigar resultados ruins depois que um risco dá errado ajuda a aliviar nossa ansiedade e nos permite avaliar com precisão os riscos negativos.

Lembre-se também de avaliar o tamanho das perdas negativas que enfrentamos (pequenas, médias ou grandes) em relação à nossa posição atual e onde acabaremos se falharmos. Por exemplo, se nossa posição financeira já é sólida e uma dada escolha está disponível para nós (digamos, aceitar uma certa oferta de emprego) reduziria um pouco nossos ganhos enquanto produz benefícios futuros, estamos assumindo apenas um pequeno risco. Se existe possibilidade de facilmente encontrarmos outro emprego com um salário semelhante caso este não dê certo, o risco se torna ainda menor. Por outro lado, se gastarmos todas as nossas economias para iniciar um novo empreendimento que acaba fracassando, o risco é de médio para grande, sendo provavelmente grande dependendo de nossa confiança de que podemos arrumar um emprego depois e reconstruir nosso pecúlio em um período de tempo razoável.

Devemos ter o cuidado de separar nossos riscos pessoais do ego, pesando-os individualmente. Esses riscos podem aumentar com nossos riscos financeiros ou podem realmente diminuir. Em um lugar como o Vale do Silício, por exemplo, atuar, ao menos uma vez na carreira, como fundador, geralmente aumenta sua reputação perante possíveis empregadores, mesmo que sua startup falhe. E para todos nós que sonhamos nos tornar empreendedores, as recompensas que advêm de aprender a inovar oferecem vantagens totalmente novas e poderosas na construção de habilidades, independentemente do risco financeiro.

Agora, você também deve ter uma pontuação de classificação de risco para cada escolha que está considerando. Pode ser algo assim (Figura 9):

PONTUAÇÃO NA CLASSIFICAÇÃO DE RISCO
(DE BAIXO PARA CIMA 1-5)

	FINANCEIRO	EGO/REPUTAÇÃO	PESSOAL	ESCOLHAS APÓS A ESCOLHA	TOTAL
ESCOLHA 1	1	3	5	~	9
ESCOLHA 2	5	1	1	~	7
ESCOLHA 3	2	2	2	~	6

Figura 9

Com essas duas pontuações em mãos, avaliamos de forma mais realista nosso MDPO e MDF para todas as possibilidades que consideramos, então podemos fazer uma comparação. Confira abaixo como pode ser o seu Placar de Possibilidades final (Figura 10):

PONTUAÇÃO FINAL DE POSSIBILIDADE

	MDPO/ OPORTUNIDADES	MDF/ CLASSIFICAÇÃO DE RISCO	TOTAL	OUTROS ITENS DA SUA CABEÇA
ESCOLHA 1	15	9	15-9=6	
ESCOLHA 2	17	7	17-7=10	
ESCOLHA 3	17	6	13-6=7	

Figura 10

Avaliar quantitativamente as escolhas ao tomar uma decisão emocional pode parecer normal para alguns de nós ou um exagero para outros. Por que deveríamos nos preocupar em aumentar nossa prática usual de avaliar prós e contras para esse nível? O que acontece se muitas das escolhas obtiverem pontuações semelhantes? Acho que articular e comparar com mais rigor usando um Placar de Possibilidades nos ajuda a descobrir por que nos sentimos entusiasmados com escolhas específicas e também a verdadeira natureza dos cenários negativos que tememos. Quando realizei um exercício mais ou menos semelhante com minha irmã Nicky, trabalhando na avaliação de opções, ela achou esclarecedor descrever quantitativamente suas escolhas no papel, os riscos que representavam e suas consequências em metas financeiras e pessoais. Aquela foi sua primeira vez comparando riscos e benefícios com números lado a lado.

Em minha experiência, nada esclarece tanto sobre nossas situações quanto o ato de comparar. Quando tomo qualquer decisão importante, tento articular pelo menos duas opções viáveis, além de manter o status quo, esclarecendo meu objetivo mais elevado e os riscos que estou disposta a correr na esperança de alcançá-los. Também registro as prováveis compensações que terei que en-

meu objetivo mais elevado e os riscos que estou disposta a correr na esperança de alcançá-los. Também registro as prováveis compensações que terei que enfrentar — financeiro versus pessoal, pessoal versus reputacional, e assim por diante — ao fazer escolhas.

Ao decidir deixar a British Sky Broadcasting e me mudar para a Califórnia, troquei um emprego fixo (risco financeiro) pela chance de buscar uma carreira mais gratificante como empreendedora (satisfação pessoal). Quando pensei em deixar a Amazon para ter a chance de fundar a Yodlee, sonhei que a decisão me traria mais retorno financeiro do que ficar onde estava. Pensei também que o estilo de vida empreendedor era tremendamente satisfatório e julguei que o risco para meu estilo de vida pessoal era mínimo, já que eu era solteira e adaptável.

Ao tomar grandes decisões, na maioria das vezes, comparamos opções reais (uma oportunidade que é iminente, incluindo permanecer com o status quo) com as teóricas (oportunidades que podemos garantir com algum esforço futuro e incerto). Somente quando usamos estruturas como o Placar de Oportunidades é que podemos de fato entender se a mudança imediata seria positiva ou se o melhor é estender nosso período de descoberta por algum tempo em campo. Se o fato é que as escolhas atualmente disponíveis para nós não nos levam muito longe em direção aos nossos objetivos, somos ao menos impulsionados a identificar opções teóricas que mostrem mais potencial de nos fazer entrar em movimento, colocando-nos em posição de obter mais informações rapidamente. Ou podemos decidir mudar agora mesmo se descobrirmos que uma oportunidade real nos coloca mais rapidamente no caminho para um ideal e provavelmente abrirá novas opções cada vez melhores à medida que avançamos. Antes de se comprometer com uma grande escolha, saber o máximo possível sobre todas as outras, reais e imaginárias, é incrivelmente útil.

Tenha em mente que, quer você use minha estrutura ou invente uma de sua preferência, a mágica não reside na maneira como você pontua as escolhas que delimitou, mas no processo de pontuação. Quando podemos aplicar uma metodologia para nomear nossas possibilidades e enfrentar nossos medos, entendemos melhor nossos critérios de tomada de decisão e fazemos apostas maiores e mais inteligentes.

INTUIÇÃO-DADOS-INTUIÇÃO

Mesmo com uma ótima estrutura em mãos, ainda podemos ver dificuldade em tomar uma decisão. E então, o que fazer? É hora de "ouvir nossa intuição"? As pessoas que assumem riscos bem-sucedidos muitas vezes se lembram daquele momento mágico em que reagiram contra todas as probabilidades ouvindo suas intuições e o risco valeu a pena. Por outro lado, alguns especialistas nos dizem para ouvir dados objetivos e segui-los para onde quer que eles nos levem, observando que "bons dados nunca mentem". Como descobri, há mérito em ambos os conjuntos de sinais, desde que você siga uma progressão específica que chamo de Intuição-Dados-Intuição.

Seguir nosso instinto equivale a fazer um julgamento rápido com origens que permanecem um tanto misteriosas para nós. Porém, tal mistério não significa que somos incapacitados de compreender o funcionamento interno desses julgamentos. Como observa o psicólogo social alemão Gerd Gigerenzer, o pensamento instintivo tende a envolver o uso de "regras de ouro" muito básicas que nos permitem chegar a conclusões com base em "sinais simples presentes no ambiente". Quando seguimos nosso instinto, afastamos ricas informações que poderiam vir até nós e ampliar nossas pistas. Fazemos isso de forma inconsciente e muito mais rápido do que realizamos cálculos racionais que muitas vezes nos permitiriam obter melhores resultados.

Por exemplo, em sua própria pesquisa, Gigerenzer descobriu que as pessoas que usam regras simples ou heurísticas para escolher ações geralmente se saem melhor do que o mercado como um todo. A "sabedoria intuitiva do semi-ignorante superou os cálculos dos especialistas". Mas Gigerenzer também observa que os instintos "viscerais" podem falhar muito conosco. Após o 11 de setembro, as pessoas instintivamente se sentiram inseguras ao voar e preferiram dirigir, embora as mortes nas estradas superassem em muito as mortes no ar. Cerca de 1.500 pessoas a mais faleceram nas estradas durante o ano após o 11 de setembro do que no ano anterior.

Gigerenzer observa que, como cientista, ele atende a palpites e dados. "Não consigo explicar sempre por que acho que um determinado caminho é o certo, mas preciso confiar nele e seguir em frente. Também tenho a capacidade de verificar esses palpites e descobrir do que se trata." O princípio Intuição-Dados-Intuição funciona da mesma maneira. Se você se sente intuitivamente animado ou temeroso sobre uma certa escolha em relação a outras, explore o porquê identificando e classificando as variáveis na equação de risco. Muito provavelmente, você conectará seu palpite interno a uma dessas variáveis e à classificação que fornecer.

Se depois de avaliar suas escolhas, você ainda sentir dificuldade de identificar a variável que mais te empolgou ou o que está te paralisando, tome mais uma atitude. Reflita sobre as experiências que você e as pessoas ao seu redor tiveram e considere se o seu conhecimento de qualquer um deles pode estar desencadeando uma "combinação de padrões" inconsciente em sua cabeça. É bem provável que seu instinto esteja se contorcendo porque uma determinada escolha irá lembrá-lo de uma ou várias situações semelhantes de seu passado que saíram de forma diferente da esperada, positiva ou negativamente, e você não quer ser "surpreendido" novamente.

À medida que minha carreira progrediu, descobri que meus instintos se fortaleceram, e não o contrário. Compilei minha própria biblioteca mental de experiências passadas, e algumas das situações despertam em mim a sensação de que já vi algo parecido antes. Esse padrão instintivo muitas vezes me diz que alguma característica de uma determinada escolha que tenho em mãos pode ser mais importante ou persuasiva do que os dados indicariam por si só. Quero ouvir minhas intuições com base na experiência real, ao mesmo tempo em que estou atenta a preconceitos injustificados. Ao criar um Placar de Oportunidades e mapear os riscos, posso colocar todos os fatos na mesa, incluindo meus medos, garantindo que dei crédito a tudo na análise. No final, vou honrar os sentimentos desencadeados pelos dados, bem como as reações instintivas que obtive, mas quero fazer o meu melhor para nomeá-los. Eu também me preocuparia em tomar uma decisão potencialmente importante com base apenas em vagos sentimentos positivos ou negativos que tive, sem sondar qual elemento foi responsável pelo desencadeamento.

No geral, as melhores decisões que podemos tomar em situações de alto risco levam em conta tanto o instinto quanto os dados, usando nossos julgamentos e sentimentos rápidos em total harmonia com a análise. Nas palavras imortais do treinador Taylor, de uma das minhas séries de TV favoritas de todos os tempos, *Friday Night Lights*, "Olhos limpos, corações cheios, não podem perder".

ENCONTRE SEUS PADRES PROFISSIONAIS

Mesmo depois de executar um processo Intuição-Dados-Intuição, ainda podemos permanecer divididos sobre o que fazer. Nessas situações, é fácil paralisar e não agir, involuntariamente nos sujeitando a riscos ainda maiores que podem vir com a inação. Para nos libertar desta armadilha, ajuda voltar-se para aqueles que nos rodeiam e falar muitas e muitas vezes sobre a decisão a ser tomada. Aqueles que são aprendizes "auditivos" ou sociais avançam seu pensamento por meio de conversas com outras pessoas mais rapidamente do que sozinhos. Para pessoas que tendem a aprender de maneira mais solitária, compartilhar nossa lógica e análise pelo menos nos permite testar sua solidez. Em geral, a clareza de nosso pensamento aumenta se alavancamos as perspectivas dos outros, mantendo o controle final sobre nossas próprias decisões.

Embora muitos de nós rotineiramente nos aproximemos de nossos amigos mais próximos, familiares e colegas para pedir conselhos, é importante notar que muitas vezes deixamos de fazer todas as perguntas *certas*. Simplesmente pedir às pessoas mais confiáveis em nossas vidas que nos digam o que elas fariam pode gerar conselhos que reflitam preconceitos particulares. Por essa razão, seria melhor pedir feedback sobre nós mesmos ao nosso círculo mais próximo e depois compartilhar nossa própria primeira avaliação de nossas escolhas, pedindo a nossos confidentes que comentassem *com base no que sabem de nós*. Mas, novamente, devemos esperar que suas respostas provavelmente reflitam suas próprias preferências ou sentimentos sobre como uma escolha nossa pode afetá-los pessoalmente.

Outro alerta: é possível que, ao confiar em cônjuges ou familiares como confidentes, exista o risco de drenar a energia dessas relações mais profundas, sobrecarregando-os com o peso de nossas obsessões pelo trabalho. Em relacionamentos emocionais bem-sucedidos, cada um de nós espera dar e receber alegria e apoio em medida mais ou menos igual (reconhecendo que alguém pode dar ou receber mais a qualquer momento). Continuamente introduzir nossos problemas profissionais nas conversas com nossos parceiros por longos períodos pode esgotar nossos entes queridos.

Podemos aliviar o fardo das pessoas mais próximas de nós e confiar em um conjunto de confidentes que chamo de nossos "padres profissionais" (Figura 11). Esses são indivíduos selecionados que nos conhecem bem do ambiente de trabalho e talvez, também, no pessoal: ex-chefes, colegas, conhecidos profissionais, mentores, amigos próximos ou mais distantes e coaches profissionais que podemos contratar. Ao mesmo tempo, esses indivíduos estão um pouco mais distantes de nós pessoalmente do que nossos cônjuges ou familiares mais próximos.

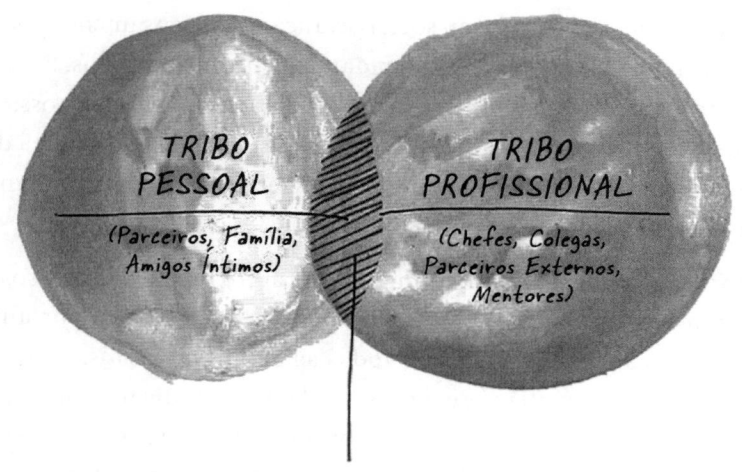

Figura 11

Por esse motivo, eles mantêm menos preconceito — nossas decisões não os afetarão em seu pessoal. E como muitos desses indivíduos possivelmente serão contatos profissionais, é improvável que se sintam incomodados por conversas intermináveis relacionadas ao trabalho, e também poderão ter um conhecimento mais amplo de oportunidades profissionais que se desenvolvem por conta própria. Tome nota, os "companheiros de brainstorming" que descrevi anteriormente podem ou não servir como nossos padres profissionais. Algumas pessoas em nossas vidas podem desempenhar vários papéis — confidente, brainstormer criativo e conselheiro — enquanto outras podem preencher apenas alguns deles.

Quando comecei a ponderar sobre minha saída do Google mais de um ano antes de partir, precisei de ajuda para falar sobre todas as minhas opções e seguir meu próprio caminho. Meu marido foi incrivelmente solidário enquanto minha carreira no Google decolava, mas eu entendi que poderia facilmente enlouquecê-lo com minha conversa constante sobre o trabalho, e importuná-lo diariamente com todas as reflexões obsessivas relacionadas à carreira era um caminho rápido para decair na carreira de casado. Então, juntei-me a um grupo chamado Young Presidents Organization, YPO, para encontrar colegas de trabalho e coaching.

Por meio da YPO, conheci meu coach executivo, David Lesser, e decidi trabalhar com ele individualmente (em uma base remunerada), considerando quanto tempo eu estava gastando contemplando minha transição. Com seu estilo discreto e compassivo, David serviu como um "parceiro profissional" confiável para mim, alguém com quem eu poderia compartilhar minhas maiores esperanças e também as mais profundas vulnerabilidades como pessoa e líder. Sessão após sessão, contei a David sobre meus desejos, tanto para uma vida profissional impactante, quanto para uma vida pessoal satisfatória, e ele me ajudou a conversar sobre isso e equilibrar as inevitáveis tensões.

Desta forma, David tornou-se um padre profissional extremamente importante para mim, e continuamos a trabalhar juntos até hoje. Mas outras pessoas ao meu redor também me ajudaram a sair do Google. Na época em que conheci David, comecei a investir em minhas amizades com mulheres que estavam em momentos semelhantes no trabalho e na vida e que se identificavam facilmente com meus desafios específicos. Esse grupo tornou-se um círculo íntimo com o qual eu podia discutir livremente questões de carreira em um espaço seguro. Embora eu não as veja com tanta frequência quanto meus amigos mais próximos, continuamos a ligar umas para as outras até hoje, podendo contar com ajuda nas grandes decisões profissionais e também em algumas pessoais.

Para encontrar seus próprios padres profissionais, pense nas pessoas de sua rede de conexões que o conhecem bem, sem que precisem fazer parte do seu circuito social mais íntimo. Colegas e chefes atuais ou de locais de trabalho anteriores são uma escolha óbvia. Uma pessoa que conheço conta com um terapeuta de longa data que o atende um pouco como um coach executivo, e também com um amigo da família com experiência em negócios. Além disso, você também pode participar de uma comunidade profissional ou de um grupo de ex-alunos para fazer contato com possíveis padres profissionais. Tente encontrar pessoas cujas experiências, ou traços de personalidade, complementem os seus. Você também pode considerar pessoas que aconselharam ou já viram outras pessoas em situações semelhantes — talvez seja um gerente sênior do seu grupo, o chefe de RH ou um velho amigo que tenha experiência em gestão de pessoas. Mesmo que não possamos montar nosso próprio "gabinete profissional" duradouro, ainda podemos nos beneficiar conversando sobre nossas escolhas com algumas pessoas empáticas e conhecedoras de nossos círculos externos ao fazer qualquer grande movimento.

MAXEV E MINEV

Depois de avaliar nossas opções, ouvir o que vem de dentro e consultar nossos padres profissionais, agora é hora de tomar uma decisão. Para alguns de nós, usar uma estrutura de risco para avaliar as grandes variáveis é tudo do que precisamos para nos levar a tomar uma nova decisão de "esticar". Podemos nos sentir animados para embarcar nessa nova escolha, mas também nervosos ao contemplar o que temos a aprender e o tamanho do desafio com o qual acabamos de concordar. Provavelmente também sofreremos um pouco da "síndrome do impostor", a noção de que somos desqualificados e inadequados para a tarefa em mãos. Essas inseguranças nunca desaparecem e geralmente indicam que estamos apenas começando um novo ciclo de aprendizado.

Se você está se sentindo nervoso, é provável que esteja fazendo uma grande jogada — o que chamo de Máxima Escolha Viável (MaxEV) — para mudar a trajetória de sua carreira. Uma MaxEV geralmente envolve a realização completa de uma das maiores escolhas em seu Placar de Possibilidades. Talvez você esteja entrando em um cargo extenso para o qual não tem certeza de que está qualificado, aceitando um novo emprego em um novo setor ou deixando seu emprego estável para lançar uma startup.

Se seus medos são tão fortes que estão paralisando você e o impedindo de decidir, lembre-se de que se colocar em movimento é o mais importante. Se sua análise justifica os méritos de uma ação grande e única, mas ainda assim você se sente incapaz de seguir em frente, tente fazer o que chamo de Mínima Escolha Viável (MinEV). Ou seja, identifique o menor e mais seguro passo disponível que o mova gradualmente em direção à escolha desejada.

Quando comecei a contemplar minha carreira depois do Google, bem antes de me sentir pronta ou equipada para dar um grande salto, aceitei o MinEV de receber ligações de recrutadores e encontrar potenciais empregadores. Na verdade, como você verá, fiz pelo menos três movimentos iterativos (começar a canalizar e ouvir, deixar o Google, ingressar na Accel) antes de finalmente fazer minha "grande escolha" de aceitar um emprego como CEO de uma empresa privada no início de 2010. A cada passo eu adicionava mais conhecimento sobre escolhas potenciais ao meu próprio Placar de Oportunidades sem me comprometer com uma decisão final. Este processo de escolher sucessivamente a possibilidade me permitiu correr um dos maiores riscos da minha carreira profissional. Comecei com uma pequena ação e permaneci em movimento até completar uma grande virada na carreira.

Esta não foi a primeira vez que entrei em uma ação maior: Também fiz isso no início da minha carreira quando saí da Sky, em Londres, para a OpenTV, na Califórnia. Todos nós podemos começar a iterar em direção a uma grande mudança em qualquer estágio de nossas vidas. Durante nossos vinte anos, podemos descobrir que nosso primeiro emprego oferece um salário, mas pouca satisfação e, como resultado, sonhamos em fazer algo diferente. Podemos traçar nossas escolhas, desde voltar para a Universidade e obter um diploma totalmente novo até deixar nossos empregos e mudar para outro campo ou indústria apontada por nossa intuição como melhor. Podemos agir imediatamente (MaxEV), se soubermos o suficiente para escolher com confiança, ou podemos fazer com que o MinEV descubra mais sobre outras carreiras, talvez fazendo entrevistas informativas ou fazendo um curso de meio período. Se nos sentimos convencidos de que precisamos dar um grande salto em nossa carreira, ao menos vamos nos comprometer a dar o primeiro passo agora, por menor que seja, para que o processo de escolha da possibilidade possa começar.

Quer façamos um MaxEV ou um MinEV, nossa capacidade de realizar ao menos algum movimento mitiga um dos maiores riscos que enfrentamos: o risco de perder completamente uma oportunidade. Podemos continuar descobrindo novas possibilidades apenas para entender que muitas dessas escolhas expiram enquanto esperamos para fazer uma jogada, sujeitas às condições e forças fora de nosso controle. Se sempre hesitarmos, podemos perder opções com as quais contávamos em nossas deliberações e também nos impedimos de aprender e crescer por meio da ação. O tempo não espera por ninguém, nem mesmo pelos ponderadores entre nós.

MEU GRANDE SALTO

Depois de ouvir outras pessoas me apresentarem algumas oportunidades de trabalho diferentes enquanto ainda estava no Google em 2008, ficou claro para mim que eu tomaria uma decisão melhor se pudesse explorar completamente o cenário maior de novas empresas emergentes no Vale do Silício. Passei os últimos anos focando nos negócios do Google fora dos EUA e, honestamente, sentia-me fora de contato com o mundo das startups. Além do meu objetivo de me tornar CEO da minha própria empresa, na verdade eu tinha duas outras ambições. Eu queria ajudar a construir um ótimo serviço ao consumidor que encantasse as pessoas (potencialmente no comércio eletrônico), e também queria somar mais riqueza para mim e minha família.

Para avaliar melhor minhas opções, tomei a decisão de primeiro sair do Google e encontrar uma maneira de estudar mais amplamente o ecossistema de empresas antes de escolher para onde ir. Decidida a me dar uma "lousa em branco" antes de fazer uma escolha final, deixei o Google quando estava grávida de três meses e me juntei à Accel Partners, um dos principais fundos de capital de risco do Vale do Silício, e investidor em minha startup anterior, em um papel temporário como CEO.

Nos meses que se seguiram, ajudei a Accel a avaliar as oportunidades de investimento nos mais variados setores digitais, com especial enfoque no e-commerce, aproveitando para estudar as empresas em que eu poderia estar ou que poderia começar do zero. Uma das principais parceiras da Accel, Theresia Gouw, ajudou-me a fazer um brainstorming, juntando-se ao meu grupo de padres profissionais. Nós nos conhecíamos há mais de uma década (eu a conheci originalmente como uma jovem fundadora da Yodlee) e estávamos em estágios semelhantes de nossas carreiras, então eu sabia que ela poderia se identificar com meus dilemas. Como eu, Theresia estava grávida de seu próximo filho e em um estágio de vida semelhante — mais um ponto em comum.

Enquanto estava na Accel, passei um tempo desproporcional testando minha macrotese de que as compras online estavam prestes a explodir de maneiras novas. Eu vi a ascensão dos varejistas eletrônicos no Google (muitas dessas empresas, como eBay e Amazon, eram os maiores anunciantes do Google na época), mas muitos dos principais sites de comércio eletrônico, como Amazon e Zappos, ainda passavam uma sensação utilitária. Enquanto isso, novos sites de comércio eletrônico de moda e decoração, como Rent the Runway, Gilt, Houzz, Wayfair e One Kings Lane, estavam surgindo em todos os lugares e crescendo rapidamente. Esses sites buscavam explorar um tipo de experiência de compra mais aspiracional e orientada para o entretenimento e colocá-la online. Investidores experientes como Accel e outros os estavam financiando, e minhas próprias observações sugeriram que essa área geraria outra grande onda de crescimento de consumidores online. Essas categorias de estilo de vida de compras também me atraíram pessoalmente. Eu era o público-alvo de muitos deles.

Comecei a trabalhar em uma ideia própria para um novo serviço de comércio eletrônico, uma versão de luxo do eBay, enquanto ouvia os argumentos de todas as empresas de comércio eletrônico que procuravam financiamento, e conversava com várias que precisavam de CEOs em estágio inicial. Também continuei a ouvir propostas não relacionadas ao comércio eletrônico, simplesmente na intenção de ter algum ponto de referência para avaliar as oportunidades de compras online.

Na Yodlee e no Google, tive a sorte de trabalhar com pessoas incrivelmente inteligentes e talentosas que compartilhavam dos meus valores e queria fazer o mesmo no meu próximo empreendimento. Eu também queria trabalhar com grandes investidores e, felizmente, tive a oportunidade de trabalhar com empresas financiadas pela Accel, iniciar minha própria, ou alavancar os outros relacionamentos com investidores que desenvolvi. Passei um tempo com vários fundadores de empresas para tentar discernir quem eles eram como líderes, além daquilo em que estavam trabalhando.

A essa altura da minha carreira, eu tinha uma ideia bastante clara de meus próprios superpoderes e valores, então procurei encontrar empresas que pudessem aproveitar ao máximo meus dons únicos, e cujos fundadores ou líderes seniores tivessem pontos fortes complementares aos meus. Especificamente, eu esperava ingressar em uma empresa com uma cultura muito forte de engenharia e gerenciamento de produtos que precisasse de um CEO com experiência em estratégia, visão, desenvolvimento de negócios, captação de recursos e formação de equipes. Aplicando esses critérios, recusei várias oportunidades em empresas cujos fundadores tinham conjuntos de habilidades muito semelhantes às minhas, argumentando que essa sobreposição poderia levar a um conflito se eu me tornasse CEO.

Finalmente, usei meu tempo na Accel para refletir muito sobre os riscos que eu correria ao me tornar CEO de uma startup, e se eu poderia me dar ao luxo de falhar. Meu maior risco, de longe, estava relacionado ao ego e à reputação. Consciente de quão precárias são as startups em estado inicial, eu realmente temia deixar um cargo de sucesso como executiva global apenas para um fracasso muito grande e aparente. Mas quanto mais eu pensava sobre isso, encarava o risco do ego de frente e concluía que minha reputação como executiva do Google seria forte o suficiente para sobreviver a um fracasso se chegasse a isso.

Os riscos pessoais de assumir o cargo de CEO de uma startup pareciam diferentes, mas não maiores, do que aqueles associados ao meu trabalho no Google. Embora eu soubesse que servir como CEO pela primeira vez enquanto tinha outro recém-nascido em casa (meu filho Kieran) seria imensamente estressante, provavelmente me beneficiaria com o fim das viagens pelo mundo por dias e semanas a fio, eu poderia trabalhar como antes. Por último, avaliei os riscos financeiros de possíveis movimentos. Embora meu patrimônio inicial tivesse um valor muito incerto por um longo tempo, julguei que valia a pena correr esse risco, dado o quanto me sentiria empolgada por ter mais impacto e responsabilidade como CEO. Embora eu tenha perdido um grande ganho financeiro ao optar por deixar o Google e mudar para um salário inicial, eu poderia pagar as contas em casa mexendo apenas um pouco em minhas economias. Diante dessas condições, eu estava preparada para dar o salto.

No início de 2010, quase um ano depois de deixar o Google, finalmente encontrei a oportunidade certa e decidi ingressar na startup de tecnologia de moda Polyvore como CEO em tempo integral. Precursor do Pinterest, a Polyvore baseava-se na ideia de que as mulheres podiam "recortar" imagens online para criar quadros de ideias de moda e decoração digitalmente que eram instantaneamente "compráveis". Milhões de jovens mulheres (incluindo influenciadores) já usavam o serviço e adoravam. A equipe fundadora foi liderada por um rock star da engenharia, Pasha Sadri, junto com três outras pessoas de produtos e tecnologia que ele recrutou de empresas como Yahoo e Google.

Pasha era conhecido por sua inteligência e havíamos nos conectado informalmente ao longo dos anos para tomar um café, sempre tendo grandes discussões sobre estratégia de negócios. Na verdade, Polyvore fez duas tentativas anteriores de me recrutar como CEO, uma vez quando eu estava no Google e novamente na época da minha saída em 2008. Naquele tempo, passei uma tarde produtiva com a equipe fundadora, ajudando-os a refletir sobre seu modelo de negócios. Também conheci Peter Fenton, um dos investidores mais bem-sucedidos do Vale do Silício e um dos principais financiadores da empresa. Peter foi o primeiro que me apresentou a Polyvore e continuou depois a me cortejar passivamente.

Tendo passado tanto tempo explorando minhas opções de vários ângulos, agora eu estava pronta para tomar uma grande decisão. Eu me senti convencida de que o comércio eletrônico estava iniciando sua próxima onda de crescimento, e me senti empolgada em fazer parte disso. Dentro dessa visão, a Polyvore estava entre as empresas mais bem posicionadas para ter sucesso, e eu sabia que poderia contribuir de maneira significativa para a construção de um serviço que encantaria milhões. Fiquei impressionada com os pontos fortes do fundador e dos investidores da Polyvore e antecipei que seria capaz de complementar bem seus esforços. Reconhecendo que meu sucesso como CEO de uma startup dependia de meus relacionamentos com o fundador e o conselho, também investi tempo para conhecê-los.

Enquanto isso, eu havia enfrentado meus demônios do medo, assumindo riscos financeiros, mas negociando minha oferta de forma agressiva para explicar os cenários negativos que eu imaginava, e enfrentando o risco do meu ego. Após tudo arranjado, eu finalmente dei meu salto. Depois de gerenciar um lucro e prejuízo multibilionário (P&L) e liderar uma equipe de duas mil pessoas no Google, tornei-me a recém-nomeada CEO de uma startup de moda com dez funcionários em fevereiro de 2010. Todos enfrentamos momentos críticos de decisão à medida que preparamos grandes escolhas em nossas carreiras. Nenhuma escolha que fizermos será perfeita e todas as estruturas do mundo não eliminarão totalmente o risco. Mas não precisamos de perfeição ou nos vermos livres de riscos. Só precisamos dar o próximo passo. Ao escolher cuidadosamente, usando todas as ferramentas à nossa disposição para maximizar nossas vantagens e antecipar nossas desvantagens, podemos aproveitar as oportunidades disponíveis enquanto nos equipamos para lidar com quaisquer desafios que a realidade apresente em nosso caminho.

PONTEIROS DE POSSIBILIDADE

- Podemos dar saltos maiores e calculados avaliando nossas escolhas em cinco fatores-chave: nossa ambição, qualidades pessoais, nosso "encaixe pessoal", ventos contrários externos e nossos medos.

- O princípio Intuição-Dados-Intuição pode ajudá-lo a tomar decisões mais inteligentes, assim como encontrar seus padrões profissionais.

- Se seu MaxEV parece muito assustador, comece com seu MinEV. Faça qualquer escolha que o faça se mexer.

PARTE III

Seja Recompensado

A maior recompensa pelo trabalho não é o que se obtêm por meio dele, mas o que se torna por ele.

— *John Ruskin*

10 | O Mito do Risco e Recompensa

Não importa quão experientes nos tornemos em nossas carreiras profissionais, o risco continua sendo nosso parceiro constante. Podemos realizar toda a devida diligência e planejamento antecipado do mundo, ainda assim, nunca o eliminaremos totalmente. O caso em questão para mim: Polyvore. Quando entrei na empresa, estava emocionada, animada e pronta para assumir meu primeiro cargo de CEO. Infelizmente, apenas seis meses depois, saí da empresa carregando um dos maiores fracassos da minha carreira profissional.

Antes de concordar em ingressar na Polyvore, meu coach, David, e eu discutimos os principais fatores que formariam meu sucesso ou fracasso quando eu estivesse no trabalho (meus riscos de "execução"). O primeiro e mais crítico, decidimos, ainda era, provavelmente, o fator pessoas. Apesar da minha diligência durante a busca de emprego, era possível que, uma vez que eu estivesse na cadeira de CEO, eu não trabalhasse tão bem com o fundador da Polyvore (e seu CEO logo antes de mim) quanto esperávamos.

Na maioria das empresas do Vale do Silício, os fundadores são os primeiros a atuarem como CEOs, mesmo que não tenham a experiência de gerenciamento e as habilidades necessárias para fazerem um negócio crescer. À medida que as empresas evoluem, os fundadores podem adquirir as habilidades de que precisam, ou seus conselhos podem sugerir a contratação de um CEO profissional (como eu, neste caso). Tendo sido fundadora da Yodlee e tendo recrutado e trabalhado em estreita colaboração com um CEO profissional, entendi a tensão que existe entre a propriedade financeira, a visão e a autoridade moral do fundador e a de um CEO ambicioso trazido de fora. Um relacionamento entre fundador e CEO é como um casamento: ambos os parceiros devem querer que funcione e ambos devem estar dispostos a fazer o trabalho. Como um casamento, esse relacionamento também tem, na melhor das hipóteses, uma chance de sucesso.

Pasha, que era o fundador da Polyvore, e eu desenvolvemos afinidade, tendo nos falado várias vezes antes de me tornar CEO. Agora eu queria aprimorar este laço e estabelecer um relacionamento confiável e produtivo entre nós. Tínhamos forças complementares, mas estilos de liderança muito diferentes, e eu esperava que fossem compatíveis. Marcávamos encontros regulares para um café, e me comprometi a passar mais tempo durante meus primeiros três meses ouvindo as ideias dele do que expressando as minhas. Eu queria que ele se sentisse confortável comigo e vice-versa.

Da mesma forma, trabalhei duro desde o início para estabelecer um relacionamento produtivo com o conselho. Embora eu conhecesse um dos principais investidores, Peter, por muitos anos, entendia que os conselhos de startups muitas vezes sentem uma forte lealdade a seus fundadores (e com razão), e que isso poderia influenciar a dinâmica entre mim, Pasha e os membros do conselho. Comprometi-me a consultar regularmente o conselho desde o início e informalmente, solicitando suas opiniões tanto sobre meu desempenho quanto sobre as atitudes de Pasha em relação à mudança de liderança.

Meu terceiro foco principal era o trabalho que eu precisava realizar para ajudar a construir a empresa. Neste ponto, eu estava bastante confortável, pois os principais requisitos — construir modelos de negócios, vender e desenvolver negócios, atrair talentos — eram meus superpoderes. Então, comecei a trabalhar ajudando a empresa a aumentar seu faturamento e contratando uma ótima equipe. Durante meus primeiros cinco meses, dobramos nossa força de trabalho para vinte pessoas, atraindo alguns talentos matadores que incluíam Katrina Lake (que um ano depois viria a fundar o multibilionário serviço de estilo pessoal online Stitch Fix), Jennifer Skyler (que viria a se tornar diretora de comunicações ao consumidor do Facebook e diretora de assuntos corporativos da American Express) e Philip Inglebrecht (ex-Googler, empreendedor em série e cofundador do serviço de música Shazaam, entre outras realizações). Comecei a jornada com ambição em conhecer os principais parceiros de publicidade e ajudar a aumentar o perfil público da Polyvore. O conselho elogiou meu trabalho com um investidor de risco comentando que eu estava começando melhor do que qualquer CEO que eles viram em seu portfólio.

Mas tomar medidas proativas para identificar e mitigar o risco conhecido não garante que você o evitará. Apesar dos meus melhores esforços, a tensão começou a aumentar entre Pasha e eu. No quarto mês de meu mandato, comecei a expressar minhas opiniões mais abertamente e percebi que Pasha muitas vezes tinha ideias diferentes. Enquanto ele e eu mantínhamos nossas reuniões, eu também conversava com o conselho e meu coach sobre a melhor forma de lidar com qualquer conflito potencial entre nós, entendendo que nossos estilos de liderança muito diferentes poderiam ser exacerbados. A raiz do problema logo se tornou aparente: duas pessoas queriam administrar a empresa de duas maneiras diferentes — a atual CEO e o anterior.

A situação explodiu na marca de seis meses e logo se mostrou insustentável. Ao longo de dez dias, o conselho teve que (re)decidir qual de nós comandaria a empresa. Angustiada, convoquei meus padres profissionais: meu coach, David; meu mentor e ex-chefe, Venky; meu amigo íntimo, Bud Colligan (ex-CEO da Macromedia e membro do conselho da Yodlee); e meu advogado trabalhista. Também chorei nos ombros de meu marido, mãe e irmãs enquanto tentava traçar um caminho a seguir.

Embora o conselho reconhecesse os desafios que enfrentei e me assegurasse que eu não tinha culpa, escolheram Pasha para retornar ao cargo de CEO. Pensei em lutar para manter o cargo, mas meus mentores desaconselharam fortemente. Voltando à questão-chave do ajuste de valores, eles notaram que meu estilo e a cultura da empresa sob seu fundador anterior eram diametralmente opostos e que o conflito havia erodido a confiança entre todas as partes. No final de setembro de 2010, meu pior cenário aconteceu. Passei de uma CEO ambiciosa de primeira viagem a uma desempregada totalmente desanimada.

Senti-me humilhada, traída, com o coração partido e envergonhada — foi o maior fracasso pessoal e de reputação que já sofri. Embora tenhamos anunciado publicamente que a empresa e eu tínhamos "concordado mutuamente" em nos separar, eu previa que meus colegas de negócios me julgariam severamente. Aos meus próprios olhos, eu merecia aquele desdém. Apesar de minha devida diligência, cometi um erro terrível ao não entender o tamanho do descompasso de valores entre mim e o fundador. Eu realmente tinha o que era preciso para me tornar uma CEO de sucesso? Já não estava tão certa disso.

No entanto, surpreendentemente, houve alguns aspectos inesperados na minha mudança de carreira malsucedida. Por mais doloroso que o desastre da Polyvore tenha pesado para mim no pessoal, meus medos de que isso arruinaria minha carreira realmente não se materializaram. Meu histórico anterior ainda permaneceu relativamente intacto apesar desse incidente. Em termos de risco financeiro, o Polyvore acabou sendo uma vitória significativa. Sabendo que as dificuldades de relacionamento geralmente surgem entre fundadores e CEOs dentro de startups, eu negociei agressivamente proteções financeiras para me cobrir caso eu fosse demitida por qualquer coisa além do meu desempenho. Como resultado, eu possuía uma boa quantidade de ações da Polyvore após minha partida. A empresa continuou a crescer, aproveitando cada vez mais os ventos a seu favor com o lançamento do Pinterest e seu rápido sucesso, tornando os painéis de inspiração online um conceito dominante.

Um ano depois da minha saída, Pasha foi novamente transferido do cargo de CEO, substituído por outro dos fundadores da empresa, que por sua vez ajudou a empresa a prosperar. Em 2015, o Yahoo concordou em adquirir o negócio por mais de US$200 milhões, vendo seu serviço como uma forma de aumentar seu crescimento em um momento em que as gigantes pontocom continuavam lutando. De repente, minha participação na empresa valia muito dinheiro. Como um membro do conselho da Polyvore me disse muitos anos depois: "Pense nisso como seu pagamento pelo risco de entrar nessa situação desafiadora" — e de fato foi.

A mudança para o Polyvore também funcionou de outras maneiras. Arrisquei não apenas em uma empresa, mas em um novo papel e setor (ser CEO e entrar no comércio eletrônico), e o passar do tempo revelou que essas escolhas eram boas. Eu adorava estar no cargo mais alto, carregando tanto a alegria quanto o fardo de lidar com tudo, desde a estratégia até a formação de equipes, o desenvolvimento de produtos e o gerenciamento de P&L (Ganhos e Perdas, em português). Minha tese de que o comércio eletrônico explodiria em novas categorias de inspiração/ estilo de vida, como moda e decoração, também se mostrou correta. Ao longo da década e desde então, construí a partir da minha experiência inicial na indústria na Polyvore e mergulhei totalmente em e-commerce, tornando-me novamente uma investidora de sucesso, membro do conselho, fundadora e CEO.

A verdade é que nada disso teria acontecido sem a minha escolha original de assumir um enorme risco pessoal para deixar o Google e minhas escolhas subsequentes de me tornar um CEO, entrar em um novo setor e ingressar em uma startup promissora na categoria.

Conto essa história para trazer um ponto simples, mas importante: mesmo quando analisamos e mapeamos cuidadosamente nossas escolhas com antecedência, assumindo um grande risco na esperança de ganhar uma grande recompensa, a realidade geralmente é confusa. Os riscos que assumimos nem sempre rendem as recompensas imediatas e diretas que imaginamos, e assumir riscos maiores não significa necessariamente que obteremos recompensas maiores imediatamente. A vida é mais complicada do que qualquer estrutura simples. Cada escolha significativa que fazemos traz múltiplas consequências que, por sua vez, muitas vezes levam tempo para se desdobrar. Então, qual é a relação precisa entre risco e recompensa no mundo real? Uma vez que agimos, nossos saltos corajosos realmente valerão a pena.

O MITO DO RISCO E RECOMPENSA

Vamos ser claros: embora os frameworks não possam nos garantir o sucesso final, ainda precisamos deles. No caso da Polyvore, avaliei minuciosamente os Cinco Fatores-Chave, tentando tomar uma decisão de carreira inteligente. Essa estrutura aproximada me ajudou a identificar tendências e funções que eu queria seguir e articular, além de confrontar meus medos e me fazer sentir mais confortável para dar o salto. Usando o modelo para organizar meus pensamentos, decidi perseguir minha ambição de carreira como CEO, selecionei o comércio eletrônico com base no meu senso em relação aos ventos a favor e em meus interesses, e escolhi a Polyvore depois de avaliar minhas próprias habilidades e as pessoas envolvidas. Compreendi bem os riscos financeiros, de ego e pessoais que estava assumindo e coloquei em prática um plano cuidadoso para mitigá-los, incluindo estratégias relacionadas a pessoas, suporte profissional contínuo e essas proteções financeiras muito importantes. O rigor de minha análise, por sua vez, me permitiu agir com convicção. É verdade que sete meses depois de me juntar à Polyvore, esse movimento parecia um fracasso em muitos níveis. Mas, uma década depois, parecia muito mais bem-sucedida, dadas as diversas recompensas que recebi e os pontos altos que alcancei na carreira desde então.

Se as recompensas de assumir riscos, conforme ilustrado por esta história, parecem indiretas ou pouco claras, talvez seja hora de ajustarmos ainda mais nosso modelo arraigado de risco. Semelhante ao Mito da Única Escolha, a cultura popular nos ensina a esperar uma relação direta e linear entre risco e recompensa: quanto maior a chance, maior a recompensa. Também podemos presumir que seremos capazes de identificar claramente os resultados de qualquer grande risco que assumimos em um período de tempo relativamente curto e fidedigno — um ano, digamos, ou dois. Acreditar que o mundo opera linearmente nos ajuda a entender a ideia de risco e recompensa e dar sentido a isso. Quanto mais ordenado e com regras, o mundo parece ser melhor.

Não é nenhum mistério por que tendemos a considerar o risco e a recompensa como proporcionais e lineares — em geral, é assim que assimilamos o crescimento. Como crianças, avançamos de série em série, progredindo passo a passo, despendendo mais esforço para atingir metas maiores até alcançarmos nosso objetivo: terminar o ensino médio. Se formos para a faculdade, embarcamos em um processo semelhante. Dentro de determinados cursos de estudo, prosseguimos em série, dominando um conjunto de conceitos ou habilidades, fazendo um teste para documentar nossa proficiência, abordando conceitos ou habilidades mais difíceis, fazendo outro teste e assim por diante. Durante grande parte do século XX, a vida corporativa se desenrolou de forma semelhante. Empresas organizadas hierarquicamente ofereciam planos de carreira claros e lógicos. Profissões como direito ou medicina ofereciam caminhos de trabalho claramente definidos após a graduação. Os currículos de hoje ainda capturam essa visão ordenada das carreiras, listando os empregos em ordem do mais recente para o mais antigo, seguido por credenciais educacionais. Até os videogames que jogamos são lineares, com os jogadores se graduando de nível em nível à medida que seu domínio do jogo melhora. Cada tomada de risco leva, naturalmente, a uma recompensa, bem como a outra tomada gradual de risco.

Fatores culturais e biológicos profundos nos inclinam para noções de trajetórias de crescimento linear. Como os estudiosos observaram: "Décadas de pesquisa em psicologia cognitiva mostram que a mente humana luta para entender as relações não lineares. Nosso cérebro quer que funcione de forma simples, em linha reta." As sociedades ocidentais em particular parecem enfatizar o pensamento linear, enquanto os processos de pensamento nas culturas orientais tendem a ser mais holísticos e menos lógicos. Como descreve o psicólogo Nick Hobson, nós no Ocidente somos "pensadores analíticos, o que significa que vemos o mundo de forma linear, esculpindo eventos separados e os observando através de uma lente de causa e efeito. Somos limitados por regras e orientados a sistemas e somos atraídos por eventos focalizados."

Na verdade, a conexão entre risco e recompensa muitas vezes não é tão clara e organizada. Assumimos riscos por vários motivos, muitas vezes perseguindo vários objetivos ao mesmo tempo e comparando os resultados com esses objetivos em momentos diferentes e de maneiras diferentes. Os resultados de nossas escolhas podem se desdobrar ao longo de meses ou até anos, à medida que continuamos a focar em resposta aos resultados que obtivemos até agora, iterando nosso caminho para a próxima possibilidade. Uma vez em movimento, persistimos e nossa jornada acaba sendo mais sinuosa do que imaginamos originalmente. Podemos tentar correlacionar um único movimento a um único resultado, e o tamanho de qualquer esforço ao tamanho do retorno. Às vezes, descobrimos que esses elementos se alinham bem como previsto, mas, na maioria das vezes, nos encontramos traçando um curso instável e mutável.

Se traçarmos resultados individuais em nossas vidas, descobriremos que eles se parecem menos com linhas retas e mais com gráficos de dispersão. No meu caso, alguns pequenos riscos que assumi produziram resultados descomunais, e alguns riscos imensos produziram resultados pequenos. Escolhas que inicialmente pareciam de baixo risco floresceram em sucessos significativos, e alguns sucessos superficiais foram fracassos pessoais.

Aceitar o cargo de cofundadora na Yodlee constituía um grande risco financeiro comparado a permanecer na Amazon e, embora eu ganhasse dinheiro, em termos financeiros relativos, aquilo representava um fracasso como resultado. No entanto, de maneira geral, houve resultados positivos para a empresa, e se tornou um dos eventos emocionais e de reputação mais positivos da minha carreira. Criar uma empresa inovadora desde o início que teve um impacto grande e duradouro em seu setor foi incrivelmente satisfatório, assim como construir e liderar uma equipe de pessoas incrivelmente inteligentes, muitas das quais compartilhavam meus valores e se tornaram parte de minha rede profissional ao longo da vida.

Por outro lado, mudar para o Google foi um dos movimentos menos arriscados da minha carreira, pois a empresa já era lucrativa e crescia rapidamente. No entanto, esse pequeno risco rendeu algumas das maiores vitórias financeiras da minha trajetória e me deu a chance de aprender e crescer como líder em um ritmo sem precedentes. Observe que o Google me fez uma oferta quase inteiramente por conta de minhas conquistas na Yodlee, o que obviamente se deve à arriscada escolha que fiz ao deixar a Amazon.

Se eu limitasse minha análise a qualquer período de tempo específico, as decisões que tomava poderiam parecer agressivamente positivas, agressivamente negativas ou "a serem determinadas". Mas o que mais chama a atenção é o número múltiplo de movimentos necessários para desbloquear uma recompensa de carreira descomunal, bem como o "tacking" necessário para chegar lá. No geral, minha carreira cresceu enormemente entre meados da década de 1990 e 2010. Passei de analista da Merrill e da British Sky Broadcasting para presidente de uma empresa multibilionária e depois CEO de uma startup, e a trajetória geral é convincente. Mas essa trajetória ascendente se desenrolou ao longo do tempo e de muitas escolhas, e os movimentos individuais que fiz desafiaram essa lógica governante. A relação entre risco e recompensa real é bem menos linear quando se trata de medir decisões e resultados individuais. Anime-se em saber que, mesmo que os resultados iniciais de uma determinada decisão que você tomou não deem certo imediatamente, ao longo do tempo, e de vários movimentos, eles podem resolver a seu favor, desde que você esteja preparado para continuar escolhendo a próxima possibilidade e a aprender com a atual.

VÁRIOS MOVIMENTOS REALMENTE RENDEM MAIS

Parece contra-intuitivo, mas se estivermos dispostos a correr muitos riscos e a continuar assim mesmo depois de falharmos, é muito mais provável que obtenhamos recompensas descomunais em longo prazo do que se nos concentrarmos em assumir grandes riscos esporádicos e individuais. Por outro lado, se não fizermos de correr riscos um hábito, nossa capacidade de prever, avaliar probabilidades ou até mesmo entender nossos instintos sofrerá e, com isso, nossa capacidade de fazer escolhas mais inteligentes e avançar em nossas carreiras. Tenha em mente, minha trajetória de carreira não é de todo incomum. Atualmente, assumir vários riscos para obter recompensas maiores em geral é cada vez mais comum. Deixe-me te dar outro exemplo.

Quando Corey Thomas, presidente e CEO da empresa de segurança de capital aberto Rapid7, iniciou sua carreira nos negócios, ele sonhava em um dia ter um impacto importante como líder e construir um grande negócio. Ele alcançou esse sonho, mas, como me disse, seu sucesso veio de uma forma um tanto tortuosa por intermédio da junção de vários riscos ao longo de vários anos. Depois de obter seu MBA, Thomas deu um salto semelhante ao meu quando ingressei na Polyvore: ele deixou um emprego confortável na Microsoft e teve um corte de 30% no salário para trabalhar como executivo de marketing na startup de tecnologia Parallels, sediada em Seattle. Seus pais acharam que ele estava louco por sacrificar uma parte de sua remuneração, mas Thomas estava ansioso para experimentar um ambiente mais empreendedor e foi atraído para a Parallels pela chance de aprender com seu fundador inteligente, agressivo e altamente bem-sucedido (veja o capítulo 6 sobre como escolher pessoas acima da paixão).

Depois de passar dois anos de sucesso na empresa, a Parallels fundiu-se com outra firma e Thomas não ficou entusiasmado com o novo emprego que a organização lhe ofereceu. Embora ele mantivesse uma forte rede de patrocinadores profissionais de seu tempo na Microsoft e pudesse facilmente encontrar um emprego em uma grande empresa, ele optou novamente por ter um corte de 20% no salário e aceitou se mudar para o outro lado do país para atuar como diretor de marketing da Rapid7, uma startup sediada em Boston. Novamente, o que o atraiu foram as pessoas — um ex-chefe dele estava administrando a empresa e ele gostava de seu fundador — mas também a chance de iniciar uma empresa própria (o patrocinador do Rapid7, Bain Capital, prometeu financiar um empreendimento empresarial dele em alguns anos se ele mostrasse um bom desempenho na empresa).

Após quatro anos na Rapid7, a empresa havia crescido para cerca de US$20 milhões em receitas e duzentos funcionários, e Thomas estava pronto para sair e iniciar o próprio empreendimento empresarial. Mas não era para ser. Pouco antes de a Rapid7 se tornar pública, seu CEO deixou a empresa. Embora Thomas não tivesse experiência na função de CEO, muito menos em abrir o capital de uma empresa, a Bain Capital pediu que ele assumisse, argumentando que ele poderia aprender rapidamente as habilidades executivas necessárias durante a transição no trabalho. Thomas não tinha ilusões sobre o risco de assumir um cargo para o qual ainda não estava qualificado, e também sabia que alguns membros do conselho não apoiavam totalmente essa mudança. Mas ele decidiu aceitar a vaga de CEO de qualquer maneira. Ele acabou assumindo outro grande risco no trabalho, pressionando fortemente por mudanças controversas na estratégia da empresa. Seus planos finalmente deram certo e, em 2015, ele liderou a empresa por meio de um IPO bem-sucedido.

Desde então, Thomas ajudou a Rapid7 a crescer rapidamente (no momento em que este livro foi escrito em 2020, a receita anual da empresa era de cerca de US$350 milhões). Ele havia alcançado seu objetivo de liderar o crescimento e causar impacto como o CEO de uma empresa pública, nada menos. Isso nunca teria acontecido se ele não tivesse feito uma série de escolhas que pareciam arriscadas à época, sem que os resultados positivos fossem claros a princípio. Cada movimento que ele fez desde que deixou a Microsoft o ajudou a ganhar experiência no mundo das startups e a construir relacionamentos. No final, esses movimentos o colocaram em posição de se beneficiar do acaso e assumir um papel de CEO.

"Às vezes a vida distorce tudo de maneiras complicadas", diz Thomas. Há um "aspecto exploratório e criativo na tomada de riscos. À medida que você avança, você lidera suas hipóteses, aprende, faz ajustes, redireciona e se move de maneiras que não esperava quando realmente começou." Thomaz está certo. Assumir riscos com sucesso é um processo de escolha de possibilidades, uma série de passos cuja lógica e direção só se tornam claras quando vistas em retrospecto. Assuma o risco e você poderá receber uma recompensa imediatamente. Mas é muito mais provável que você simplesmente tenha outra oportunidade de assumir mais um risco, e outro, e outro, só eventualmente chegando aonde quer ir.

PONTEIROS DE POSSIBILIDADE

- O Mito do Risco e Recompensa nos leva a acreditar que qualquer recompensa ocorre imediatamente após e em igual proporção ao risco que originalmente assumimos.

- Na realidade, essa relação é mais complicada. Uma combinação de movimentos grandes e pequenos em diferentes períodos de tempo desbloqueia recompensas maiores.

- A tomada de riscos se desenvolve por meio de um processo de formulação de hipóteses, aprendizado, ajustes e redirecionamento de maneiras que você não esperava originalmente.

11 | Para Ser Bem-Sucedido, Esqueça o Sucesso

T entei colocar o fracasso em perspectiva, mas vamos ser honestos: falhar é difícil. Somando-se à dor da decepção está a autopunição implacável que administramos como castigo ao percebermos nossos erros. Depois de Polyvore, inicialmente, senti pena de mim, então me escondi de meus colegas no Vale e passei um tempo com minha família. Não importava que eu tivesse quase vinte anos em uma carreira amplamente positiva. Eu ainda me sentia maltratada e machucada.

No fundo, senti que emergiria do desastre e, eventualmente, escolheria minha próxima possibilidade. Para me ajudar a chegar lá, meu coach, David, e eu discutimos o que havia acontecido para que eu pudesse processar, tirar os principais aprendizados e seguir em frente. David me deu, talvez, o melhor conselho que recebi, incentivando-me a manter a mente aberta. Eu tinha conseguido, ele observou, em grande parte porque eu era uma pessoa autêntica e energizante que geralmente via o mundo e as pessoas como cheios de possibilidades. Seria fácil ficar cansada, me fechar para os outros e ficar paranoica depois de um episódio tão doloroso, mas se eu fizesse isso, diminuiria meus próprios superpoderes. Junto com David, minha família me ajudou a manter meu senso de identidade em meio aos problemas de minha carreira. Meu marido e eu decidimos fazer uma curta viagem de esqui em família. Fazer algo que amávamos um com o outro e com nossos filhos por algumas semanas foi uma distração muito necessária, e uma maneira de sair do Vale e cuidar de minhas feridas.

Em torno de um mês ou dois, depois que o choque inicial se dissipou, comecei a considerar o que fazer a seguir, levando em conta o que havia aprendido. Dois caminhos distintos me atraíram: trabalhar novamente como CEO profissional em e-commerce, ou fundar minha própria empresa. Eu adorava estar no topo e trabalhar na categoria de compras online, especificamente na subcategoria de bens e serviços orientada para o estilo de vida, que oferecia alegria e inspiração aos consumidores. Pensei em ingressar em uma empresa maior, onde pudesse aproveitar ao máximo minhas habilidades de liderança, onde um fundador havia deixado o cargo há muito tempo e onde o risco financeiro era bastante baixo. Se eu fosse buscar a segunda opção (menos provável, a meu ver), resolvi que, dado o alto risco inerente aos empreendimentos em estágio inicial, eu gostaria de administrar apenas uma empresa onde eu fosse fundadora, onde eu deteria a maior parte do lucro e onde pudesse estabelecer minha própria cultura e equipe.

Como David havia previsto, claro, os recrutadores começaram a ligar, e eu os escutei sobre os empregos que eles ofereciam de mente aberta. Também me vi assombrada por uma ideia própria de comércio eletrônico que me ocorreu poucas semanas depois de deixar a Polyvore. Eu sabia que os consumidores queriam acesso a conteúdo "comprável" como quadros de inspiração para encontrar ótimas escolhas em moda, beleza e casa. Eu também sabia que as marcas queriam vender esses tipos de produtos, pois temiam a comoditização da Amazon. Pensando nos meus últimos anos no Google, lembrei-me de como os "transportadores" do YouTube surgiram na plataforma, tornando-se influenciadores de estilo e beleza ao compartilhar vídeos de itens que eles saíram e compraram. No entanto, o comércio de vídeo (em outras palavras, vídeos compráveis) ainda não havia se tornado uma grande tendência online. QVC e HSN continuaram a dominar neste espaço, com suas grandes audiências de consumidoras mais velhas viciadas em compras na televisão aberta. Instintivamente, senti que tinha visto uma oportunidade de criar o primeiro canal de vídeo de compras da Internet focado em moda, beleza e produtos para o lar. Havia muito dinheiro a ser feito ali: QVC e HSN eram empresas multibilionárias, e um canal de compras de vídeo online também poderia ser.

Ao pesquisar a ideia, fiquei ainda mais intrigada. Meu MDPO estava furioso. Ao mesmo tempo, eu não tinha certeza se queria começar outra empresa do zero. Depois do Polyvore, a possibilidade de sofrer um grande fracasso novamente me petrificou. Eu estava realmente dividida sobre o que fazer. Comecei a trabalhar em um protótipo de um site de vídeo commerce e gravei vários vídeos com um influenciador local apresentando produtos de moda e beleza. Mostrei esses vídeos para doze amigas na minha sala para avaliar a reação delas. Enquanto isso, colocando minha tática de canalização em paralelo em ação, continuei fazendo entrevistas para os cargos maiores de CEO que surgiam em meu caminho.

Em janeiro de 2011, cerca de cinco meses depois de deixar a Polyvore, chegou a hora da decisão. Eu era a principal candidata ao cargo de CEO em uma grande marca de comércio eletrônico de viagens online (uma que você reconheceria). Enquanto isso, o feedback inicial dos meus testes de vídeo compráveis foi muito positivo. A oportunidade de CEO de viagens era muito menos arriscada, e certamente mais prestigiosa, mas a marca estava lutando para crescer em uma indústria comoditizada. Apesar do meu misto de emoções por estar em uma empresa em estágio inicial, eu realmente achava que o comércio de vídeo emergiria como uma grande tendência nos próximos anos, e estava empolgada com a ideia de criar o primeiro serviço do tipo do zero. No final das contas, essa empolgação venceu. Eu me vi tomando minha segunda decisão de "grande risco" dois anos depois de deixar o Google, iniciando a Joyus, uma plataforma pioneira de compras de vídeo online para mulheres.

Eu certamente não tinha ilusões sobre a jornada empreendedora em que estava embarcando. Depois de Yodlee, eu sabia que fazer qualquer novo empreendimento decolar seria um caminho longo e sinuoso, principalmente uma empresa que tentava criar um novo mercado e pegar uma nova tendência ou vento favorável no momento certo. Com cinco ou seis anos eu saberia se a Joyus sobreviveria em longo prazo (em outras palavras, se os consumidores a adotariam facilmente; se poderíamos ampliar e obter lucro após várias rodadas de financiamento de risco). Eu seguramente estava sonhando em construir uma grande empresa e colher os frutos, mas esse retorno em potencial estava longe. Ao iniciar a Joyus, enfrentei o mesmo desafio que muitos de nós enfrentamos ao iniciar uma longa jornada: como eu começaria e então encontraria energia, realização e sucesso por um longo período até chegar ao destino dos meus sonhos?

O SUCESSO COMEÇA COM RESULTADOS

A resposta, é claro, foi buscar marcos reais e tangíveis no caminho para meu objetivo maior. Quer sejamos aspirantes a triatletas, empreendedores ou chefs, todos sabemos que iterar em incrementos menores ao longo do tempo nos permite realizar ambições maiores. Os marcos nos motivam, permitindo-nos perseguir objetivos menores e celebrar sua realização em nosso caminho para algo maior. Falando de forma prática, também é quase impossível obter resultados descomunais de uma só vez. Devemos entregar resultados menores primeiro, e depois aproveitar ao máximo o impulso que eles criam para avançar em nosso progresso (Figura 12). Qualquer empresário ou líder de uma divisão de negócios multifacetada lhe dirá que o sucesso vem da solução de um, depois de dois e depois de vários problemas, geralmente em sequência. Em algum momento, essas soluções desbloqueiam benefícios para nós e nosso progresso começa a acelerar a cada próximo problema que enfrentamos.

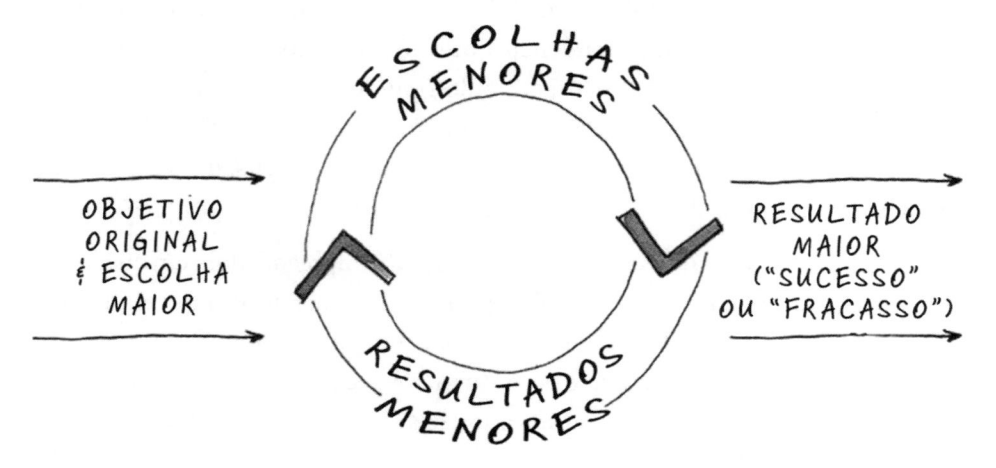

Figura 12

Você já trabalhou em um quebra-cabeça realmente desafiador com muitas centenas de peças? Algumas pessoas (como eu) querem começar pelas bordas. Outros gostam de iniciar juntando peças de cores semelhantes. Podemos montar diferentes partes do quebra-cabeça separadamente, mas uma vez que seções suficientes estejam completas, nosso progresso cresce rapidamente à medida que as ligamos e ganhamos uma noção do todo. Embora certamente possamos construir partes de um quebra-cabeça e nunca completar o todo, não podemos terminar um quebra-cabeça sem primeiro completar algumas seções constituintes. Da mesma forma, em nossas carreiras, podemos continuar entregando resultados significativos sem alcançar o sucesso final que imaginamos, mas é praticamente impossível ter sucesso em algo grande sem primeiro entregar muitos resultados menores. A chave para desbloquear retornos de longo prazo sempre começa com impacto a curto prazo.

Muitas pessoas pensam que seu trabalho está essencialmente pronto depois de fazer uma grande escolha, mas, na verdade, está apenas começando. Agora você precisa executar em incrementos para capitalizar a oportunidade.

TODOS OS RESULTADOS TÊM IMPACTO

O impacto tem uma definição neutra — como um resultado ou "um efeito significativo ou importante". Quando executamos iterativamente em direção a uma meta, nem todos os resultados que obtivermos serão um microssucesso em nosso caminho para o maior deles. Os resultados podem ser positivos (a conquista que esperávamos) ou negativos (um "fracasso" em relação às nossas expectativas). Embora tenhamos sido treinados em nossas carreiras para valorizar apenas resultados positivos, a verdade é que os resultados negativos muitas vezes também nos levam em direção aos nossos objetivos e também causam impacto, ajudando-nos a ver quais de nossas ações funcionaram e quais não.

Se tivermos sorte, todas as nossas ações produzirão resultados positivos na primeira tentativa, mas todos sabemos como isso soa irreal. Quando estamos tentando inovar, geralmente progredimos usando percepções de uma ação atual para informar e executar a próxima até chegarmos a um resultado positivo. No setor de tecnologia, as equipes empreendedoras esperam que suas primeiras tentativas de um recurso de produto não agradem os consumidores e usam ciclos iterativos de feedback ao longo do tempo para gerar um crescimento positivo. Na pesquisa científica, as expectativas de falhas iterativas são ainda maiores. Se você está desenvolvendo um medicamento inovador contra o câncer, sabe que é provável que veja repetidamente resultados negativos antes de finalmente ver algum vislumbre de sucesso.

Ninguém sabe mais sobre construir uma carreira de sucesso acumulando impactos menores, incluindo milhares de pequenos fracassos, do que meu antigo parceiro de tênis, Mathai Mammen. Mathai agora atua como chefe global de toda a Pesquisa e Desenvolvimento da Janssen, a divisão farmacêutica da Johnson & Johnson. No início de sua carreira, ele foi vice-presidente sênior da Merck e, antes disso, fundou as empresas de biotecnologia Theravance e Inoviva. Ao longo de sua carreira, Mathai se concentrou em produzir resultados inovadores assumindo uma variedade de riscos, grandes e pequenos. Como ele me disse, o longo processo de desenvolvimento de novos medicamentos envolve afunilar o risco. No início, você faz um número maior de apostas pequenas e baratas em ideias ou tecnologias que são relativamente improváveis de ter sucesso, mas que produzirão medicamentos que mudarão vidas se tiverem bom resultado. A partir daí, você progressivamente passa a assumir menos riscos, mas maiores. No final do funil, quando você está decidindo qual candidato a medicamento enviar para aprovação regulatória (com todos os testes caros que ela exige), você aposta muito em apenas um.

Perguntei a Mathai como ele pôde permanecer feliz e realizado como cientista durante uma década (ou mais) para que continue a percorrer todo o funil. Uma grande parte disso, disse ele, tinha a ver com lembrar o objetivo final: ajudar a manter as pessoas vivas, saudáveis e felizes. "Todos os dias você sabe que o destino almejado é realmente importante. Ao aliviar a carga de uma doença, você ajuda não apenas o paciente, mas também a família e a comunidade. O impacto é enorme e isso ajuda você a permanecer no jogo." Mathai também enfatizou a importância de trabalhar em direção a marcos ao longo do caminho e celebrá-los quando você os alcança. "Temos que comemorar com entusiasmo as pequenas vitórias ao longo do caminho até a grande vitória." Esses marcos podem incluir a compreensão do mecanismo pelo qual uma doença se desenvolve no corpo, descobrir um agente farmacológico para abordar esse mecanismo e validar se o medicamento realmente funciona em pacientes reais.

A capacidade de Mathai de manter o foco em alcançar pequenos impactos não só rendeu grande sucesso; isso o posicionou para a realização de alguns dos trabalhos mais importantes de sua carreira. Em 2020, Mathai e sua equipe estavam entre as equipes que corriam para encontrar uma vacina viável para o vírus Sars-CoV-2, que causa a COVID-19. Por causa de anos de trabalho meticuloso na criação de vacinas para HIV, ebola e outros vírus, a equipe de Mathai reuniu tecnologia, pessoas e processos que achava que poderiam mobilizar para criar uma vacina contra a COVID-19 bem-sucedida e produzi-la com sucesso em escala. Entrar na corrida foi uma aposta tremenda, mas veio como resultado de uma carreira construída em centenas ou mesmo milhares de apostas menores. Mathai e sua equipe se concentraram no impacto o tempo todo, e agora estavam prestes a pagar de uma maneira enorme e inesperada. Em 2020, a Johnson & Johnson se tornou uma das três principais a colocar uma vacina em ensaios clínicos. No início de 2021, a empresa foi a primeira a entregar uma vacina de dose única ao FDA (como a ANS no Brasil) para aprovação. Enquanto outras vacinas exigiam armazenamento em temperaturas super frias, a Johnson & Johnson podia ser mantida usando refrigeração regular.

Como nosso objetivo é cumprir micro-objetivos a curto prazo, muitas vezes criamos resultados derivados que não esperávamos. Isso acontece o tempo todo na tecnologia: cientistas ou engenheiros estão procurando resolver o problema A, mas encontram uma solução maior para o problema B. Às vezes, os impactos derivados que percebemos ao perseguir um grande objetivo nos dão alegria e satisfação de maneiras que não poderíamos prever. Podemos descobrir que no processo de execução fomos capazes de construir uma equipe feliz e bem-sucedida, que descobrimos um superpoder que não sabíamos que tínhamos ou que criamos um processo novo e duradouro que beneficia a todos. À medida que esses resultados surgem, podemos acumular vários tipos de impactos que se tornam os alicerces de nossas atividades futuras, com a maioria, mas não todos, também contribuindo diretamente para nosso objetivo atual.

VISAR AO IMPACTO LEVANTA QUALQUER BARCO

Focar no impacto significa direcionar e redirecionar continuamente nossos esforços diários e semanais, realizando ações com maior probabilidade de gerar resultados tangíveis em curto e, claro, longo prazo. Dito isso, almejar o impacto não é uma busca egocêntrica. Quase todos os marcos que buscamos dependem não apenas de nossos próprios esforços, mas também dos de colegas e companheiros de equipe com quem compartilhamos objetivos de trabalho. De fato, grande parte da alegria e satisfação que alcançamos ao lutar por metas vem do sentimento de que estamos contribuindo para algo maior do que nós mesmos e de que estamos ajudando os outros a também ter impacto.

Para atingir nossos objetivos, devemos manter o foco em nossa própria capacidade de entregar resultados individuais, ao mesmo tempo em que aceleramos os resultados das equipes das quais fazemos parte. Quando ignoramos os outros e nos concentramos apenas em nossos resultados pessoais, podemos fazer algum progresso, mas teremos que lutar para alcançar um sucesso maior. No início de minha carreira, tendia a perseguir ambições estreitas e objetivas: procurava construir uma empresa ou serviço de determinado tamanho e obter recompensas como dinheiro ou um título de prestígio. Com o passar dos anos e com o amadurecimento, construí equipes e me senti realizada à medida que conquistávamos sucessos, percebendo maiores recompensas pessoais no processo. Hoje, enquadro minhas escolhas de carreira de acordo com duas paixões iguais e duradouras: ajudar a criar serviços que encantam ou capacitam milhões de usuários (como líder digital) e ajudar outras pessoas a acelerar seu próprio sucesso na carreira.

SETE MOVIMENTOS PARA MAIS IMPACTO

O que separa os mais "impactantes" entre nós daqueles que entregam resultados muito menos consistentes? Não é personalidade ou inteligência inata, mas sim como eles abordam a execução. Pessoas mais impactantes optam por assumir riscos menores com mais frequência e de maneiras muito específicas para executar e alcançar resultados repetidamente. Aqui estão minhas sete principais estratégias para assumir pequenos riscos no trabalho, não importa em que jornada você esteja (Figura 13).

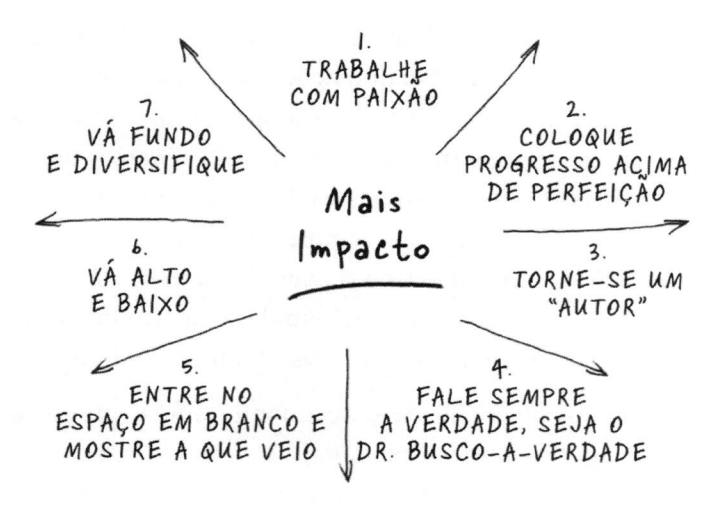

Figura 13

1. Coloque paixão em seu trabalho, mesmo quando o trabalho não é indutor de paixão

Quando Simon Chen se candidatou a trabalhar na Joyus em 2015, ele estava lutando para encontrar seu primeiro emprego em período integral, apesar de ter se formado em uma universidade de elite (UC Berkeley) com excelentes notas. Simon provavelmente não achou que estaria considerando um cargo administrativo de nível básico ao se formar, mas esse foi o trabalho que ele buscou com entusiasmo conosco, o de assistente executivo servindo ao CEO (eu) e David, diretor de merchandising da nossa empresa.

Como não tinha tempo para entrevistar Simon (estava constantemente na estrada, encontrando clientes, investidores e outros), deixei David cuidar disso. Ele me ligou um dia elogiando Simon e expressando sua vontade de contratá-lo. Eu não tinha tanta certeza: preferia contratar um assistente executivo de carreira que começasse a trabalhar em vez de contratar um recém-formado que pudesse reclamar sobre o que o trabalho implicava. No entanto, concordei com David.

Simon começou bem, mostrando-se extremamente trabalhador. Mas mais do que sua ética de trabalho, o que me impressionou e me encantou foi seu entusiasmo em aprender sobre todos os aspectos de seu trabalho, bem como de nossa empresa. Muitas das tarefas do dia a dia atribuídas a ele eram mundanas e repetitivas: gerenciar minha agenda, pedir mantimentos para manter as geladeiras da empresa abastecidas para os funcionários, e assim por diante. Mas Simon ainda desempenhava essas tarefas com verdadeira paixão, descobrindo como automatizar algumas das mais chatas enquanto ainda se certificava dos detalhes, e cuidava pessoalmente dos trabalhos mais importantes, como organizar reuniões de diretoria ou lidar com a comunicação com executivos de alto nível. Em todos os momentos, Simon parecia ansioso para descobrir todos os aspectos de seu trabalho, não apenas as partes ocasionalmente glamorosas, e fazê-las bem. Ele também aproveitou ao máximo o acesso que tinha a CEO, constantemente me enchendo de perguntas sobre as reuniões que eu estava tendo e por quê, pensando na empresa como um todo e buscando feedback sobre seu desempenho.

Refletindo sobre sua experiência na Joyus, Simon relata que ele realmente entrou no trabalho determinado a aprender. Ele via o desempenho de suas funções básicas como um "bilhete de entrada" que lhe permitiria explorar o funcionamento interno de uma startup para ganhar experiência e ver quais partes ressoavam com ele. "Logo após sair da faculdade, não se tratava de perseguir um título chique. E, sim, sobre o que posso aprender e com quem posso aprender", diz ele. Simon também tentou buscar significado em seu trabalho, mesmo quando se tratava de tarefas mundanas. Tomando o exemplo de um funcionário designado para comprar lanches para o escritório, "o ponto de vista de uma pessoa pode ser: 'Este é um trabalho tão chato, um gerente de escritório'. Na verdade, consigo afetar o moral dos funcionários com as coisas que compro." Ao buscar significado, Simon conseguiu se motivar a trabalhar e aprender com tudo o que tinha.

Colocar-se em sua posição de nível básico era um risco sério para Simon? Talvez. Mas, ao trazer uma atitude e abordagem positiva e nova, ele transformou seu trabalho em uma oportunidade de carreira muito maior para si.

Em apenas alguns meses, Simon dominou seu papel e se destacou como um dos melhores assistentes executivos que tive em minha carreira. Ao me poupar tempo, ele aumentou o impacto que eu poderia ter em meu próprio trabalho. Dentro de um ano, nós o promovemos para o nosso grupo de Planejamento e Análise, onde ele fazia bicos enquanto trabalhava para mim. Anos depois, quando vendemos a Joyus, Simon se candidatou ao emprego dos seus sonhos no Facebook. Quando um recrutador do Facebook me ligou para pedir minha avaliação de Simon, eu lhes disse que eles deveriam tê-lo contratado ontem e, além disso, Simon provavelmente se tornaria uma das melhores pessoas já contratadas. "Ele será um CEO algum dia", falei, "e estarei fazendo fila para fazer parte do conselho dele."

Para se destacar em um trabalho, executando-o com altos níveis de qualidade (eficácia) e velocidade (eficiência), você não pode simplesmente trabalhar duro apenas no que gosta. Você tem que arriscar seu tempo e energia e procurar dominar todos os aspectos do trabalho, incluindo as partes chatas. Quando trabalhei para o Hank, o mal-humorado, na Merrill, montei ótimos pitch books, perseguindo até o último detalhe, até as fontes e se os pontos decimais nas figuras estavam nos lugares certos. Também mostrei curiosidade, me expondo e fazendo perguntas intermináveis a Hank sobre o setor de poupança e empréstimo. Usei esse conhecimento para fazer um trabalho ainda melhor nos livros, liberando assim todo o tempo para que ele pudesse usar no trabalho mais importante. Como eu mostrei que podia dominar minhas responsabilidades de trabalho e estava faminta por conhecimento, Hank me deu mais responsabilidade, o que por sua vez me permitiu desenvolver mais novas habilidades e ter maior impacto. Foi assim que superei meus colegas, alcançando os melhores índices de desempenho no meu primeiro ano e conseguindo um bom trabalho no meu segundo ano em Londres.

2. Coloque o progresso acima da perfeição

Se muitos de nós ficarmos paralisados ao fazer nossa próxima grande escolha, atolados em analisar infinitamente as opções, algo semelhante geralmente acontece quando estamos em movimento. À medida que executamos, podemos planejar demais em nossas tentativas de fazer com que cada pequena escolha ou ação que tomamos seja absolutamente perfeita. A perfeição, como vimos, é uma ilusão. Ao gastar mais tempo simplesmente executando, obtemos mais e melhores dados sobre o que funciona no mundo real. Essa percepção, por sua vez, nos ajuda mais do que qualquer plano abstrato que possamos criar em nossas cabeças. A descoberta científica também funciona dessa maneira. Como observou certa vez o estatístico George E. P. Box, o progresso não veio de teorizações intermináveis ou do acúmulo de dados, mas de "interação motivada entre teoria e prática". Ao gastar muito tempo planejando cada ação (a "teoria"), não obtemos tanta percepção prática e retardamos nossa entrega de impacto.

Em outras palavras, ao esperar e procrastinar até que tudo esteja perfeito em qualquer ciclo de planejamento, atrasa-se a obtenção de um valioso conhecimento que pode ajudá-lo a alcançar o resultado desejável em seu próximo passo. Você deve ter a coragem de planejar de forma grosseira e eficiente e depois seguir em frente da melhor maneira possível, mesmo sabendo que ninguém está em posse de uma solução perfeita.

Como Leonard A. Schlesinger, de Harvard, e seus coautores observaram, os proprietários de pequenas empresas podem realmente ser mais suscetíveis a essa tendência do que imaginam. Eles tendem a seguir o "raciocínio de previsão", o que implica em planejar e pensar muito antes de tomar uma atitude real. Embora essa abordagem possa ser frutífera, Schlesinger e sua equipe argumentam que os proprietários de pequenas empresas podem progredir mais liderando com ação (uma abordagem que, eu diria, pode parecer arriscada no início) e aplicando seu aprendizado na construção de resultados, muitas vezes porque é impossível prever condições futuras. Em um extremo, podemos planejar demais porque pensamos de maneira muito generalizada, nos preocupando obsessivamente com o futuro e com fatores além do nosso controle. Como observa um especialista, pensar demais pode nos levar a "ficar presos em possíveis consequências que podem nem acontecer, apenas nos preocupando com certos resultados, e que podem nos paralisar ou nos impedir de agir."

Em todas as empresas em que entrei, seja Yodlee, Google ou Joyus, vi a tensão cotidiana que existe entre "fazer certo" e agir rápido, principalmente quando as equipes criam e implementam OKRs (objetivos e resultados-chave) trimestrais. Quando chega a hora de definir metas para os próximos noventa dias, algumas equipes passam semanas produzindo documentos de dez páginas descrevendo precisamente suas metas, enquanto outras passam uma hora produzindo um único slide. Mas se dedicarmos de duas a três semanas de um período de doze semanas ao planejamento, perderemos muito tempo executando e aprendendo. À medida que as equipes começam a perceber isso por si mesmas, elas tendem a diminuir o processo de elaboração de OKRs, definindo metas de forma mais eficaz, chegando à essência de um problema e identificando as principais tarefas necessárias a se executar. Quando eles podem abrir mão do planejamento perfeito em favor de entrar em ação e dinamizar seu plano à medida que avançam, o impacto real e o aprendizado acontecem mais cedo.

O planejamento perfeito também é problemático por outro motivo: presume que o tempo que perdemos com o "planejamento" não custa muito aos esforços gerais. Mas, como observamos antes, as condições ao nosso redor continuam mudando, e o tempo que passamos hesitando pode ter repercussões maiores do que imaginamos. Não devemos apenas nos sentir motivados a obter aprendizado e impactos mais rapidamente entrando em ação; uma dose saudável de paranoia também ajuda, pois percebemos que as condições favoráveis podem se dissipar quanto menos esperamos.

3. Torne-se um "Autor"

A autoria, como eu a chamo, implica ter uma ideia original sobre como realizar uma tarefa ou objetivo e colocar essa ideia no mundo para acelerar o progresso e avançar. Muitas pessoas veem a autoria como algo reservado aos fundadores, inventores, artistas e outros grandes tomadores de risco, associando-a a uma extraordinária originalidade ou inventividade. Na verdade, todos nós temos pensamentos originais. A autoria pode ser tão pequena quanto dar uma ideia que você ainda não ouviu de ninguém em uma sessão de planejamento, ou tão grande quanto gastar seu tempo tentando lançar um novo produto, serviço ou processo e convencer outras pessoas a se juntarem a você. Seja qual for o caso, podemos exercer a autoria e ampliar nosso impacto se estivermos dispostos a correr um pequeno risco, deixar de lado o medo de parecer estúpido (o que descrevemos como risco do ego) e ter a coragem de falar.

Como acho que você vai descobrir, os benefícios de se manifestar superam em muito os custos potenciais.

Os autores nos ajudam a avançar mais rapidamente em direção aos nossos objetivos, impulsionando a si e aos outros ao seu redor para experimentar novas táticas e aprender com os resultados. Sempre que estamos dispostos a tentar algo novo, incentivamos outras pessoas a experimentarem a autoria, e qualquer aprendizado se torna alicerce para o próximo conjunto de esforços de uma equipe inteira. É mais provável que outros também nos reconheçam por nossos talentos e contribuições.

4. Seja um Contador de Verdades ou um Caçador da Verdade

Mesmo quando não temos ideias originais para resolver um problema, ainda podemos ter observações e opiniões importantes que ajudam a avançar em uma meta. Se estivermos dispostos a desempenhar o papel de contadores de verdades e falar francamente sobre nossos pensamentos, podemos aumentar nossas chances de identificar ações que realmente produzirão resultados benéficos. Além disso, nossa franqueza pode estimular nossos colegas a fazerem o mesmo, levando nossas equipes a identificar os reais impedimentos para seus objetivos coletivos.

Assim como a autoria, falar a verdade em voz alta implica correr um pequeno risco para nossos egos e carreiras. Também traz um pequeno risco pessoal, pois falar abertamente pode ser desconfortável no início. Tememos parecer ineptos, ofender alguém sem intenção com um comentário ou ter um chefe nos repreendendo publicamente. Mas ficar quieto também traz riscos próprios, pois podemos deixar de descobrir ou compartilhar diversas perspectivas, limitando assim a eficácia de nossa equipe. No geral, falar a verdade traz uma vantagem potencialmente grande em sua capacidade de acelerar o impacto e tem uma desvantagem comparativamente pequena (pelo menos em ambientes onde sentimos um forte senso de confiança e valores subjacentes que se encaixam). Na pior das hipóteses, os outros podem pensar menos de nós, mas é mais provável que avancemos em nosso progresso coletivo e até mesmo damos aos outros uma licença para também falar com mais franqueza. Obviamente, você deve apresentar seus pensamentos e comentários de maneira educada e civilizada, para não alienar ou irritar seus colegas.

Outra maneira de acelerar nosso impacto é buscar ativamente a verdade, fazendo perguntas ponderadas para solicitar feedback honesto ou o pensamento de outras pessoas. Os melhores caçadores da verdade se esforçam para tornar segura às pessoas a expressão de suas verdadeiras opiniões, para o benefício da equipe, sem sofrer consequências negativas.

Algumas das pessoas mais impactantes com quem já trabalhei foram caçadoras e contadoras da verdade. Elas não apenas compartilhavam seus próprios pontos de vista, mas também ajudavam os outros a fazerem o mesmo. Orit Ziv, uma ex-oficial militar israelense que agora atua como diretora de recursos humanos da Sony Playstation, é dotado desse superpoder. Trabalhei com Orit depois da Joyus, quando me tornei líder do mercado de ingressos StubHub (mais sobre isso em breve), e ela era a diretora de recursos humanos da empresa. Eu a conheci quando fui entrevistada pela primeira vez para o meu emprego e, como me lembro claramente, não pude deixar de me sentir um pouco intimidada por suas perguntas amigáveis, mas sondadoras. Assim que assumi meu cargo, Orit foi uma das poucas pessoas dispostas a me dar feedback direto sobre minha eficácia como CEO, tratando-me como uma colega respeitada em vez de tentar ser excessivamente respeitosa. Orit também gerou novas percepções fazendo as perguntas certas para mim e outros gerentes e líderes da empresa, ajudando cada um de nós a descobrir nossas verdades, opiniões e vulnerabilidades.

Quando pedi à Orit o melhor conselho que poderia dar aos outros sobre ser uma pessoa que diz ou busca a verdade para ajudar a acelerar o progresso, ela enfatizou quão importante é dizê-la de maneira que os outros possam ouvi-la; especialmente quando você lida com um chefe ou alguém em posição de poder.

Ela faz questão de pedir permissão aos outros antes de falar com franqueza e também toma medidas para aliviar os medos das pessoas sobre o que podem ouvir. "Digo a eles que podemos discutir e discordar e ter conversas difíceis a portas fechadas, e assim que sairmos da sala, sempre representarei a decisão tomada por eles." Quanto a ser uma caçadora da verdade, ela observa que tenta deixar as pessoas à vontade, fazendo-as articular seus medos de serem francos e, em seguida, ajudando-as a perceber que os riscos podem não ser tão grandes quanto elas imaginam. Ela também tenta mostrar curiosidade, fazendo perguntas para atrair as pessoas e ganhar contexto, em vez de as confrontar com suposições ou crenças e fazê-las reagir.

5. Entre no espaço em branco para entregar

Alguns meses depois que Simon Chen começou na Joyus, a empresa experimentou um aumento repentino nas consultas de atendimento ao cliente. Não tínhamos pessoal suficiente para lidar com todos eles de maneira diligente. Simon nunca havia trabalhado no atendimento ao cliente antes, mas estava ansioso para aprender e ajudar a equipe. Por iniciativa própria, ele ia nos fins de semana auxiliar a responder alguns dos tíquetes de atendimento ao cliente e, em seguida, a gerenciar a onda de solicitações que atendíamos nos feriados. O atendimento ao cliente não fazia parte de seu trabalho, mas ele viu uma necessidade importante e não hesitou em preenchê-la, assumindo um pequeno risco de seu tempo e energia adicionais para aprender e contribuir.

Ao tentar gerar impacto, todos nos concentramos em entregar resultados dentro dos limites formais de nossas funções. Ao mesmo tempo, dependemos que outros também executem bem suas responsabilidades. Quando os outros não fazem "sua parte", ou identificamos uma lacuna que ninguém está preenchendo, nossa frustração pode aumentar. Corremos para culpar outras pessoas ou a equipe quando erramos em nosso objetivo coletivo, apontando para aquilo que os outros deixaram passar. Para maximizar nosso impacto, devemos deixar de lado a noção de que algumas áreas "não são problema nosso". Para entregar resultados, muitas vezes devemos entrar no espaço em branco que ninguém mais está disposto a possuir, mesmo que isso pareça desconfortável ou arriscado de uma forma pessoal.

Quando comecei a construir a Joyus, consegui recrutar líderes fortes que tinham uma mentalidade "enérgica". Juntamente com minha cofundadora, Diana, trouxe um dos primeiros engenheiros de Yodlee, Sin-Mei Tsai, para se tornar nosso diretor de tecnologia. Começamos a construir a empresa e a entregar resultados como uma pequena equipe. À medida que começamos a escalar, a execução se tornou mais complexa e ficou mais fácil para cada função especializada culpar outras quando um projeto não era bem entregue. Todos pensavam que o sucesso significava entregar apenas sua peça do quebra-cabeça, mas, de acordo com essa lógica, todos reivindicariam o sucesso, mesmo se errássemos em nosso objetivo coletivo.

Nossa equipe de liderança se esforçou para explicar aos funcionários a importância de sentir um senso mais amplo de propriedade, que não se estendesse apenas às tarefas sob seu controle direto. Em última análise, foi Sin-Mei quem, em uma reunião geral, apresentou uma das melhores analogias que já ouvi sobre propriedade. "Cada um de nós tem papéis individuais na empresa", observou ela. "Imagine seu próprio papel e desenhe um círculo ao redor dele. Isso é o que você possui diretamente. Agora vamos imaginar cada um de nós alinhando nossos círculos um ao lado do outro, e você verá que há lacunas entre eles. Os verdadeiros proprietários não possuem apenas o que está no círculo. Eles também possuem tudo o que cai nas lacunas."

Sin-Mei estava certa. As pessoas que geram resultados se preocupam de forma desproporcional com o espaço em branco em uma tarefa ou projeto — uma peça que podem não possuir oficialmente, mas que ninguém mais está se esforçando para fazer. Não importa onde estejamos na pirâmide organizacional, muitas vezes é aqui que podemos agregar mais valor em qualquer projeto. Não só as pessoas que pensam como "donos" entregam com mais frequência; outros também recorrem a eles com mais frequência à medida que os objetivos e os papéis se tornam maiores ou mais complexos.

6. Vá Alto e Baixo

Como um ponto relacionado, podemos aumentar nosso impacto nos ocupando tanto com os pequenos detalhes quanto com o "quadro geral" do que estamos tentando realizar. Quando aumentamos o que chamo de nosso "alcance operacional" — diminuindo o zoom para vermos e abordarmos os problemas gerais, e ampliando-o para nos atentarmos aos detalhes minuciosos —, posicionamos aos outros e a nós mesmos para uma execução mais eficaz do que faríamos se estivéssemos apenas dispostos a "sermos estratégicos" ou "ficarmos focados". As pessoas atentas em "olhar ao redor" podem indicar mudanças nas condições externas que influenciam desproporcionalmente nosso sucesso contínuo. E quando elas também sabem como focar e identificar detalhes menores de um projeto que afetam o progresso, são capazes de ajudar a alcançar o sucesso total. A maioria das pessoas pensa que se destacar em um trabalho significa trabalhar muito duro — e é verdade. Mas para entregar resultados, você também tem que trabalhar de forma inteligente, entendendo o quadro completo e se dedicando para resolver os problemas e os riscos certos em qualquer nível de um projeto — uma coisa e outra.

Deixe-me dar um exemplo para ilustrar. Em 2004, o Google me pediu para deixar minha função de administrar as equipes responsáveis por empresas como Google Maps, Local, Scholar e Shopping, e mudar para um novo cargo, construindo nossas operações nas regiões da Ásia-Pacífico e da América Latina. O desafio me parecia assustador no início. Eu não sabia nada sobre essas geografias, e a situação gerencial era complexa, com muitas pessoas em toda a empresa gastando parte de seu tempo apenas no apoio a esses diferentes países. Percebi rapidamente que precisaria encontrar as pessoas mais talentosas da empresa, que já trabalhavam meio período nos negócios internacionais, e centralizá-las em uma única equipe em tempo integral dedicada às operações da Ásia-Pacífico e da América Latina (APLA). Foi assim que conheci um executivo astuto de ascendência mexicana e canadense chamado Daniel Alegre.

Daniel ingressou no Google antes de mim, e trabalhou duro para criar parcerias de desenvolvimento de negócios com empresas internacionais que buscavam integrar os serviços de pesquisa e anúncios do Google em seus próprios sites. Cinco minutos depois de conhecer Daniel, eu sabia que o queria em minha equipe. Felizmente para mim, ele concordou em participar e, durante os anos que se seguiram, transformamos essas geografias em um negócio multibilionário para o Google.

O que tornou Daniel tão indispensável foi seu incrível alcance operacional. Formado como advogado, ele gerenciou todos os aspectos de nossas relações de desenvolvimento de negócios, desde as estratégias mais elevadas até as mais precisas classificações e negociações dos detalhes do contrato. Eu confiei nele para um encontro com um CEO internacional, para identificar os maiores problemas estratégicos, gerenciar um funil de vendas e também se preocupar com os detalhes minuciosos. Como confiei em seu trabalho, dei a ele a autonomia necessária para gerar resultados e, em razão disso, acho que ele se sentiu realizado em seu próprio trabalho.

Nos primeiros meses de meu trabalho, ficou claro que o Google precisava decidir se deveria ou não operar na China. Se procurasse entrar nesse mercado, precisaria encontrar uma estratégia (lembre-se, isso foi em 2003, quando as pessoas esperavam que o envolvimento em negócios com a China levasse o país a se abrir também socialmente). Ao lado de nosso líder global de engenharia, Alan Eustace (o paraquedista do capítulo 5), argumentei que o Google não podia se dar ao luxo de ficar de fora do mercado chinês. Por mais desafiador que fosse, tivemos que entrar na China e oferecer nossos serviços a consumidores e pequenas empresas chinesas, ajudando-os a acessar mais informações do que as empresas de busca de propriedade nacional, como a Baidu. Trabalhando com os fundadores, conselho e funcionários do Google, Alan e eu tentamos deixá-los confortáveis com uma estratégia de engajamento.

Quando ganhamos apoio para entrar na China no início de 2004, nossa equipe, que nunca trabalhou na China antes, precisou descobrir como executar a tarefa. O processo foi complexo, mas começou com muito trabalho braçal, incluindo encontrar um escritório em Pequim, contratar nossas primeiras pessoas lá, estabelecer uma WOFE (Wholly Owned Foreign Entity, ou Entidade Estrangeira de Propriedade Integral, em português), e obter as aprovações necessárias. Quando perguntei aos membros da minha equipe se eles queriam ir à China para fazer tudo isso acontecer, Daniel foi rápido em levantar a mão. Além de executar o desenvolvimento de negócios para todos os nossos países APLA, ele se deslocou para a China e se tornou nosso primeiro líder no lugar, lidando com tudo o que era necessário para nos colocar em funcionamento.

Como Daniel lembra, essa mudança foi um risco real de carreira para ele. "Eu certamente poderia ter falhado e manchado minha reputação no Google e na indústria", diz ele. Mas o lado positivo foi bastante convincente. "Em 2005, havia poucos estrangeiros fora do setor bancário vivendo na China. Estive na China algumas vezes para pequenas viagens de negócios e percebi que a economia, a da Internet em particular, estava passando por um tremendo boom. Embora meu conhecimento sobre o país fosse limitado e não falasse uma palavra em mandarim, a oportunidade de ajudar a construir uma empresa como o Google na China a partir do zero foi realmente única — uma chance de aprender e ampliar minhas capacidades. Ignorei quaisquer potenciais pontos cegos ou medos e arrisquei."

Daniel voou alto e baixo — para onde quer que ele precisasse (literalmente!) fazer as coisas acontecerem no negócio APLA. Nosso relacionamento se tornou um dos mais gratificantes da minha carreira profissional, e Daniel também conquistou o respeito de nossa equipe de gestão internacional e da equipe de liderança executiva do Google. Quando saí da empresa, Daniel era minha principal escolha para me suceder no trabalho de direção da empresa, e ele ganhou o emprego. Permaneceu no Google em vários cargos de liderança, saindo em 2020, para se tornar presidente e COO da Activision. Dadas as nossas agendas lotadas, não nos vemos muito, mas continuamos próximos, em grande parte devido à confiança que construímos enquanto trabalhamos juntos para acelerar o impacto há tantos anos.

7. Vá Fundo e Diversifique

Como discutimos anteriormente, podemos assumir riscos mais inteligentes nos colocando em funções que aproveitam nossas capacidades únicas. Essas capacidades não incluem apenas forças inatas que temos em virtude de nossas personalidades, mas também as habilidades e conhecimentos profundos que podemos ter acumulado em virtude de nossas experiências. As empresas gastam bilhões contratando programadores, profissionais de marketing, vendedores, consultores e profissionais de todos os tipos, precisamente porque esperam tirar proveito de sua profunda e comprovada experiência. É claro que o conhecimento especializado pode nos permitir gerar resultados de maneira melhor e mais eficiente do que se fôssemos novatos começando do zero.

Provavelmente não teremos conhecimento especializado no início de nossas carreiras, mas não se preocupe: as empresas nos contratarão por conta de nosso potencial, analisando nossos superpoderes e habilidades que demonstramos em nossos empreendimentos acadêmicos ou de trabalho limitados. À medida que nos estabelecemos, podemos começar a desenvolver conhecimentos mais profundos que aprimoram e complementam nossos superpoderes. À medida que assumimos novas atribuições e metas, queremos aproveitar nosso conhecimento aprofundado para gerar resultados mais rapidamente. Uma grande quantidade de pesquisas vinculou a realização a uma especialização cada vez mais profunda. Isso inclui o trabalho descrito no best-seller Fora de Série, de Malcolm Gladwell, que nos faria dedicar 10 mil horas para alcançar o sucesso em nível especializado.

Construir conhecimento em nossas carreiras tem outras vantagens. A maioria de nós desenvolverá uma ou duas áreas especializadas nas quais geramos impacto, desenvolvemos nossa reputação e recebemos promoção — para mim, era desenvolvimento de negócios e análise financeira. Mas, em minha experiência, os principais cargos vão para aqueles que se colocam consistentemente em funções que lhes conferem experiência em áreas adicionais. Em um grande estudo analisando as opções de carreira de aproximadamente 459 mil membros, o site de relacionamento profissional LinkedIn descobriu que assumir funções de trabalho adicionais ajudou indivíduos a se impulsionarem para os cargos executivos. Uma nova função de trabalho proporcionou o mesmo impulso de carreira que três anos de experiência de trabalho. Então, como conciliamos a promessa de especialização com o aprendizado que obtemos ao diversificar nossas habilidades?

A resposta, acredito, é seguir um caminho que podemos descrever como "amplo-estreito-amplo". À medida que nos formamos na faculdade, quase todos carecemos de conhecimentos funcionais profundos ou até mesmo de saber onde estão nossos pontos fortes e paixões. Podemos ter uma base ampla na escolha de um emprego ou função, e contar com a construção de habilidades, impacto e autoconsciência mais profundos à medida que avançamos. Enquanto procuramos acelerar nosso impacto no trabalho, optar por nos especializar em uma função ou setor nos ajuda a ser mais eficientes, eficazes e felizes em qualquer atividade, levando-nos à nossa "zona de impacto mais profundo".

Dentro dessa zona, devemos nos esforçar para continuar expandindo nosso conhecimento em nosso campo, ao mesmo tempo em que assumimos novos e pequenos riscos para dominar ainda mais nosso ofício e contribuir. Em certo ponto de nossas carreiras, nossa capacidade de aprender de forma não linear e ter ainda mais impacto diminuirá; quase todos os papéis de liderança hoje exigem que vaguemos por várias funções e campos e operemos em situações que nunca vimos antes. Nesse ponto, as mesmas aptidões que nos permitiram ter impacto no passado nos impedirão de ter impacto daqui para frente, então devemos procurar ampliar nosso escopo. O que as empresas de hoje realmente buscam é conhecimento profundo e ampla perspectiva. À medida que as condições de negócios se tornam cada vez mais dinâmicas e complexas, devemos nos esforçar para desenvolver uma especialização profunda, bem como um conjunto de experiências diversificadas nas quais aplicamos amplamente o que sabemos e continuamos aprendendo para adaptar e expandir ainda mais nosso conhecimento.

No início de minha carreira, eu possuía um conhecimento básico de vendas, bem como algumas habilidades de alfabetização financeira que adquiri enquanto cursava a faculdade de administração de empresas. Optando por me tornar uma analista financeira primeiro e depois gerente de desenvolvimento de negócios, desenvolvi ainda mais habilidades em ambas as áreas, acabando por perceber todo o meu potencial como alguém que poderia impulsionar parcerias, vendas e receita. Testei e expandi essa experiência em vários setores, estágios da empresa, modelos de negócios e geografias diferentes.

Tenho orgulho de dizer que nunca fui especificamente qualificada para qualquer trabalho que já tive quando o aceitei. Ao longo da primeira metade da minha carreira, sempre corri riscos para aprender algo novo e diferente enquanto aprofundava e ampliava minha especialização. Felizmente, convenci cada responsável por contratação a apostar em minha especialização anterior como ponto de partida, enquanto me desafiava a assumir funções que exigiriam que eu aplicasse minha experiência de novas maneiras e, às vezes, aprendesse campos totalmente novos. É claro que me tornar empreendedora ainda jovem também me deu um curso intensivo nesse sentido. Mas como resultado de buscar profundidade e amplitude em diferentes estágios da minha carreira, mais e mais opções se abriram para mim à medida que minha carreira progrediu, incluindo a oportunidade de ser diretora geral e depois CEO.

UM NOVO CICLO VIRTUOSO

Aqui está um cenário para você, semelhante a muitos que testemunhei durante minha carreira. Os líderes seniores de um grande banco pediram a Ann, uma gestora de alto desempenho, que administrasse uma nova divisão que lançaria e comercializaria um novo produto de finanças pessoais para consumidores mais jovens. Seu objetivo: construí-lo e atingir o plano de negócios de US$100 milhões em receitas anuais em quatro anos. A princípio, Ann se perguntou se deveria aceitar a tarefa, pois isso representava um risco assustador. Um fracasso, ela suspeitava, arruinaria sua carreira. Mas Ann seguiu em frente e disse sim, forçando-se a escolher a possibilidade.

Ann trabalhou arduamente nos quatro anos seguintes, assumindo muitos pequenos riscos para produzir resultados sucessivos, mas no final das contas não conseguiu atingir o objetivo maior. Ela, no entanto, apresentou uma série de resultados positivos. Ela construiu uma equipe de alto desempenho, foi altamente valorizada como gestora, lançou um novo modelo de negócios e alcançou US$50 milhões em receitas anuais (metade da meta original, portanto, um fracasso). Além disso, pela primeira vez em sua carreira, ela aprendeu princípios de design de usuário online (por conta do gerenciamento do lançamento de um aplicativo online relacionado ao produto de finanças pessoais). Ela se sentiu profundamente decepcionada, mas também bastante resiliente, já que também havia tentado seis experimentos diferentes com sua equipe para aumentar o número de clientes mais rapidamente. Voltando a uma metáfora que desenvolvemos anteriormente, Ann não conseguiu montar todo o quebra-cabeça e alcançar seu objetivo, mas ela montou várias partes — graças aos impactos que ela gerou e aos novos superpoderes que adquiriu.

Dois anos depois, a empresa fechou a divisão porque não era grande o suficiente para sustentar o investimento necessário. Ann voltou ao seu antigo emprego e continuou a se destacar lá, gerenciando novamente um negócio já estabelecido. Alguns meses depois, um recrutador ligou sobre uma oportunidade de se tornar CEO de uma nova startup na área de fintech. Ann agora reconhecia todas as maneiras pelas quais o impacto e os resultados que ela criou ao administrar a nova divisão de sua empresa a prepararam para esse tipo de oportunidade. Os fundadores da startup também viram isso e ofereceram a ela o cargo, escolhendo-a entre vários outros candidatos bem qualificados que, como ela, administravam grandes empresas.

Meu ponto é que tendemos a conceber os resultados de assumir riscos como binários. Ou construa o quebra-cabeça completo (atingindo nosso objetivo geral original) ou ficamos sem nada para mostrar por meio de nossos esforços, apenas algumas peças espalhadas. Na verdade, as partes do quebra-cabeça que montamos ao longo do caminho têm valor mesmo sozinhas, permitindo-nos montar no futuro quebra-cabeças inteiramente novos e muitas vezes imprevistos. Pense em todos os resultados profissionais que alcançamos e nos superpoderes pessoais que construímos (incluindo os atributos de agilidade, resiliência e confiança) enquanto iteramos como as partes mais valiosas, duradouras e reconfiguráveis de nossas carreiras que já reunimos (Figura 14). Quer tenhamos sucesso ou falhemos em nossas ambições iniciais, mantemos as recompensas que adquirimos no processo de tomada de riscos, e elas turbinarão nosso sucesso geral na carreira.

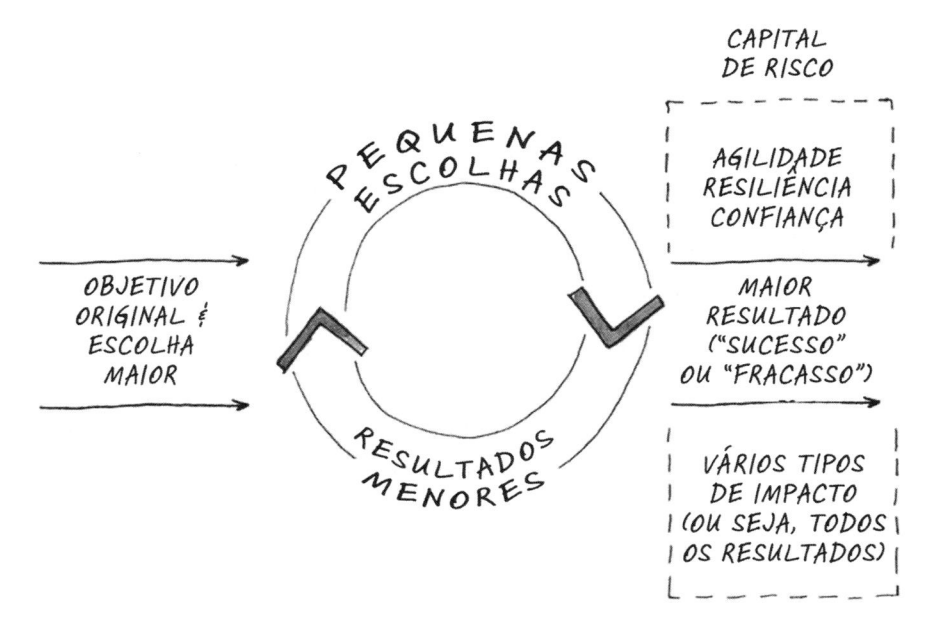

Figura 14

Ao fazer escolhas iterativas, assumir riscos menores na execução e fornecer vários tipos de impacto, construímos uma espécie de "capital de carreira" que nos recompensa não apenas uma vez, mas muitas vezes. Em última análise, à medida que continuamos escolhendo a possibilidade em nossas execuções, podemos muito bem atingir a meta ou ambição original que imaginamos quando assumimos nosso primeiro risco maior. Ou podemos perder e nos encontrar em um lugar totalmente diferente, enquanto ainda percebemos essas recompensas. Aconteça o que acontecer, sempre ganhamos capital de carreira criando mais impacto e aprimorando ou aumentando nossos superpoderes. Toda vez que iteramos, nosso histórico de impacto, agilidade, resiliência e confiança aumenta e, com isso, nossas chances de desfrutar de uma carreira mais bem-sucedida em longo prazo.

PONTEIROS DE POSSIBILIDADE

- Para alcançar maior sucesso mais tarde, concentre-se primeiro na entrega de resultados e impacto de curto prazo.

- Sete escolhas importantes em suas ações diárias podem ajudá-lo a gerar mais impacto.

- Os resultados que você cria junto com os superpoderes que você constrói são as recompensas reais de qualquer jornada arriscada, quer você atinja ou não seu objetivo original. Esse "capital de carreira" continua a se acumular por meio de sucessos e fracassos.

12 | Falhas de Impacto

À medida que continuamos a escolher a possibilidade em direção a uma ambição maior, é inevitável que, às vezes, falhemos, encontrando problemas que escapam às nossas repetidas tentativas de resolvê-los. Quando nos sentimos infelizes ou improdutivos durante uma execução sem saber bem o porquê, também podemos estar enfrentando o que chamo de "falha de impacto". Tais falhas podem fazer toda a diferença entre atingir nossos objetivos originais ou não. Por esta razão, aprender a diagnosticar os problemas quando eles surgem para que possamos ajustar nossa abordagem se torna de vital importância. Também devemos saber quando continuar tentando e quando deixar de lado um grande risco que assumimos e abraçar uma ambição totalmente nova — uma lição que aprendi como resultado da construção e comando da Joyus.

Os seis anos que passei na empresa (2011–2017) foram tão divertidos, gratificantes, incríveis, frustrantes e dolorosos quanto qualquer experiência pura em uma startup pode ser. Ajudei a construir uma equipe incrível, garanti milhões de dólares em várias rodadas de capital de risco e construí uma nova tecnologia patenteada para permitir o comércio em tempo real por meio de um player de vídeo.

Minha equipe e eu criamos um novo modelo de negócios para monetizar vídeos online por meio de compras, administramos os estúdios Joyus (que criavam belos vídeos com especialistas em estilo de vida e produtos incríveis), e firmamos parcerias de distribuição online com grandes empresas como Time Inc., AOL, entre outras. Dobramos nossas receitas a cada ano, crescendo de zero para US$17 milhões em vendas anuais e dezenas de milhares de clientes até o final de 2016.

Ao mesmo tempo, comecei a investir em outras startups de e-commerce usando a experiência que estava construindo no setor, tornando-me a primeira investidora e membro do conselho da Stitch Fix, e participando de outras empresas de sucesso como RealReal, Reformation e Sun Basket. Também participei de conselhos de empresas maiores, como TripAdvisor, Ericsson e Urban Outfitters, que buscavam se beneficiar do meu conhecimento e que me deram a chance de expandir minhas habilidades executivas.

No entanto, apesar dos resultados significativos que produzimos na Joyus, não criei a empresa de e-commerce de vídeo de primeira categoria que esperava. Se eu tivesse que diagnosticar por quê, usando os mesmos Cinco Fatores discutidos anteriormente, atribuiria aos ventos contrários que encontramos (os consumidores ainda não estavam prontos para o comércio eletrônico, nem as plataformas de vídeo eram usadas para esse fim), bem como uma série de escolhas específicas que fizemos. Eu havia assumido o risco de me tornar uma inovadora mais uma vez, identificando a oportunidade de buscar um novo modelo de negócios que pudesse capitalizar o alto crescimento do vídeo online. Durante a maior parte da existência de Joyus, no entanto, os vídeos compráveis ainda pareciam estranhos para a maioria dos usuários. Na época, a única grande plataforma de vídeo existente — YouTube — ainda era dominada pelo público jovem e focada em música e jogos, e tinha um modelo de negócios de publicidade de marca. Tivemos dificuldade em atrair grandes novos públicos para o comércio de vídeo e fazê-lo de forma lucrativa. Plataformas de vídeo como Facebook Video, Instagram Video, Snapchat e TikTok ainda não haviam surgido; uma vez que apareceram, as pessoas não costumavam usá-los para fazer compras. Ao todo, tivemos que gastar muito dinheiro em marketing online e parcerias sob medida para encontrar público feminino que quisesse assistir e comprar produtos de estilo de vida exclusivos.

Esse desafio, com o passar dos anos, levou a um segundo: conseguir equilibrar vários objetivos paralelos — incluindo alto crescimento, uma ótima experiência do cliente e lucratividade — em nosso esforço para nos tornarmos uma empresa grande, viável e independente. Eu queria criar uma oferta que era diferente do YouTube ou da Amazon, mas as escolhas que fizemos para manter nossos próprios estúdios e produtos exclusivos em estoque, além de nossos custos de marketing, repercutiram. Seis anos depois, tínhamos uma base de clientes fiel, mas estávamos lutando para expandir os negócios de maneira rentável.

Durante 2016 e 2017, demos muitos passos para viabilizar a Joyus em longo prazo, reduzindo nossa equipe, migrando para um modelo de estoque zero e muito mais. Nada disso provou ser a combinação vencedora de que precisávamos, pois os clientes ainda nos custavam mais para adquirir do que valiam. Foi assim que em 2017 a Joyus vendeu sua marca, público e tecnologia para outra empresa privada, StackCommerce, por uma quantia muito pequena (StackCommerce continua operando Joyus hoje).

Em 2020, cerca de uma década após o lançamento de Joyus, uma grande safra de novas startups nos EUA recebeu financiamento para entrar no espaço de comércio de vídeo. Cada um deles perseguindo o mesmo sonho que tínhamos, na esperança de alavancar os enormes ventos a favor agora fornecidos por grandes e crescentes audiências de vídeo no Instagram, Facebook e TikTok, todos agora com recursos de vídeo compráveis. Enquanto isso, na China, o Pinduoduo surgiu como uma plataforma multibilionária de compras por vídeo que atendia milhões de pessoas com entretenimento e descontos para grupos.

Para mim, a jornada de Joyus foi agridoce. Ao contrário da Polyvore e da OpenTV, onde meus fracassos, por mais dolorosos que fossem, ocorreram em um curto período de tempo, este se desenrolou após anos de esforço e apesar de gerar múltiplos resultados. E por isso a decepção que senti foi muito mais profunda. Dito isso, os resultados que alcançamos como uma pioneira startup, e meu crescimento pessoal como CEO e especialista em e-commerce, me deram um sentimento mais forte de confiança e capacidade pessoal do que eu tinha como executiva de uma grande empresa de sucesso.

Por mais difícil que possa parecer, diagnosticar continuamente nossos erros também faz parte da prática de escolher possibilidades. Abraçar nossas falhas de menor impacto ao longo de qualquer jornada, inclusive em seu final, nos capacita a um sucesso mais arriscado. Negligencie essas falhas na execução e não ajustaremos nossas ações em tempo real para influenciar nossos próximos resultados. Se negligenciamos o diagnóstico de nossas maiores falhas, desperdiçamos a chance para transformar a falha deste capítulo em uma vitória no próximo. Também não saberemos quando continuar ajustando nosso próprio desempenho e quando cortar nossas perdas e seguir para nossa próxima grande escolha.

OS INIMIGOS DO IMPACTO QUE CONTROLAMOS

Antes de examinarmos as forças externas que contribuem para nossos resultados negativos, devemos olhar primeiro para nós mesmos e como podemos inadvertidamente frustrar nosso próprio avanço. Ao longo da minha carreira, identifiquei uma série de "falhas de impacto" bastante comuns — as escolhas que deixamos de fazer — que podem atrapalhar o melhor de nós em uma execução (Figura 15). Vamos dar uma olhada.

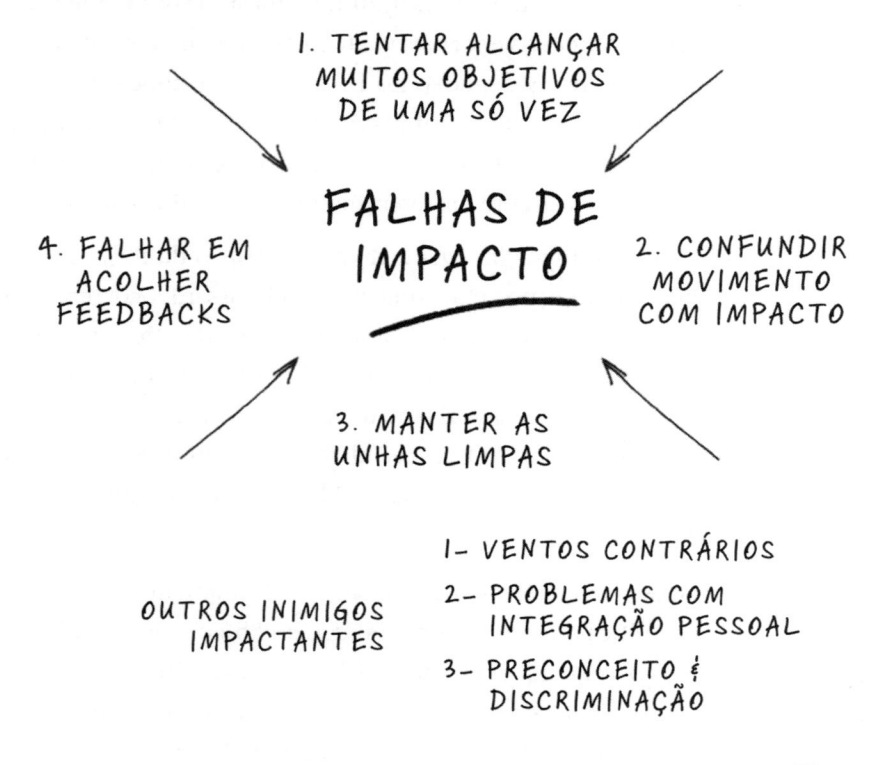

Figura 15

Falha de Impacto #1: Muita Manteiga de Amendoim

Em 2006, um conhecido meu, Brad Garlinghouse, escreveu um agora famoso memorando para a liderança sênior do Yahoo chamado Manifesto da Manteiga de Amendoim. Vice-presidente sênior na época, Brad sentiu-se frustrado ao ver o Yahoo, outrora grande gigante do Vale do Silício, fracassando em sua tentativa de se virar. Como ele via, o Yahoo tinha um talento tremendo para uso, mas estava tentando fazer muitas coisas moderadamente bem em vez de buscar destaque em uma ou duas. O problema de exigir demais de nós mesmos aparece o tempo todo também no nível individual. Todos nós podemos nos relacionar com os problemas que criamos quando perseguimos muitos objetivos ao mesmo tempo e não conseguimos avançar significativamente em nenhum deles.

Ao mesmo tempo, é irreal pensar que em uma grande busca não teremos que equilibrar dois objetivos e otimizar entre eles. Quando seu chefe pede para que você construa um novo produto ou serviço, ele provavelmente também vai querer que seja feito enquanto restringe os recursos utilizados. Na Joyus, tornar qualquer vídeo comprável altamente bem-sucedido era um ato de equilíbrio entre o preço de um item e quantas visualizações ele provavelmente exigiria no vídeo (com um custo crescente para nós) para gerar uma única compra.

Se quisermos produzir resultados significativos, devemos controlar a complexidade e, em dado momento, limitar nosso foco a apenas um ou dois objetivos principais, considerando as prováveis compensações entre eles.

Falha de Impacto #2: Confundindo Movimento
com Impacto

Quando estamos em movimento e sempre ocupados, pode parecer que estamos em um progresso tangível. Mas se nos concentrarmos no urgente em vez de no importante, e tratarmos nossas atividades como realizações por si só, podemos deixar de canalizar nossos esforços para resultados significativos.

Muitas vezes vejo pessoas excessivamente preocupadas em permanecer em movimento quando reviso currículos e faço entrevistas de emprego. Os candidatos focados em causar impacto podem descrever suas posições anteriores em seus currículos com frases como "Ajudei a criar...", "Desenvolvi um novo produto ou processo" ou "Aumentei as vendas em 25%". A maioria dos currículos que vejo não usa essa linguagem. Os candidatos podem listar impressionantes empregadores anteriores apenas para divulgar que "trabalharam" em um determinado produto em um emprego anterior ou que eram "responsáveis" por fazer X ou Y ou que estavam "na equipe" que lidava com um determinado produto. Essas descrições podem ser precisas, mas não são capazes de identificar quais resultados tangíveis as pessoas criaram com suas atividades. Como sua equipe ou organização estava melhor por causa de seus esforços exclusivos? Se o seu currículo estiver repleto de uma linguagem que descreve atividades em vez de resultados, você pode não estar tão bem orientado quanto pensa para gerar impacto.

Em entrevistas de emprego, também descobri como as pessoas reagem quando questionadas sobre seus fracassos passados. Eles falam levemente sobre eles, oferecendo uma falha "sem falhas"? ("Meu chefe disse que eu trabalhava muito duro e me sentia muito passional pelo sucesso de nossa equipe.") Eles falam apenas sobre os fatores externos que fizeram um plano dar errado, absolvendo-se da responsabilidade? Ou dão uma resposta sincera e ponderada, descrevendo precisamente o que eles fizeram que não produziu o resultado imaginado e o que eles provavelmente ajustariam no futuro? Indivíduos focados no movimento em vez de no impacto têm dificuldade de discutir seus fracassos de qualquer forma significativa. Eles também não podem falar sobre o que aprenderam em termos concretos e tendem a confundir sucesso com mera ocupação. Eles presumem que os empregadores querem o "perfeito" e, como resultado, têm medo de reconhecer quaisquer falhas que possam ter. Acham que reconhecer suas falhas diminui suas chances de serem contratados quando, na verdade, as aumenta.

Falha de Impacto #3: Mantendo as Unhas Limpas

Não seria maravilhoso entrar em novos ambientes onde estão nos esperando para estampar nossa marca e começar a criar resultados positivos? Também não seria divertido trabalhar apenas nas coisas que gostamos de fazer e evitar o resto? Infelizmente, a realidade não funciona assim. Se desejamos causar impacto em alguma área, geralmente nos vemos em situações existentes e lidando com dinâmicas de pessoal, tentativas anteriores fracassadas e outros desafios. Nós nos veremos trabalhando em coisas "emocionantes", mas também tendo que lidar com correntes ocultas. Muitos de nós evitamos as situações abaixo dos ideais quando as encontramos em uma execução, temendo desconforto ou manchar nossa reputação. Faríamos muito melhor se nos inclinássemos para essas situações, descobrindo o que precisa ser resolvido e lidando com isso.

Descrevi minha função de administrar as operações internacionais do Google na Ásia-Pacífico e na América Latina como incrivelmente positiva, e certamente foi. Mas ao assumir essa tarefa, também herdei alguns dos mercados mais desafiadores do Google. Muitos países eram mercados emergentes, com menor renda per capita, menor penetração online, e menores orçamentos de publicidade do que os mercados desenvolvidos administrados por meus colegas. Além disso, tivemos ambientes regulatórios desafiadores na China, Brasil, Índia e na maior parte do Sudeste Asiático. Também tínhamos três mercados em que o Google estava perdendo (China, Japão e Coreia), uma situação muito diferente da que existia nos EUA ou na Europa Ocidental. Cada país em nosso negócio tinha sua própria "bagunça" e minha equipe estava lidando com todos eles em uma geografia enorme. Ao mesmo tempo, sempre tive que defender recursos adequados, muitas vezes competindo com mercados maiores, mais fáceis, e que já geravam dinheiro para a empresa. Embora a desorganização, a agitação, e lidar com diferentes bagunças fossem o estado "normal" de nossa equipe, também tivemos nossa parcela de frustrações ao gerenciar essas situações.

Na época, o lendário coach executivo Bill Campbell passava muito tempo internamente no Google, treinando líderes seniores, inclusive eu. Você pode ter ouvido falar de Bill: um ex-treinador de futebol americano, ele se tornou conhecido como o "coach de trilhões de dólares" aconselhando líderes icônicos como Steve Jobs, Eric Schmidt e outros. Um dia, enquanto eu estava descrevendo minhas frustrações atuais para Bill, ele me olhou rispidamente e me disse para me orgulhar de ter a equipe do Google com "sujeira sob nossas unhas". Estávamos enfrentando problemas difíceis, e resolvê-los não era uma tarefa fácil, mas de vital importância. Unhas sujas são o sinal de que você está causando impacto, e é difícil imaginar como você pode produzir resultados sem elas.

Falha de Impacto #4: FRF (Falha ao Acolher Feedback)

Falamos anteriormente sobre aceitar o feedback de outras pessoas para que possamos conhecer nossos superpoderes e nossa kryptonita, e então nos juntarmos às equipes certas. Uma vez que estamos em movimento, precisamos das perspectivas dos outros para nos ajudar a diminuir os riscos relacionados à execução, sejam eles associados aos nossos próprios comportamentos improdutivos ou a outros fatores. A maioria de nós teme receber feedback pessoal, e muitas vezes ficamos na defensiva ao ouvir qualquer tipo de comentário. A arrogância também nos impede de ouvir os outros. Quando presumimos que sabemos mais do que todos os outros, sinalizamos aos colegas e parceiros que nos preocupamos mais em sustentar nossos próprios egos do que em gerar resultados. Essa postura tende a repelir gente de alto desempenho que, de outra forma, gostaria de colaborar conosco. Nossas chances de sucesso aumentam drasticamente se pudermos abandonar a arrogância e a insegurança, e convidar os outros a darem feedback sobre nossa eficácia ou nossa abordagem no trabalho.

OS INIMIGOS EXTERNOS DO IMPACTO

Podemos e devemos diagnosticar e abordar nossas próprias falhas de impacto, mas a análise de nossos desafios não é completa sem levar em consideração as forças externas que dificultam a produção dos resultados desejados. Grandes ventos contrários e favoráveis, juntamente com um "encaixe de pessoas" ruim, não são apenas problemas que avaliamos quando fazemos uma grande escolha. São sinais os quais devemos ler e responder continuamente enquanto trabalhamos. Algumas dessas forças podem apenas prejudicar nosso desempenho em curto prazo, mas outras podem ameaçar nossos objetivos finais. Além disso, algumas forças podem ser tão poderosas que qualquer ajuste que possamos fazer para tentar contorná-las será inútil. Como sabemos quando manter o bom combate diante das condições externas, e quando levantar nossas mãos e cabeças para outro lugar?

Como vimos, ventos contrários ou a favor de uma indústria ou empresa podem nos proporcionar excelentes oportunidades de crescimento na carreira. A perspectiva de ventos contrários fortes e prejudiciais pode nos tentar a ir para outro lugar, mas ficar por perto para gerar resultados pode nos dar a chance de assumir novas responsabilidades, desafios e sentir um senso de propósito e significado em nosso trabalho. Quando os ventos contrários nos impõem tantas restrições que prejudicam severamente nossa produtividade diária por um longo período, talvez seja melhor procurar em outro lugar melhores condições para operar, ou até mesmo considerar se devemos mudar nossas maiores ambições.

Da mesma forma, quando nos vemos trabalhando em equipes improdutivas, provavelmente também lutamos para executar bem. Nessas situações, devemos determinar exatamente onde está a lacuna, e se podemos corrigi-la. Quando trabalhamos com pessoas cujos pontos fortes complementam os nossos, e que compartilham dos nossos valores, podemos nos sentir muito bem em assumir um pequeno risco e compartilhar abertamente nossas preocupações; franqueza e discussão construtiva podem ajudar muito a encontrar uma solução. Mas se os membros da equipe (nós estamos incluídos) não têm autoconsciência ou compromisso para melhorar, ou pior ainda, se os membros de nossa equipe não compartilham nossos valores mais profundos, é difícil confiar neles para resolverem disputas de maneira justa. Isso vale duas vezes mais se os membros da equipe de quem desconfiamos exercerem poder sobre nós. Se um de nós está mais "em risco" em uma situação, e não estamos todos igualmente motivados a encontrar um terreno comum, compartilhar nossas preocupações pode não nos levar à mudança positiva que buscamos.

Minhas dolorosas escolhas de deixar a OpenTV e a Polyvore refletiram minha profunda desconfiança e percepção de uma incompatibilidade de valores. Em cada um dos casos, me senti mais exposta ao compartilhar minhas preocupações porque percebia um desequilíbrio de poder (com meu chefe direto em uma situação e com um fundador que possuía grande parte da empresa e estava no conselho em outra). Em todos os casos, deixei a organização, optando por perseguir o mesmo objetivo, mas em um ambiente inteiramente novo. Em ambas as situações, me senti bastante confiante de que tomei a decisão certa.

O INIMIGO MAIS NOCIVO DE TODOS

Todos nós formamos noções preconcebidas sobre pessoas ou grupos como resultado de nossas experiências ou ambiente. Nos últimos anos, organizações e coaches executivos se concentraram em ajudar as pessoas a superar esses preconceitos para que não interfiram em nossas decisões e ações. Às vezes, esses preconceitos têm apenas efeitos sutis, que são ruins o suficiente. Mas quando o preconceito atinge o nível de discriminação e assédio, ele ameaça fundamentalmente a capacidade de uma pessoa ou grupo de se sentir produtivo e gerar impacto, enquanto dá a outros acesso privilegiado a possibilidades. Nessas situações, identificar preconceitos, discriminação ou assédio é essencial, embora também traga riscos importantes.

Como muitas pessoas de diversas origens, encontrei alguns preconceitos pessoais, mas minha sensibilidade cresceu à medida que vi atos ainda mais perturbadores direcionados a outras pessoas. Cresci como um dos poucos Sikhs em uma pequena cidade de Ontário, e nossa família era visivelmente diferente; meu pai usou turbante durante toda a vida, assim como muitos de nossos parentes. Lembro-me de assobios frequentes nos shoppings locais, da hostilidade enquanto dirigíamos por certos estados em uma viagem em família à Disney World, e insultos étnicos ocasionais dirigidos a minhas irmãs e a mim em nosso ônibus escolar. Na maioria das vezes, porém, escapei da discriminação aberta e acessei possibilidades mais do que suficientes ao longo do tempo nas escolas, empresas e culturas das quais fiz parte.

À medida que progredi na minha carreira como profissional do sexo feminino, várias pessoas acolheram meu estilo naturalmente intenso, e eu consegui ter sucesso. Pelo menos uma vez no início da minha carreira, na OpenTV, eu me vi estereotipada por minha agressividade percebida. Conforme me tornei empresária e CEO, aproveitei cada vez mais as possibilidades, mas também percebi mais micropreconceitos. Como a única mulher em uma sala de reuniões composta exclusivamente por homens, eu ouvia outros "mansplain" (homens explicarem) minhas opiniões, e em pelo menos uma ocasião, enquanto eu atuava como CEO, tive a certeza de que um investidor masculino estava se esquivando de enfrentar uma questão urgente e difícil comigo porque temia minha "emoção feminina". Tão frustrante quanto tais experiências foram, elas empalidecem em comparação com as histórias que ouvi de outras pessoas.

Em uma corajosa postagem no blog de junho de 2020, Ade, o bem-sucedido fundador e CEO da Formstack com quem trabalhei muitos anos atrás, compartilhou suas próprias experiências com discriminação, bem como as muitas maneiras pelas quais ele teve que alterar suas ações e movimentos:

> Eu não falo sobre todas as maneiras como vivo minha vida, diferentemente de vocês. Penso nisso quase todos os dias, e é sufocante. Como isso surge em coisas que você pode não esperar, como quando treinei para uma meia maratona, e nunca corri depois de escurecer. Como escolhi roupas para tentar deixar claro para todos que eu era apenas um corredor, não um homem negro fugindo de algo. Como às vezes eu atravessava a rua se estivesse chegando em alguém rápido demais... Eu não digo a você como não são apenas aqueles com ódio em seus corações de que eu tenho medo. Que temo mais o sistema que pode não me proteger.

Outra mulher que conheci nos últimos anos, Susan Fowler, compartilhou publicamente as experiências chocantes que a levaram a pedir demissão, ao mesmo tempo em que chamou a atenção para o assédio, discriminação e a resistência corporativa que enfrentou na Uber em 2017. Depois de chegar à empresa e ingressar em seu novo grupo, seu novo gerente enviou-lhe uma mensagem sobre sua busca para encontrar novos parceiros sexuais. Quando Susan relatou a situação ao RH, suas perspectivas de carreira sofreram enquanto o gerente em questão escapou de consequências maiores, mesmo que ele aparentemente tivesse cometido crimes contra outras mulheres. Depois de um ano caótico em que passou por desafios contínuos com o RH, e possíveis retaliações por ter se manifestado, Susan desistiu, mas, ao mesmo tempo, escreveu corajosamente um poderoso post para seu blog. Ler isso é doloroso e absurdo, e o comportamento subjacente e a resposta corporativa original são difíceis de entender. Mas esses episódios ocorrem com muito mais frequência do que imaginamos. Na verdade, pelo menos uma outra mulher, uma engenheira latina chamada Ingrid Avendaño, corajosamente se apresentou e processou a Uber com alegações semelhantes de um ambiente de trabalho intolerável, incluindo assédio e discriminação.

Enfrentar qualquer forma de preconceito no local de trabalho, especialmente a discriminação e o assédio, pode tornar a execução das tarefas extremamente difícil para nós, que dirá gerar impacto. Quando essas situações envolvem nossos gestores ou pessoas que exercem poder diretamente, é ainda mais difícil. Algumas das escolhas de carreira mais desafiadoras que enfrentaremos incluem como reagir ao sofrer tais danos — se devemos falar, ficar por perto e não dizer nada, ou sair.

Se fizermos parte de empresas, culturas e grupos que se alinham bem com nossos valores e que demonstram disposição para receber e agir de acordo com o feedback em todos os níveis (incluindo o nível de liderança), podemos falar por nós mesmos, mudar a nossa situação e continuar com o crescimento de nossas carreiras. Lidar satisfatoriamente com os preconceitos requer que tanto o indivíduo que age incorretamente quanto a organização em geral estejam abertos a confrontar o feedback com antecedência. Quando passamos por vários ciclos em que experimentamos preconceitos, falamos e encontramos resistência, é provável que tenhamos vontade de sair do lugar onde estamos para buscar uma mudança de carreira e alcançar nossos objetivos.

Quando testemunhamos ou vivenciamos diretamente um padrão que prejudica não apenas um indivíduo, mas um grupo maior de pessoas, impedindo-as de obter impacto no trabalho, a decisão sobre como proceder permanece igualmente difícil. Chamar esses atos de dano pode gerar um impacto cada vez maior, mas às vezes não da maneira que imaginamos. Ter sucesso com esse tipo de risco pessoal e reputacional exige coragem real de nossa parte, bem como de nossa empresa e seus líderes. Com muita frequência, os funcionários duvidam se os líderes são realmente receptivos à denúncia e à verdade e, portanto, se recusam a falar. Um estudo britânico com 1.400 funcionários descobriu que mais da metade testemunhou atos de racismo, mas menos de 20% relataram o que viram. Daqueles que permaneceram calados, 40% citaram o medo das consequências como causa.

Esses medos levam muitos de nós a perceber a denúncia como um tipo de risco de "via de mão única". Consideramos improvável nossa permanência e prosperidade no trabalho depois de nos manifestarmos, pois sofreremos retaliação. Ainda assim, o possível impacto é imenso. A postagem no blog de Susan Fowler criou uma mudança sistêmica não apenas na Uber, mas também em toda a indústria de tecnologia. Outra denunciante, Nicole Birden, do Hospital UCLA (Universidade da Califórnia em Los Angeles), em Santa Mônica, foi demitida e, posteriormente, seu processo por danos devido ao ambiente de trabalho hostil teve êxito, conscientizando a população sobre o problema na saúde.

Hoje existem mais opções para falarmos e ajudarmos a erradicar o preconceito — a escolha entre falar e permanecer em silêncio muitas vezes não precisa ser isso ou aquilo. Por exemplo, podemos deixar comentários de funcionários em fóruns online ou comentar anonimamente sobre nossas empresas em sites de notícias. Dentro das empresas, também podemos organizar outros na tentativa de trazer mudanças positivas. Se você ama onde trabalha, mas quer vê-lo melhorar seu histórico, pode encontrar uma maneira de criar impacto organizando-se com seus colegas, usando o poder do coletivo para mitigar seu próprio risco pessoal. Empresas como Amazon, Facebook e Microsoft geraram grandes grupos de atuais funcionários ativistas, pessoas que amam os ideais e ambientes de suas empresas, mas que também apontam audaciosamente as oportunidades de melhoria.

ESCOLHENDO NOSSO PRÓXIMO ATO

Se nossos esforços não derem frutos, como saberemos quando é hora de partir? Podemos desejar conclusões claras, organizadas e bem-sucedidas para todos os nossos grandes capítulos de esforço e execução, e muitas vezes isso acontece — atingimos um grande objetivo e naturalmente começamos a contemplar nossa próxima ambição. Eu me encontrei nessa situação no Google, onde cheguei aos níveis mais altos de liderança e sonhava em me tornar uma CEO. Outras vezes falhamos, mas mesmo aqui podemos aceitar uma conclusão e seguir em frente quando buscamos impactos, resultados e aprendizados ao máximo, como fiz na Joyus. Mais difíceis são os momentos intermediários, quando estamos executando e tendo algum sucesso, mas não temos certeza se devemos fazer uma mudança maior.

Lembre-se do processo de escolha da possibilidade: assumimos um risco pequeno ou grande na esperança de mais descobertas, aprendizados ou realizações. Começamos a executar iterativamente para produzir resultados, fazendo escolhas para obter mais vantagens. Quando sentimos que nosso aprendizado ou impacto diminuiu durante a execução e não conseguimos identificar como colocá-lo novamente em nosso papel atual ou empresa, talvez seja hora de buscar novos objetivos de carreira. Saí da Yodlee, por exemplo, no quinto ano, porque havia desempenhado praticamente todas as funções na empresa. Eu duvidava que o cargo de CEO estivesse disponível e sabia que a empresa não estava crescendo rápido o suficiente para gerar novas e maiores oportunidades para mim nos próximos doze a vinte e quatro meses. Como eu estava ansiosa por aprofundar meus conhecimentos e alcançar novos níveis de sucesso profissional, era hora de seguir em frente.

Em outros casos, podemos descobrir que estamos alcançando resultados e aprendendo, mas sem a sensação de satisfação por longos períodos. Isso costuma ser um sinal revelador de que talvez seja hora de fazer uma nova escolha. Todos nós queremos que nossos esforços diários não apenas tenham sucesso, como também nos tragam alegria e um senso de propósito. Desde que nosso trabalho, nossas ambições originais e quem somos permaneçam amplamente alinhados, criar impacto, perseverança e agilidade com nossas ações pode ser bom, ainda que em tempos difíceis. Mas quando o impacto e o aprendizado de curto prazo parecem insatisfatórios ou nosso maior objetivo já não parece relevante, podemos sentir como se nossas carreiras estivessem à deriva.

É quando é hora de fazer uso da Estrutura dos Cinco Fatores e (re)examinar nossos objetivos, nossos pontos fortes, interesses e valores, analisando como nossa escolha atual atende a essas duas necessidades. Também é, provavelmente, quando devemos começar a correr novos pequenos riscos mais uma vez para descobrir quais outras possibilidades existem e que podem nos ajudar a ficar mais satisfeitos com nossas carreiras.

Quando meu tempo na Joyus terminou, tive a chance de refletir sobre o que aprendi e sobre para onde poderia levar minha carreira a partir daí. Embora me sentisse satisfeita com o risco que havia assumido para me tornar fundadora de uma startup seis anos antes, me vi desejando uma chance de combinar minha agitação empreendedora com minhas habilidades de liderança executiva de empresa maior no próximo capítulo da minha carreira. Foi assim que, no final de 2017, decidi me tornar a CEO profissional de uma grande empresa de e-commerce.

ACERTE NA TRANSIÇÃO

Depois de decidir fazer uma mudança de carreira, você também precisa executar bem a transição. Podemos maximizar o impacto em nossa saída de qualquer situação permanecendo no jogo mentalmente, cronometrando nossas partidas corretamente, e saindo de maneira que permita que outros que permaneçam também maximizem seu impacto.

1. Não Saia Antes de Sair

Enquanto trabalhava no Google, minha amiga e ex-colega Sheryl Sandberg ofereceu ótimos conselhos a suas colegas, alertando-as para terem cuidado para não "sair antes deles saírem". Ela se referia à tendência de mulheres em meio de carreira começarem a planejar a maternidade e até decidirem sair bem antes de a gravidez se materializar. Gostaria de estender seu conselho a todos, exortando a todos nós a dar nossos melhores e mais completos esforços para nossos empreendimentos atuais até realmente irmos embora. É tentador reduzir nossos esforços uma vez que decidimos seguir em frente, sonhando com o que vem a seguir enquanto enganamos nossos objetivos atuais. Mas terminar bem significa completar o que você começou e cumprir suas promessas para sua equipe ou empresa. Não só é a coisa certa a fazer como promove sua carreira. A forma como você sai ajudará a determinar como as pessoas se lembrarão de você. Colocar o máximo de esforço até o dia em que você sair protege sua reputação, bem como o impacto que você trabalhou tanto para alcançar. Você colherá os frutos da próxima vez que precisar de uma referência de um chefe ou colega em seu trabalho atual.

2. Cuidado com o Custo da Demora

Embora você deva manter sua mente no jogo, não arraste sua partida por muito tempo. A última coisa que você quer fazer é sair como um estorvo, andando por aí sem muito trabalho a fazer. Você corre o risco de parecer indiferente aos esforços de sua equipe e é uma impressão inútil a ser deixada na mente de seus colegas. Se você teve um bom desempenho e está tentando atingir um marco de curto prazo (ficar até o primeiro dia do próximo mês para obter benefícios COBRA [seguro de saúde do Canadá/Estados Unidos] ou por mais sessenta dias até que suas opções de ações sejam adquiridas, por exemplo), seus colegas provavelmente entenderão por que você escolheu ficar. Mas se você não sabe o que fazer a seguir, e efetuou o seu check-out mentalmente por um período indefinido enquanto ainda recebe um cheque de pagamento, as pessoas vão notar. Se possível, mantenha-se ocupado, focado e produtivo até o fim.

3. Deixe Mais Oportunidades à Sua Espera

Durante a partida, podemos ajudar os colegas que estamos deixando para trás a ter mais impacto. Primeiro, podemos desenvolver as habilidades e competências dos membros de nossa equipe, criando novas oportunidades para que eles entreguem resultados enquanto ainda estamos na empresa e podemos fornecer suporte. Em particular, podemos identificar candidatos de alto potencial que podem não ter as habilidades necessárias para fazer nosso trabalho, mas que podem florescer se tiverem a chance. Podemos ajudar esses colegas a adquirir novas habilidades, preparando-os para assumir nossas funções depois que sairmos. Isso é tão fácil quanto ter colegas ajudando em nossos projetos, dando-lhes tempo e espaço para experimentarem coisas novas, cometerem erros e aprenderem. Ajudar a treinar nossos sucessores não apenas os beneficia; isso nos ajuda a construir nosso próprio legado de impacto.

Também podemos advogar desde o início em nossas organizações por pessoas de alto desempenho, criando planos formais de transição que nos permitem colocar nossos sucessores no trabalho antes de sairmos. Embora as chamadas promoções no campo de batalha (em que uma empresa dá a alguém um grande salto na responsabilidade depois que outra pessoa sai inesperadamente) sejam ótimas, podemos aumentar as chances de que outras pessoas tenham sucesso em nosso papel se pudermos ajudar a orquestrar nossas próprias transições e fornecer suporte.

Finalmente, podemos maximizar o impacto dos outros deixando para trás uma equipe e uma situação que funcionem bem. Isso significa fazer o trabalho mundano e muitas vezes ingrato de amarrar as pontas soltas mais difíceis em nossos trabalhos, em vez de despejá-las de forma egoísta no colo de outra pessoa. Ao sair de qualquer organização, tentei resolver os piores problemas pendentes — uma disputa persistente com um parceiro, uma negociação inacabada com um fornecedor importante ou um membro da equipe que está se comportando de maneira tóxica — para que a pessoa que entrasse tivesse o melhor começo possível em sua nova função. Em todos os casos, quando partimos, quem deixamos para trás e quão limpa está a lousa influenciará muito em nosso impacto cumulativo.

4. Etapas Intermediárias Antes das Grandes Etapas

Maximizar nosso impacto até o fim pode nos cansar durante um período de transição. Ao mesmo tempo, podemos nos sentir pressionados a fazer nossa próxima escolha — uma posição desconfortável se não tivermos clareza. Já vi muitas pessoas correndo para se livrar de uma situação ruim, fazendo sua próxima escolha com muita pressa apenas para que possam ter algo em mãos.

Se você puder se dar ao luxo de tirar algum tempo antes de iniciar um novo emprego ou empreendimento — o que chamo de "passo intermediário" — considere fazê-lo. É raro passar semanas, meses ou até mais prestando contas a ninguém além de nós mesmos, capazes de explorar escolhas livremente. Se você tiver essa oportunidade, aproveite ao máximo. Como já contei, escolhi "ir para o nada" por breves períodos durante a maioria das minhas transições de carreira, confiante de que sempre encontraria um emprego e querendo uma chance de explorar novas opções em tempo integral. Um passo intermediário pode parecer assustador, dependendo das suas finanças. Talvez você tenha medo de deixar semanas ou meses vazios em seu currículo. Se você se sentir hesitante em parar e fazer uma pausa, tirar férias curtas entre grandes objetivos — apenas uma semana ou duas — pode ajudá-lo a recarregar e começar em sua nova posição com força.

Quando não sabemos o que fazer a seguir, podemos ter pouca escolha a não ser dar um passo intermediário. Se passarmos esse tempo contemplando nossos sucessos e fracassos passados e aprendendo com eles, podemos sair com apenas o insight de que precisamos para que nosso próximo grande sucesso aconteça. Meu amigo Adam Zbar deu um passo intermediário em 2013, quando enfrentou um grande ponto de virada em sua carreira. Anteriormente, ele teve sucesso como consultor de gestão, iniciou e vendeu duas startups apoiadas por empreendimentos para os fundadores do YouTube e construiu uma reputação por criar produtos inovadores e premiados.

Quando conheci Adam em 2011, ele havia acabado de abrir uma empresa de pesquisa de produtos locais para dispositivos móveis, servindo o estoque de lojas da região. Parecia uma ótima função, mas executá-la se provou mais difícil do que o esperado. Renomeando o aplicativo móvel, Adam decidiu oferecer um conjunto divertido de produtos iniciais — vinho, bebidas espirituosas e petiscos — que diferenciariam sua oferta de aplicativos de comida sob demanda em movimento rápido. Enquanto Lasso funcionou melhor do que sua iteração anterior, a economia da unidade não funcionou, colocando Adam em uma encruzilhada.

Em vez de desistir, ele decidiu fazer um inventário empresarial do que ele fez certo e errado, tanto na Lasso quanto em suas startups anteriores. Adam percebeu que sempre teve visões fortes, identificando mercados iniciais com grandes necessidades inexploradas e criando soluções inovadoras para atendê-las. Ele desenvolveu muitas das habilidades necessárias para ser um CEO bem-sucedido do Vale do Silício, incluindo a capacidade de levantar capital de risco, formar equipes e desenvolver produtos premiados. O que faltava, no entanto, era um grande modelo de negócios. Adam nunca teve tempo para pensar em seus empreendimentos de perto o suficiente.

Apesar da pressão dos investidores para mudar rapidamente para outra ideia, Adam se forçou a pensar mais profundamente sobre seu próximo produto. Ele ficou acordado até tarde tentando criar uma nova ideia de produto que atendesse a três grandes critérios: uma ideia que lhe despertasse paixão; que atendesse uma grande necessidade não atendida; e que levasse a um grande modelo de negócios. Durante o período desafiador em que Adam ficou profundamente desapontado com o sucesso limitado da Lasso, ele se surpreendeu ao ter a ideia de vender online kits personalizados de refeições saudáveis. Como ele conta, a ideia surgiu em sua cabeça logo depois que ele se sentou no meio de uma trilha de caminhada e, em meio à frustração, declarou para sua então namorada (agora esposa) que estava "farto" de sua vida como um empresário.

A ideia de um serviço online de kit personalizado de refeições saudáveis atendeu imediatamente aos primeiros critérios de Adam. Como filho de um cientista e psicólogo, se preocupava profundamente com a saúde. Ele sabia muito sobre kits de refeições saudáveis, visto que transformara seus hábitos alimentares e sua vida ao criar refeições mais saudáveis para si. Mas antes de se apressar na ideia, Adam resolveu trabalhar no básico do negócio, incluindo o tamanho do mercado, uma compreensão do cliente, a economia da unidade e um plano de expansão. Como muitos empreendedores, ele já havia projetado seu modelo de negócios com o objetivo de chegar ao primeiro milhão de dólares em receita. Embora isso continuasse importante, desta vez ele elaborou um modelo de negócios que o levaria a US$100 milhões em menos de três anos.

Adam nomeou o novo produto Sun Basket depois de fazer uma "corrida ao sol" (ele e seu amigo Tyler tentaram correr até o topo da montanha antes do sol nascer). Adam e Tyler perceberam que era o nome perfeito para o novo produto, já que toda comida deliciosa e saudável crescia sob o sol. Adam queria colocar o sol (figurativamente falando), ingredientes orgânicos reais e cartões de receita em uma caixa e enviá-la aos clientes para que eles pudessem fazer refeições saudáveis e deliciosas em casa. Antes que pudesse começar, ele precisava recrutar uma nova equipe, já que a anterior havia saído. Seguindo seu foco na criação de ótimos produtos, Adam trouxe a bordo como cofundadores um importante empresário de restaurantes e um premiado chef de São Francisco, também um colaborador criativo de longa data.

A Sun Basket acertou em cheio. Os clientes adoraram o produto e encomendaram em massa. O modelo de negócios funcionou melhor do que Adam havia projetado e as receitas cresceram explosivamente a partir do momento em que o produto foi lançado em 2015. Em 2019, a Sun Basket faturava US$300 milhões em negócios anuais e empregava mais de mil pessoas. À medida que a empresa passou de uma empresa de tecnologia de alimentos para uma empresa de alimentos, Adam passou de CEO para presidente executivo. Em 2020, quando o COVID chegou, a empresa experimentou seu próprio vento a favor, já que praticamente todo o país se voltou para mercearias e entrega de alimentos online para colocar as refeições em família na mesa.

Adam estava orgulhoso de tudo o que realizou na Sun Basket. No entanto, como um empresário, ele ainda não estava satisfeito. Em meados de 2020, iniciou um novo empreendimento, o HamsaPay. Ele sabia agora que o que mais amava nos negócios era o próprio processo de iniciar novas empresas. Era hora de fazer tudo de novo.

PONTEIROS DE POSSIBILIDADE

- Diagnosticar continuamente nossos erros para que possamos continuar ajustando nossas próximas escolhas e ações é essencial para a prática da escolha da possibilidade.

- Cuidado com o impacto mais comum que falha em nosso próprio controle: muita manteiga de amendoim, confundir movimento com impacto, tentar manter nossas unhas limpas e não receber feedback.

- Além dos ventos contrários externos e dos fatores de "encaixe das pessoas" deficientes, os padrões e o preconceito são os maiores inimigos externos do impacto, impedindo que indivíduos ou grupos acessem as possibilidades de forma equitativa.

13 | Sinais de Crescimento

Depois de deixar a Joyus, tirei vários meses para avaliar diferentes oportunidades de liderar uma empresa maior e, com sorte, de e-commerce. Por mais desapontada que eu estivesse por não fazer da Joyus um grande sucesso, me senti otimista em relação às minhas perspectivas, graças ao meu histórico geral como executiva, empreendedora, investidora e membro de conselho eficaz e resiliente. Como tal, fiquei emocionada quando o papel de presidente do mercado global de ingressos StubHub ficou disponível e recebi uma ligação para falar sobre isso. StubHub era uma marca que eu conhecia e amava. E depois de meus anos de risco na Joyus, eu estava pronta para liderar um serviço ao consumidor bem-sucedido e bem estabelecido, e ajudá-lo a crescer ainda mais.

Quanto mais eu aprendia sobre a StubHub, mais animada eu ficava. Os Stubbers (nosso nome para os funcionários da StubHub) que conheci compartilhavam meus valores e todos dividiam paixão por música ao vivo e esportes. Eu teria um mandato completo para liderar a empresa operacionalmente, para moldar ainda mais sua cultura e para enquadrar suas estratégias no contexto de sua matriz, a eBay, que possuía a StubHub por quase uma década. O negócio da StubHub era considerável, registrando mais de US$1 bilhão em receitas anuais e cerca de US$5 bilhões em volume anual de vendas de ingressos. Como presidente, seria solicitado que eu ajudasse a StubHub a crescer em novas áreas, ao mesmo tempo em que melhorava a experiência do cliente e gerava lucros constantes para o eBay. Avaliando todos esses fatores, concordei em ingressar na empresa. Eu esperava que o trabalho fosse desafiador e antecipava os riscos para o meu sucesso profissional relacionados à minha execução de liderança, concorrência e mudança de prioridades de nossa matriz. Eu estava certa quanto a isso, mas grandes riscos imprevistos também se desdobrariam em minha jornada.

Durante meus primeiros meses no cargo, minha equipe e eu trabalhamos duro, reestruturando partes do negócio para melhorar sua eficiência, além de começar a investir em novos produtos e serviços. Recrutei vários novos líderes cujas capacidades e princípios estavam fortemente alinhados e que estavam igualmente energizados pelo que poderíamos construir juntos. Antes de aceitar minha função, eu acreditava que a indústria de ingressos precisaria se consolidar por meio de fusões e aquisições, e que a StubHub poderia desempenhar um papel fundamental nessa evolução. Fiquei ainda mais convencida dessa estratégia e fiz pressão com o CEO do eBay para nos permitir adquirir outras empresas de ingressos para que assim pudéssemos competir de forma mais eficaz contra nosso principal rival, Ticketmaster/LiveNation.

A StubHub acabou alcançando a consolidação do setor durante meu mandato, mas não da maneira que eu imaginava. Dois grandes eventos mudaram nossa jornada, um deles um "metrô" (uma ocorrência que poderíamos, potencialmente, antecipar), o outro um "coco" (um evento bizarro e verdadeiramente inesperado). Em 2018 e 2019, o eBay enfrentou uma pressão crescente dos acionistas. Seu crescimento foi inferior ao da rival Amazon, enquanto suas margens de lucro também diminuíram graças aos crescentes custos de marketing. Eu havia considerado de perto esses desafios (o metrô) quando aceitei o trabalho, mas conclui que ainda poderia prosperar e ter impacto como líder da StubHub. A meu ver, a pressão dos acionistas poderia até abrir novas possibilidades estratégicas, como transformar a empresa em sua própria entidade pública independente. Eu estava preparada para assumir esse tipo de risco corporativo que impactaria diretamente na minha própria capacidade de sucesso no trabalho, embora tenha tomado o cuidado de incluir proteções em caso de fusão ou aquisição da empresa na negociação do meu contrato de trabalho.

Alguns especialistas de mercado previram que, se o eBay não conseguisse impulsionar o crescimento e a lucratividade, os acionistas ativistas seriam um desafio para a empresa, como Carl Icahn havia feito anos antes (resultando na cisão do Paypal como uma empresa separada). Foi exatamente o que aconteceu dentro de nove meses após minha chegada à StubHub. Em janeiro de 2019, ativistas assumiram uma participação no eBay, ingressaram no conselho e solicitaram a venda do StubHub para gerar mais valor para os acionistas. Em vez de a StubHub adquirir outro player de entretenimento ao vivo, como eu havia feito pressão, o conselho concluiu que era hora do eBay vender seus ativos não essenciais, incluindo nossos negócios, para outro player. Seríamos a empresa adquirida, e não a adquirente. As implicações para minha própria função na StubHub eram incertas. Dependendo do comprador, eu poderia ter a oportunidade de liderar o pós-venda da empresa ou não.

No meu aniversário de um ano, minha equipe e eu estávamos nos preparando para o processo de meses de venda da StubHub. Os meses que se seguiram acabaram — tivemos que apresentar o negócio para empresas de capital privado e outras de emissão de ingressos que buscavam nos adquirir, enquanto tentávamos manter alta a moral dos funcionários em meio à incerteza e executar nosso plano de jogo operacional. Por fim, o fundador e CEO da Viagogo, um player internacional altamente lucrativo com cerca de um quarto do tamanho da StubHub, concordou em pagar mais de US$4 bilhões pela StubHub. O fundador da Viagogo também era um dos fundadores originais da StubHub, um empreendedor em série que deixou a empresa em condições nada ideais em 2006. Ele estava entusiasmado por comprar seu antigo empreendimento de volta quatorze anos depois de deixá-lo.

O preço de venda foi uma soma recorde para o eBay, tornando o negócio um enorme sucesso profissional para mim e minha equipe. Pessoalmente, porém, achei decepcionante. O CEO da Viagogo gostaria de administrar a empresa fundida, deixando-me fora do cargo principal e incapaz de realizar minhas maiores ambições para o empreendimento. Como eu não tinha interesse em atuar como líder número dois da StubHub após a fusão, nós concordamos amigavelmente que eu sairia logo após o fechamento da transação. Em 13 de fevereiro de 2020, o processo de venda foi concluído e comecei a me preparar mentalmente para minha próxima partida.

Então veio o coco, um evento que nenhum de nós poderia ter previsto. Em 13 de março, exatamente um mês após a venda de nossa empresa, o COVID-19 deu um golpe na indústria de entretenimento dos EUA. De uma hora para outra, cada liga esportiva do país adiou sua temporada, promotores e locais cancelaram milhares de eventos musicais já planejados. Em um período de sete dias, a StubHub passou de mais de um bilhão de dólares em vendas de ingressos em qualquer trimestre para quase nada. Isso não era apenas grande — era sem precedentes. O que inicialmente foi uma mudança de carreira de risco relativamente baixo e vantajoso para mim, transformou-se em uma situação de alto risco, com a empresa agora em perigo inesperado. De alguma forma, eu teria que nos guiar por isso.

Se uma crise como essa tivesse nos atingido antes, estaríamos em melhor forma para enfrentá-la. Teríamos uma enorme empresa pública como o eBay por trás, com enormes quantidades de reservas em dinheiro para sacar. Agora, como uma nova empresa privada de propriedade de outra empresa privada também fortemente afetada pela pandemia, tínhamos um balanço muito menor e enfrentávamos uma paralisação do setor arruinando todo o nosso negócio. Em vez de uma partida tranquila e feliz, eu tinha que lutar para manter a empresa funcionando por um período indeterminado de tempo até que o setor de entretenimento ao vivo conseguisse se recuperar.

Durante março e abril de 2020, nossa equipe de liderança e eu reestruturamos rapidamente várias partes do StubHub e suas operações. Primeiro, adaptamos todas as nossas políticas anteriores à nossa nova realidade da COVID, lidando com milhares de clientes irritados que queriam imediatamente o dinheiro das compras de ingressos que fizeram em eventos agora suspensos. Nós mesmos perseguimos milhares de vendedores que já detinham esses mesmos fundos em suas próprias contas bancárias (já que enviamos dinheiro aos vendedores muito rapidamente após qualquer venda de ingressos no curso das operações normais). Fizemos o melhor que pudemos, oferecendo uma combinação de 120% de créditos no site para compras futuras e reembolsos em dinheiro em determinados estados, também tentamos nos comunicar de forma transparente. Compreensivelmente, a situação permaneceu difícil e desafiadora, com muitos ainda frustrados enquanto administramos a confusão emaranhada entre vendedores, compradores, ligas, locais e muito mais.

Enquanto tudo isso acontecia, também fomos forçados a reestruturar rapidamente cada parte de nossa base de custos interna. Entre nossas decisões mais difíceis estava a necessidade de demitir cerca de dois terços dos funcionários de nossa empresa nos EUA, devido ao declínio acentuado no volume de negócios. Embora tenhamos feito o possível para oferecer pacotes de indenização razoáveis e outros recursos, não há como negar o deslocamento e a dor que as pessoas experimentaram. Também adiamos todas as iniciativas não essenciais, sobretudo criando um modelo operacional totalmente novo para a empresa, projetado para durar o tempo que fosse necessário.

Por mais difíceis que tenham sido essas mudanças, conseguimos montar uma base de operações estável, mas muito menor, que nos permitiria suportar a paralisação indefinida da indústria de eventos ao vivo. Foi um trabalho altamente estressante para todos, conduzido rapidamente em um espaço de tempo curto, toda a empresa se uniu para ajudar na realização, mostrando grande flexibilidade, compreensão e resiliência, bem como senso de urgência. Em junho, concluímos grande parte de nossa reestruturação, incluindo a redução da maior parte de nossa equipe de liderança sênior. Agora era hora de sair e começar meu próximo capítulo, segura de que concluí o trabalho crítico de ajudar a empresa a sobreviver à crise imediata da COVID e a se estabilizar em longo prazo.

Embora eu não pudesse prever a pandemia e suas implicações para a StubHub, ou que as decisões fossem excruciantes no final, olho para meu tempo na posição de presidente como um sucesso em termos de minha capacidade de entregar resultados e ter impacto. Eu não esperava presidir uma venda recorde da empresa, ficar desempregada em dois curtos anos ou gerenciar o risco extremo e a volatilidades que se desenrolaram durante meu mandato, mas lá estava. Era hora de escolher a possibilidade mais uma vez.

O CRESCIMENTO REAL ACONTECE EM CICLOS

Se minha jornada profissional posterior parece semelhante em alguns aspectos às minhas experiências anteriores, é porque ela foi. Como vimos, o processo de assumir riscos não se desenvolve em linha reta de A a B. Cada um de nossos capítulos pessoais segue o próprio caminho tortuoso à medida que antecipamos oportunidades, fazemos escolhas, geramos resultados, aprendemos, lidamos com forças esperadas e inesperadas e voltamos a fazer novas escolhas. Por mais caótico que possa parecer a escolha iterativa de possibilidades enquanto estamos nos movendo por partes individuais da jornada, ao longo de uma carreira encontramos um padrão emergindo: repetidamente alternamos para o alto, para baixo ou por capítulos maiores de tomada de riscos. Na maioria das vezes, esperamos estar escolhendo ativamente os riscos que estamos assumindo para perseguir nossas ambições, mas inevitavelmente novos riscos e incertezas também nos são lançados ao longo do caminho.

Se continuarmos focados em gerar impacto em cada capítulo, iterando para desbloquear resultados, finalmente construiremos conclusões maiores em nossas carreiras ("sucessos" ou "fracassos"). Às vezes, as recompensas de carreira que percebemos são exatamente como esperávamos originalmente, e outras vezes são diferentes. Independente disso, à medida que chegamos a uma conclusão natural de qualquer capítulo de ambição, temos a oportunidade de escolher mais uma vez, ainda que nos sintamos no topo, no fundo ou em algum lugar no meio em termos de nosso status de carreira atual. O crescimento de carreira, ao que parece, assemelha-se a uma onda senoidal. À medida que assumimos riscos, criamos impactos sucessivos, respondemos às condições, chegamos a conclusões maiores, e assumimos riscos novamente.

Considere minha própria trajetória de carreira (Figura 16). Lutei para sair da faculdade e conseguir um ótimo emprego (fracasso). Acabei na Merrill Lynch e depois na emissora britânica Sky, onde construí uma reputação forte e avançada (sucesso). Ansiosa para empreender, larguei meu emprego na Sky e me mudei para a Califórnia. Após um período inicial na OpenTV (fracasso), tive um resultado bem-sucedido em uma startup do Vale do Silício, a Junglee, e cheguei à Amazon antes de fundar outra startup, a Yodlee. Isso acabou se tornando público (um sucesso profissional, embora não financeiro). Então, correndo um pequeno risco, fui para o Google, onde ajudei a construir negócios multibilionários e consegui recompensas financeiras descomunais (sucesso). Depois, experimentei minha dolorosa saída da Polyvore (fracasso). Na década seguinte, mergulhei no e-commerce, tornando-me empresária da Joyus (fracasso), além de investidora e membro do conselho de e-commerce (sucesso). Como CEO da StubHub, alcancei minha ambição de levar uma grande empresa de e-commerce a uma venda (sucesso) transformadora do setor, além de enfrentar uma das maiores crises da minha carreira profissional. Hoje, como resultado de impulsionar uma onda senoidal ascendente de crescimento de carreira ao longo do tempo, tenho mais oportunidades de liderar, investir e aconselhar do que jamais sonhei, e me sinto profundamente grata.

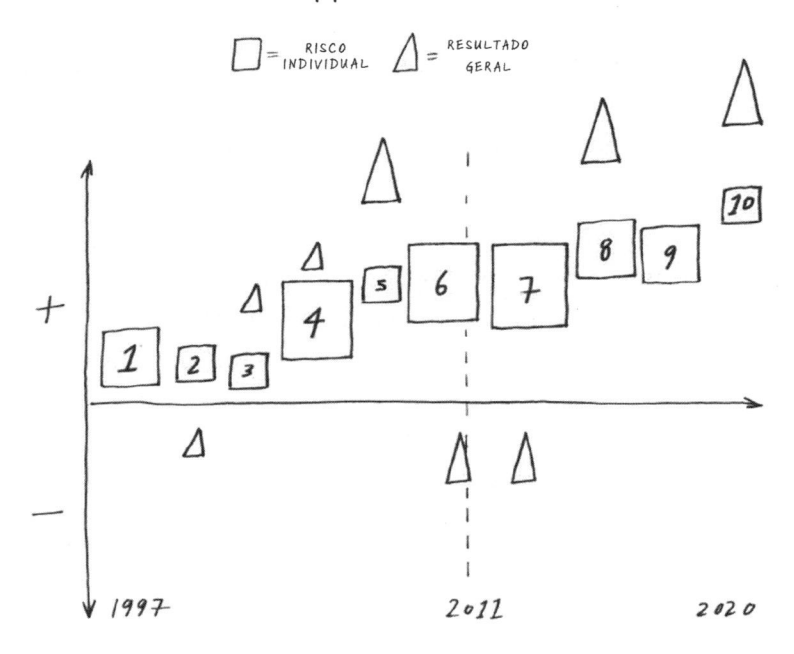

I. DESEMPREGADA NA CALIFÓRNIA
2. GESTORA DA OPEN TV
3. GESTORA DA JUNGLEE/AMAZON
4. FUNDADORA ¢ SVP DA YODLEE
5. DIRETORA, VP E PRESIDENTE DA GOOGLE
6. CEO DA POLYVORE
7. FUNDADORA ¢ CEO JOYUS
8. INVESTIDORA-ANJO
9. FUNDADORA DA THE BOARDLIST
10. PRESIDENTE DA STUBHUB

Figura 16

Olhando para trás, obtive mais recompensas cumulativas porque corri mais riscos, mas o caminho para essas recompensas, bem como sua natureza e tamanho, quase sempre se desviavam do que eu imaginava originalmente, às vezes um pouco e às vezes muito. Uma série de riscos e escolhas desbloquearam benefícios compostos à medida que construí um valioso capital de carreira e criei novos pontos de inflexão. Com o tempo, com mais prática, minha intuição cresceu e eu antecipei melhor os riscos conhecidos que corria. Embora eu não tenha mitigado todos perfeitamente, esforcei-me mais para me proteger contra o lado negativo do que sonhei com o lado positivo. A atitude valeu a pena quando surgiram problemas. Também aprendi a vencer um pouco do risco do meu próprio ego, não tanto pelo sucesso, mas gerenciando vários fracassos. Fiquei confortável sabendo que nem sempre venceria apenas por pura vontade, embora soubesse que poderia, no mínimo, contar com um impacto valioso se eu assumisse riscos inteligentes. Encontrei pelo menos um coco gigante pelo qual não gostaria de passar novamente, mas mesmo lá emergi com mais agilidade, resiliência e confiança como líder — em outras palavras, mais preparada para escolher a possibilidade novamente.

Nunca se pode prever inteiramente como uma única escolha funcionará. Ainda assim, se estivermos dispostos a continuar escolhendo sucessivamente, agindo de maneira a causar impacto, aprendendo com nossos erros e as condições ao nosso redor e permitindo que a sabedoria que adquirimos com tanto esforço contribua com nossas próximas escolhas, experimentaremos picos cada vez mais altos em nossas carreiras. Também experimentaremos mais vales, decisões que "falharão" em entregar o resultado que esperamos de nossas próprias ações e das condições ao nosso redor. Mesmo nessas situações, produziremos impacto e colheremos benefícios profissionais incríveis. É assim que o crescimento profissional realmente acontece (Figura 17).

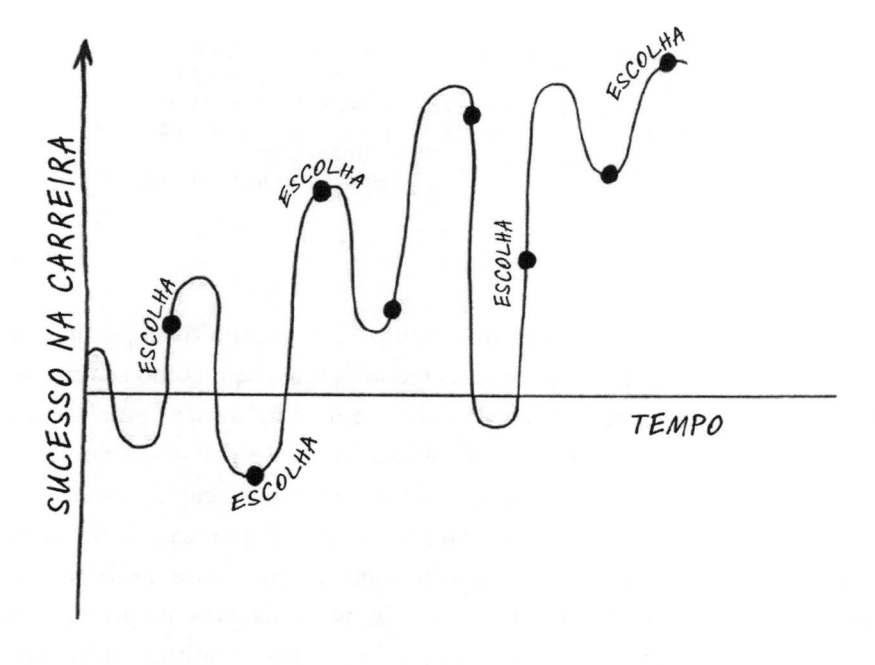

Figura 17

O que você tem a perder? O guru da administração Peter Drucker observa: "Pessoas que não assumem riscos geralmente cometem cerca de dois grandes erros por ano. E as pessoas que assumem riscos geralmente cometem cerca de dois grandes erros por ano." Não sei você, mas prefiro correr os riscos, cometer meus dois erros, e colher todas as recompensas.

ONDAS SENOIDAIS EM TODOS OS LUGARES

Uma vez que reconhecemos as ondas senoidais em nossas trajetórias de carreira, começamos a notá-las em todos os lugares. Estude a carreira de qualquer pessoa de sucesso e você provavelmente descobrirá que elas experimentaram seus próprios ciclos de altos, baixos e dificuldades, mesmo que o mundo em um geral registre apenas suas experiências de pico. Para ajudar a ilustrar meu ponto, deixe-me voltar à história de Stacy Brown-Philpot e a onda senoidal de sua carreira.

Brown-Philpot é uma das líderes femininas e executivas negras mais proeminentes do mundo da tecnologia. Mais recentemente, atuou como CEO do mercado de gig economy1 TaskRabbit. Como relata Brown-Philpot, ela cresceu em circunstâncias muito modestas em Detroit, criada por uma mãe solteira e outros parentes. Seu primeiro grande risco foi se candidatar à Wharton School da Universidade da Pensilvânia como estudante de graduação, embora já tivesse uma bolsa integral para uma Universidade local e não soubesse como pagaria pela Wharton. Ela entrou e conseguiu pagar por meio de uma combinação de concessões, bolsas e empregos de meio período (sucesso).

Após a formatura, Brown-Philpot tornou-se CPA (Contador Profissional Certificado, no Brasil) na PricewaterhouseCoopers, perseguindo seu objetivo de eventualmente se tornar sócia de um escritório de contabilidade pública. Depois de dois anos no trabalho, ela percebeu que não queria se tornar uma contadora, afinal. Ela trabalhou por um ano como analista sênior na Goldman Sachs como parte de um programa de bolsas e depois se matriculou na Stanford Business School para obter seu MBA. Ao se formar em 2002, teve dificuldade

---

* O conceito de gig economy engloba as formas de emprego alternativo, que vão desde a prestação de serviços por aplicativo ou o trabalho de freelancers, por exemplo. [N. da T.]

em encontrar um emprego. Em vez de fazer a escolha segura de retornar ao Goldman Sachs, ela se arriscou e ingressou no Google. Isso pode não parecer muito arriscado hoje, mas naquela época a empresa tinha cerca de mil funcionários e era apenas um mecanismo de busca entre muitos. Além disso, o título de Brown-Philpot era de "analista financeira sênior", abaixo do que seus colegas de Stanford estavam aceitando.

Mas Brown-Philpot prosperou na empresa nos anos consecutivos. Ela assumiu um risco moderado em 2007, passando de Finanças para Operações (sucesso), uma mudança que a tirou do caminho para se tornar uma futura CFO. Ela, então, assumiu um risco profissional e pessoal maior em 2009, aceitando a oportunidade de se mudar para a Índia e dirigir as vendas e operações do Google. Ela não apenas lideraria 1.000 pessoas em vez de apenas 200; ela teria que administrar um relacionamento à distância com o marido, que ficaria na Califórnia. "Tive que correr alguns riscos pessoais ao longo do caminho, mas nada como isso. Então, fiz questão de negociar com o Google para garantir que meu marido e eu pudéssemos nos ver e que eu pudesse mitigar o risco para nosso relacionamento." Viver e trabalhar na Índia acabou sendo uma experiência maravilhosa (sucesso), tanto em termos do sucesso comercial alcançado por Brown-Philpot quanto em seu crescimento como líder. Como ela lembra: "Aprendi que precisava ser mais inspiradora como líder, em vez de apenas metódica. [A experiência da Índia] realmente me obrigou a tornar-me muito mais vulnerável como líder e desenvolver empatia e compartilhar mais de quem eu era como pessoa."

Depois de voltar para casa e escolher comandar outra grande equipe de operações, Brown-Philpot se sentiu impaciente. "Eu não estava me esforçando o suficiente", diz ela. "Eu não estava aprendendo. Minha curva de aprendizado estava se achatando." Determinada a manter sua trajetória ascendente na carreira, ela assumiu dois riscos em 2013 com o objetivo de servir em uma função executiva de nível C. Primeiro, ela deixou seu cargo de executiva sênior no Google, que agora havia se tornado a empresa "quente" para se trabalhar. E, segundo, ela optou por ingressar na TaskRabbit como COO. Embora ela estivesse aceitando um papel executivo, a TaskRabbit era até então uma startup, o que a tornava inerentemente arriscada. Além disso, as pessoas no Vale não a consideravam uma startup de alto nível a par das outras. De qualquer forma, Brown-Philpot escolheu ir para lá, pois adorava a missão da empresa. Ponto positivo: em 2016, depois de três anos na função, ela se tornou CEO da empresa (sucesso). E em 2017, Brown-Philpot liderou com sucesso a aquisição da empresa pela varejista global IKEA, ajudando essa marca icônica a se transformar digitalmente e se adaptar à nova economia gig. No ano seguinte, ela foi nomeada membro fundadora do SB Opportunity Fund, um fundo de US$100 milhões criado pelo conglomerado japonês Softbank para investir em empreendimentos realizados por pessoas racializadas.

Seja Stacy Brown-Philpot, Adam Zbar na Sun Basket, Alyssa Nakken no San Francisco Giants, Reshma Saujani no Girls Who Code, Corey Thomas no Rapid7, Nick Grudin no Facebook ou qualquer uma das outras dezenas de líderes que tive o privilégio de conhecer, você encontrará o mesmo padrão. Vistas de fora, suas carreiras parecem se mover ordenadamente de pico em pico. Mas olhe mais de perto e você encontrará um panorama mais confuso. Entre os picos, esses líderes experimentam vales de tamanhos diferentes e abrangem diferentes períodos de tempo. Embora muitas vezes dolorosos na época, esses vales desempenham um papel vital em suas ascensões gerais na carreira, e os líderes envolvidos ficam condicionados a experimentar erros e vitórias. Olhe para as pessoas de sucesso que você admira ao seu redor. Se você examinar de perto suas carreiras, também identificará seus macro e micro ciclos de sucesso e fracasso.

FREQUÊNCIA DE PENSAMENTO

Se as carreiras se resumem a uma série de ciclos, como podemos garantir que não passemos por uma série de fracassos sucessivos que nos deixem paralisados em longo prazo ou, pior ainda, despencando? Uma grande parte da resposta é meramente prática. Devemos estar dispostos a continuar escolhendo, entregando resultados e aprendendo com cada um deles. À medida que assumimos mais riscos, maiores ou menores, naturalmente nos tornamos mais inteligentes, aprendendo a reconhecer padrões em nós mesmos e em nossos ambientes e antecipar oportunidades e desafios. Ao assumir riscos, como em qualquer outro empreendimento significativo, a prática produz proficiência, aumentando as chances de sucesso geral.

A Figura 18 ilustra o poder da tomada frequente de riscos, levando em conta também o tamanho dos riscos envolvidos. Se fizermos muitas escolhas de tamanhos variados (a caixa superior direita), podemos sofrer muito mais falhas, certamente pequenas, mas também pelo menos uma ou duas grandes, e ainda sair muito à frente. Mesmo que quase todos os nossos riscos sejam pequenos, mas aceitemos muitos deles (a caixa superior esquerda), ainda veremos nossas perspectivas de carreira dispararem. Por outro lado, muitas pessoas ficam estagnadas na caixa inferior esquerda — elas têm medo de se mover e correm poucos, infrequentes e minúsculos riscos. Se nos encontrarmos na caixa inferior direita, assumindo apenas um ou dois grandes riscos de "via de mão única" com poucas ou nenhuma opção de recuperação em caso de falha, precisaremos de um foguete gigantesco de sucesso para nos impulsionar para cima.

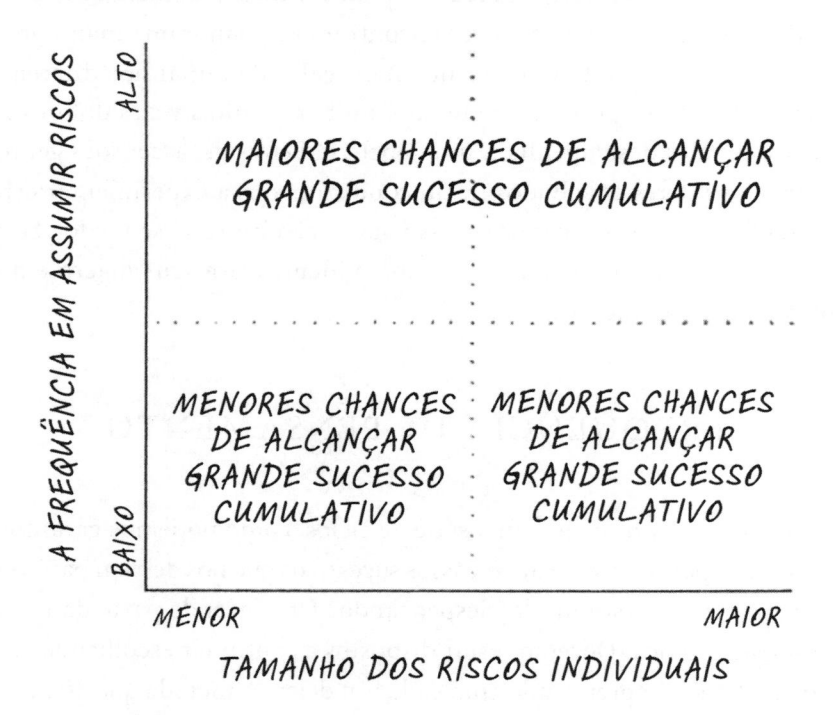

Figura 18

Não conheço nenhum operador de elite em nenhum campo que conte com esse tipo de sorte. A grande maioria das pessoas de sucesso assume muitos riscos, beneficiando-se do acúmulo de pequenas e grandes recompensas. O mundo lhes dá crédito apenas pelos maiores, mas eles e os mais próximos sabem a verdade.

SUA TAXA DE VITÓRIAS TAMBÉM IMPORTA

A frequência com que assumimos riscos é uma coisa, mas se também conseguirmos uma "taxa de ganho" forte (emprestando um termo de negociação financeira), provavelmente colocaremos nossas carreiras em uma trajetória positiva. Queremos que a magnitude total de vitórias na carreira (considerando amplamente o número de resultados positivos que alcançamos e seu tamanho) exceda a magnitude total de nossas falhas na carreira (novamente levando em consideração a quantidade e o tamanho das perdas). Observe que as vitórias incluem não apenas os maiores objetivos que alcançamos conscientemente, mas também todos os impactos positivos tangíveis que conquistamos em nossa jornada. Nossas perdas são resultados negativos tangíveis que manifestamos, incluindo investimentos de nosso próprio dinheiro (ou de outros), tempo ou energia que não deram frutos por um longo período.

Você pode se perguntar quão alta é a taxa de vitórias que precisaríamos reunir para construir um sólido histórico de sucesso e, finalmente, uma carreira impressionante. Não há uma resposta padrão — varia de acordo com a profissão. Um vendedor de carros pode pular de alegria com uma taxa de vitória de 20% (já que a média da indústria é de cerca de 12,5%), enquanto uma médica que realiza uma cirurgia de fusão espinhal pode precisar de pelo menos 80% e talvez mais de 90% de seus pacientes felizes com seus procedimentos para pensar em si mesma como bem-sucedida. Na NBA, os melhores jogadores acertam mais de cinco em cada dez arremessos. Durante a temporada de 2020, por exemplo, os 100 melhores jogadores da liga em porcentagem real de arremessos (uma medida que leva em consideração os diferentes tipos de arremessos que os jogadores fazem) registraram taxas de vitória entre 56% e 72%. No entanto, no beisebol, os jogadores que se dirigem ao Hall da Fama provavelmente atingem uma média de rebatidas entre 0,300 e 0,400 em várias temporadas, o que significa apenas três ou quatro rebatidas para cada dez vezes que estão na base.

Para se colocar no caminho em direção a uma grande carreira, escolha repetidamente e cause impacto de forma consistente, preocupando-se menos em obter sucesso em qualquer movimento individual. Com o tempo, à medida que nos tornamos mais inteligentes em escolher e alcançar impacto, queremos ter certeza de que, mesmo que não alcancemos todas as nossas maiores ambições, ainda podemos gerar resultados e contribuições mais positivas do que negativas em um grande número de escolhas. Este é o capital de carreira tangível que continuamos acumulando e que outros podem ver, ao lado dos superpoderes intangíveis que discutimos anteriormente. Se continuarmos escolhendo, mas não conseguirmos gerar impactos positivos consistentemente ao lado de nossos erros, provavelmente permaneceremos estáveis. Permaneceremos em nossas funções atuais, não gostando muito delas, ou passaremos para funções comparáveis ou menores, falhando em atingir todo o nosso potencial.

Se você está apenas começando sua carreira, tome nota: é difícil medir sua taxa de vitórias quando você fez apenas algumas escolhas. Ficar desapontado com seu primeiro risco ou dois não significa que você está fazendo algo terrivelmente errado ou ficando para trás. Você deve continuar assumindo riscos, acreditando que, com o tempo, acumulará uma taxa de vitórias suficientemente forte, em parte porque aprende desproporcionalmente com os negativos. Como vimos anteriormente, nem precisamos conhecer nossos objetivos de longo prazo no início — podemos usar a tomada de riscos e a criação de resultados como meio de descobri-los e esclarecê-los. Darren Gold, coach executivo veterano, sócio-gerente da empresa de consultoria de gestão The Trium Group e autor de Master Your Code, observa que assumir riscos é um "processo recursivo, no qual você define seu propósito e visão por meio da experiência". Sem experimentar mais sucessos e fracassos, é difícil até mesmo ter uma noção de nossos objetivos, quanto mais nos colocar em uma trajetória ascendente mais longa.

DIVERSIFIQUE SEUS RISCOS

Como observamos, a relação entre risco e recompensa é, na melhor das hipóteses, não linear. Às vezes, pequenas escolhas compensam de maneiras grandes e inesperadas, e grandes riscos dificilmente nos garantem grandes vitórias. Muitas vezes, são necessárias muitas escolhas diferentes para levar a um sucesso maior ou, para adotar uma metáfora do boxe, uma combinação de socos de peso ou força desiguais. Quando nos encontramos tentando a mesma abordagem repetidamente e não encontramos impacto ou maior sucesso, pode ser hora de mudar nossa própria combinação. A diversificação de risco é uma estratégia inteligente para todos nós considerarmos em nossas múltiplas opções de carreira.

Diversifiquei minha própria tomada de risco de várias maneiras diferentes. Ao longo da minha carreira, escolhi aprender e desenvolver minhas experiências em vários estágios de crescimento da empresa (startup, privado, público) e em três setores diferentes (e-commerce, mídia e fintech). Quando eu estava assumindo grandes riscos empresariais, também me juntei a conselhos de empresas maiores para manter minhas "habilidades executivas" atualizadas. Depois de duas experiências sucessivas em startup, Polyvore e Joyus, decidi levar minha experiência de CEO de volta para uma empresa com mais tamanho e escala, mas que precisava da minha "diversidade" empreendedora no cargo principal. Ao buscar uma variedade de riscos em vez de assumir o mesmo repetidamente, também podemos maximizar nossas taxas de ganhos, agilidade e perspectivas futuras.

SEJA UM SELECIONADOR

Há realmente apenas um obstáculo para uma carreira que floresce em longo prazo, e não é o fracasso. É a inação — ficar naquela caixa inferior esquerda na Figura 18, onde optamos por não escolher como uma prática de rotina. O processo de assumir riscos inteligentes para alcançar nossas ambições, tornando nossas maiores metas menores, gerando resultados, respondendo de forma ágil ao que acontece e dando o próximo passo é o que nos permite perceber qualquer possibilidade que buscamos e novas que não buscamos. À medida que nosso impacto, agilidade, resiliência e confiança aumentam, inclusive por meio de falhas, colhemos mais recompensas, embora não exatamente como imaginávamos. Tudo o que precisamos fazer é continuar escolhendo e repetindo o ciclo. Deixar de escolher nos deixa muito mais vulneráveis do que qualquer escolha incorreta que possamos fazer. Como ensinou o filósofo Sêneca: "Não é porque as coisas são difíceis que não ousamos nos aventurar. É porque não ousamos arriscar que elas são difíceis."

Também devemos observar que o preço da inação aumenta com o tempo. A cada mês ou ano que atrasamos, limitamos até onde podemos viajar. E a inação não nos permite ficar mais ou menos onde estamos. Em nosso mundo volátil, onde proliferam eventos de "metrô" e "coco", continuaremos encontrando riscos, quer os procuremos ou não. Nossas carreiras provavelmente declinarão com o tempo se deixarmos de antecipar, escolher e mudar. Se dominarmos o processo de assumir riscos de forma proativa, ganhamos mais autonomia e controle sobre nossos destinos, mesmo em ambientes incertos. Se não o fizermos, ficaremos em dívida com as escolhas de outras pessoas e os efeitos das mudanças nas macrocondições.

No início de nossas carreiras, podemos resistir a correr riscos porque tememos o fracasso. Acreditamos que esse medo diminui com o tempo, mas em muitos casos ele se intensifica ou muda. À medida que alcançamos mais sucesso ao assumir riscos, podemos ter medo de perder um estilo de vida confortável que construímos graças a uma única grande escolha, ou até mais do que isso, podemos temer um golpe na noção que construímos de nós mesmos como "bem-sucedidos" ou "estabelecidos". Ficamos paralisados mais uma vez, embora nossas possibilidades tenham se expandido.

Se você se sentir muito confortável ou avesso ao risco, volte aos seus princípios básicos. Lembre-se de que geralmente corremos riscos para crescer e que, se falharmos, provavelmente encontraremos muitas opções possíveis para fazer uma recuperação. Nossa capacidade de nos recuperarmos caso falhemos se torna ainda maior à medida que avançamos, e construímos um capital de carreira cada vez mais forte, gerando impacto em todas as nossas escolhas.

"RECONSTRUINDO A BESTA"

Escolher a possibilidade no longo prazo nos dá a oportunidade de evoluir e nos reinventar várias vezes. Podemos pegar as peças do quebra-cabeça de nossa carreira que adquirimos no passado e montá-las para gerar novas oportunidades mais amplas. No processo, não reinventamos apenas nossas carreiras, mas a nós mesmos. O designer de sites de hoje pode se tornar o influenciador, empreendedor ou autor de amanhã. O vendedor de hoje pode se tornar o agente de e-sports, executivo de mídia ou CEO de amanhã. Não importa se estamos saindo de um ponto alto ou baixo, escolher a possibilidade é o processo pelo qual continuamos não apenas reimaginando nossas carreiras em ciclos, mas expandindo quem somos e do que somos capazes.

Festus Ezeli, jogador de basquete profissional que ajudou o Golden State Warriors a vencer o campeonato da NBA de 2015, usa uma metáfora diferente para descrever o processo de gerenciar ciclos enquanto nos reinventamos. Quando ele veio falar conosco na StubHub, descreveu seu próprio caminho sinuoso por meio do sucesso e do fracasso, observando que por intermédio de seus próprios capítulos ele está constantemente se reinventando. Em cada um desses ciclos, Festus está, como ele diz: "reconstruindo a besta". Cada um de nós tem essa oportunidade em sua própria jornada.

PONTEIROS DE POSSIBILIDADE

- O crescimento real não é linear, mas cíclico.

- Ao gerar impacto em cada capítulo maior de ambição, iterando e assumindo riscos menores continuamente para criar resultados mais rapidamente, construiremos carreiras gerais de sucesso.

- A frequência de tomada de riscos e a taxa de ganho são fundamentais para o sucesso em longo prazo, enquanto nossa maior ameaça continua sendo a inação. Cada um de nós pode decidir se tornar aquele que escolhe.

14 | Possibilidade e Fluxo de Energia

Quando dou palestras para profissionais em início de carreira, eles costumam perguntar: "Sabendo o que você sabe agora, qual é o conselho mais importante que você daria ao seu eu mais jovem?" Conto a eles, é claro, sobre a importância de escolher a possibilidade de forma consistente. Também trago outro ponto: possibilidade e poder não são um jogo de soma zero. Há mais do que o suficiente.

No começo, tendemos a pensar em nossas carreiras como uma competição gigante por oportunidades e sucesso. Se conseguirmos as melhores oportunidades, presumimos que conseguiremos mais. Quanto mais conseguirmos, mais recompensas financeiras e poder obteremos. À medida que nos tornamos mais poderosos, controlaremos nossos próprios destinos e exerceremos maior influência sobre os eventos, ambientes e pessoas ao nosso redor. Mas o poder, como a possibilidade, parece estar em falta, e o caminho para adquirir ambos parece estreito, longo, árduo e não é para os fracos de coração.

Nosso contexto cultural serve apenas para reforçar a noção de escassez de poder. Observamos de longe os empresários, políticos e artistas mais bem-sucedidos do mundo e os consideramos poderosos. À medida que esses indivíduos acumulam mais seguidores, sua influência e riqueza crescem e eles parecem ainda mais distantes do resto de nós. Como resultado, muitas vezes colocamos o poder cada vez mais alto em um pedestal, aspirando a adquiri-lo nós mesmos.

Quando comecei a minha própria jornada. Eu acreditava que havia apenas uma quantidade disparada de possibilidades ao meu redor, e que eu precisava pegar as "melhores partes" antes que os outros o fizessem. Durante aqueles meses deprimentes depois que me formei, passei incontáveis horas me comparando com meus colegas com empregos glamorosos. Isso não foi de todo ruim: aproveitei a energia competitiva para buscar oportunidades. Mas minha mentalidade de escassez alimentou dúvidas desnecessárias e me levou a questionar minha autoestima. Presumi que, se alguém era mais digno da possibilidade, eu certamente deveria ser menos.

Esses medos desapareceram quando comecei a correr riscos e a desenvolver minha carreira, mas novos surgiram. Continuei a me comparar com meus colegas que haviam alcançado sucesso semelhante e me sentia ansiosa para acompanhar suas realizações e influência. O que, em última análise, me deixou mais confiante, foi experimentar e sobreviver a uma série de pequenos e grandes fracassos ao lado do sucesso. À medida que continuei escolhendo a possibilidade, passei a ter uma sensação mais profunda de poder. Percebi que não é o que alcançamos que nos torna poderosos. É nossa capacidade de continuar assumindo riscos, criando impacto e nos adaptando à medida que avançamos. Podemos sentir e realmente ser poderosos em qualquer situação, mesmo perdendo, simplesmente escolhendo a possibilidade.

Como sugere o professor espiritual Gary Zukav, o poder vem quando você se vê não "como uma vítima que reage às suas circunstâncias", mas "como um criador que escolhe sua resposta" a elas. Se pensarmos em empoderamento dessa maneira, assumindo riscos e produzindo resultados para ajudar a moldar nossos destinos, então o mundo não precisa nos conceder poder e nem pode tirá-lo. Possuímos poder inato e o possuímos em abundância. Também geramos mais energia para nós mesmos à medida que continuamos iterando. Meu senso de confiança cresceu com cada risco que corri, resultado que experimentei e lição que aprendi. Assim como a possibilidade, o poder não é soma zero. É abundante.

Nossa liberdade de continuar escolhendo e causando impacto nos liberta das obsessões e ciúmes doentios que surgem se pensarmos que a possibilidade e o poder são escassos. Hoje em dia, eu me importo muito menos do que já me importei se os outros me veem como poderosa, porque me vejo capaz de escolher, de responder de maneira ágil e de obter conhecimento toda vez que me movo — e é isso que importa. Eu sou muito mais obcecada sobre como alcançar impacto no próximo dia, semana, mês, trimestre ou ano, comparando minhas novas tentativas de impacto com as anteriores.

Ao passo que eu costumava associar de forma egoísta o poder à realização, agora o associo também ao fracasso, que, afinal de contas, é parte integrante da tomada de riscos. Da mesma forma, não penso na humildade como o oposto do poder, mas sua valiosa companheira. Estou razoavelmente certa de que vou falhar muito mais vezes e ter sucesso em muitas outras. Por mais habilidosa que eu seja na tomada de riscos, minhas previsões do que acontecerá e minha própria execução nunca serão perfeitas, então preciso permanecer verdadeiramente aberta ao aprendizado à medida que prossigo. Conforme vejo outros alcançarem, tenho certeza de que eles estão seguindo suas próprias ondas senoidais de crescimento e fico feliz em vê-los entregar resultados bem-sucedidos depois de, sem dúvida, trabalhar com inúmeros desafios.

Não conheço nenhuma jornada perfeita ou pessoas perfeitas. Só conheço um processo que nos permite continuar escolhendo nosso caminho de forma imperfeita e gerando impacto. Com o tempo, nossas realizações se acumulam o suficiente para que outras pessoas comecem a notar. Eles tendem a minimizar ou ignorar nossos fracassos, rotular nossas realizações como "sucesso" e nos rotular como "poderosos", observando que exercemos influência sobre os outros. A verdade é que já éramos poderosos muito antes do nosso maior sucesso e continuaremos poderosos muito depois do nosso maior fracasso. Nós nos manteremos trabalhando para criar nossas possibilidades, gerando mais poder a cada escolha feita.

O que eu diria para o meu eu mais jovem? Escolha um objetivo, faça uma escolha, por menor que seja, e comece a executar, visando sempre o impacto. Então, continue escolhendo, porque quanto mais você fizer, melhor você se sentirá e maiores serão suas chances de ter sucesso ao longo do tempo. Você não precisa de ninguém nem de nada para se sentir verdadeiramente poderosa. Mais cedo ou mais tarde, seu poder se tornará óbvio para o mundo ao seu redor.

O FLUXO DE PODER DERROTA O PODEROSO

Quem é meu herói? As pessoas também se perguntam. Essa é fácil. Meu herói não é um empresário bilionário ou um visionário criativo que mudou o mundo. É um homem que mudou meu mundo e o de todos os outros que ele conheceu. Estou falando de meu pai, facilmente a pessoa mais poderosa que já conheci, um homem que incorporou e modelou o processo de escolha de possibilidades.

Meu pai não era barulhento, turbulento ou abertamente opinativo. Sim, ele era incrivelmente carismático e um grande contador de histórias, com um brilho constante nos olhos, mas lembro dele principalmente como um gigante gentil, um homem com paciência infinita, muito mais ouvinte do que um falador. Ele se importava muito mais em aprender e crescer do que com o que os outros pensavam dele. Era ambicioso e aberto a todas as possibilidades, mas fazia suas escolhas de maneira silenciosa e discreta. Com o tempo, à medida que ele assumia riscos cada vez maiores, seu impacto crescia. Ele construiu uma vida de sucesso para si na África, depois reconstruiu essa vida no Canadá, abrindo um consultório médico e um pequeno negócio ao lado de minha mãe. Ele criou riqueza, construiu uma grande reputação e conquistou inúmeras outras realizações durante uma carreira que durou cinco décadas. Principalmente, ele via o mundo ao seu redor como uma abundância de oportunidades, onde tudo valia a pena aprender e tentar.

Meu pai também fez outra coisa. Enquanto se esforçava para construir uma vida para si e sua família, ele também usou grande parte de sua energia para ajudar os outros a perceberem suas próprias possibilidades. Generosamente, ele dedicou seu tempo, elogios, otimismo e carinho às pessoas ao seu redor — seus pacientes, amigos, membros de sua comunidade da igreja, praticamente qualquer pessoa que encontrasse. Como resultado, as pessoas o procuravam, esperando passar um minuto ou uma hora em sua companhia. Eles saíam se sentindo energizados, cheios e vivos para seu próprio potencial. Este foi o maior presente de meu pai: dar aos outros uma noção do que eles podem se tornar. Meu pai não era apenas poderoso na forma de se portar. Ele serviu como uma fonte de poder para os outros.

Em seu funeral no ano de 2000, tive a sorte de ouvir muitas histórias de como ele havia passado a possibilidade para outras pessoas, tanto de maneira grande quanto pequena. Um velho amigo da família chamado Bobby veio me ver e contar sua história. O pai de Bobby era um dos amigos mais queridos de meu pai na África e infelizmente faleceu quando Bobby era mais jovem. Bobby veio da Inglaterra para o Canadá durante parte de suas férias de verão de um ano, ficando em nossa casa e nos conhecendo bem.

Agora médico, ele me contou sobre um breve episódio de quando ele estava se candidatando à universidade e considerando a medicina como uma profissão. Incerto se deveria perseguir essa ambição, ele pediu a meu pai alguns conselhos paternos. Como sempre, a resposta foi simples. Ele pegou as mãos de Bobby, virou-as para cima e para baixo, e então olhou Bobby diretamente nos olhos, sorrindo. "Bobby", ele disse, "estas são certamente as mãos de um cirurgião." Naquele único momento de bondade e generosidade, Bobby recebeu o incentivo de que precisava para escolher essa possibilidade.

Você já conheceu alguém que parece abundante ou cheio de possibilidades e que lhe dá energia sempre que você está perto? Pessoas assim estão em todos os lugares. Elas vêm em todas as formas e tamanhos e de todas as esferas da vida. Elas podem ser um chefe, um vizinho, uma tia, um sobrinho, um barista ou mais. Quando encontramos ou conhecemos essas pessoas, queremos nos aproximar um pouco mais. Todos nós reconhecemos e nos beneficiamos de ter por perto aqueles que trazem possibilidades e vida ao seu entorno e ao nosso.

Eu gosto de pensar na energia de qualquer indivíduo como uma energia renovável, um pouco como a energia solar ou eólica. Muitos de nós crescemos acreditando que petróleo e gás eram os recursos mais preciosos do mundo porque eram escassos. Hoje, valorizamos a energia solar e a eólica precisamente porque são abundantes e regenerativas. O poder pessoal também é infinitamente renovável. Podemos constantemente produzir poder para nós mesmos enquanto escolhemos ativamente a possibilidade. E quanto mais energia geramos, mais fácil é distribuí-la e compartilhá-la. Os painéis solares em nossas casas fornecem energia não apenas para nós, mas para a rede elétrica de uma cidade inteira. Da mesma forma, aqueles que acumulam o maior impacto não acumulam poder para si. Eles permitem que o poder flua para os outros a fim de criar benefícios maiores, enquanto continuam a gerar mais para si. Tal poder foi o segredo para o sucesso ao longo da vida de meu pai, muito antes de eu realmente reconhecê-lo pelo que era (Figura 19).

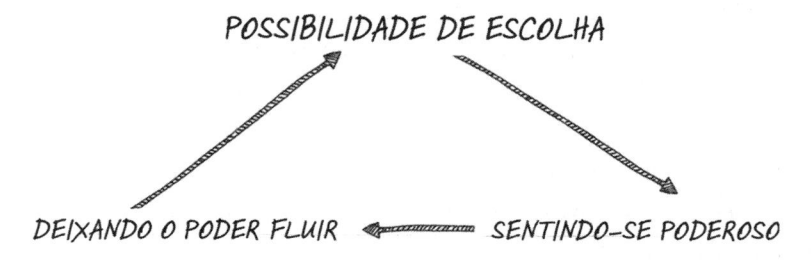

POSSIBILIDADE DE ESCOLHA

DEIXANDO O PODER FLUIR ⟵ SENTINDO-SE PODEROSO

Figura 19

O conceito de poder como um fluxo pode parecer assustador ou excessivamente idealista. Mas enquanto estamos escolhendo a possibilidade, podemos facilmente fazer pequenas escolhas para ajudar os outros a perceber suas próprias possibilidades e gerar poder. Podemos compartilhar ideias para beneficiar todos em uma reunião, reconhecermos publicamente a ótima ideia de outra pessoa, dizermos sim a um café quando alguém pedir nosso conselho, escrevermos uma sinopse para o site de alguém de maneira voluntária ou, se for possível, fazermos um cheque para encorajar o sonho de outra pessoa. Quando aceleramos a possibilidade de outros ao nosso lado, o impacto que podemos gerar se multiplica muitas vezes.

DESBLOQUEIE O FLUXO DE PODER ALTERANDO O SISTEMA

Se uma abundância de poder está dentro de cada um de nós esperando para ser liberada, por que tantas pessoas têm dificuldade em pagar seu aluguel no final do mês ou em realizar seus sonhos? Por que vemos tanta desigualdade e falta de oportunidade?

Como já discutimos, o primeiro passo em nossas jornadas é começar nossa própria prática de fazer escolhas e correr riscos para que possamos impactar e produzir recompensas significativas e positivas. Mas também vimos que existem forças maiores que podem frustrar nossos esforços, não importa quão diligentes, inteligentes ou bem-intencionados possamos ser. Seja uma pandemia ou uma interrupção tecnológica, as mudanças chegam até nós do mundo exterior e deixam alguns grupos de pessoas colhendo benefícios e outros arcando com os custos de forma desproporcional. Juntamente com essas grandes mudanças, padrões sistêmicos criaram uma distribuição desigual de possibilidades, mesmo quando cada um de nós procura escolher e moldar seu destino o máximo que puder. À medida que geramos possibilidades para nós mesmos e compartilhamos poder com os outros, devemos ir ainda mais longe, buscando oportunidades em nossas equipes, empresas ou setores para corrigir as causas sistêmicas subjacentes da desigualdade.

Quando eu estava trabalhando na Joyus, fiquei cada vez mais sintonizada com o sistema de desigualdades de gênero, especificamente na indústria de tecnologia da qual eu fazia parte. Senti-me imensamente grata pelas oportunidades que encontrei no Vale do Silício, mas sabia que as histórias de discriminação, desigualdade salarial, assédio e muito mais de mulheres empreendedoras e CEOs eram muito reais. Também me lembrei do meu primeiro emprego em tecnologia e dos comentários negativos que recebi sobre a percepção de minha agressividade. Percebi que a situação das mulheres na tecnologia estava se tornando um tópico maior na mídia, com muitos observadores condenando a noção amplamente difundida de que nossa indústria era um lugar de possibilidades para todos.

Por volta dessa época, recebi um e-mail de grupo de Keval Desai, meu principal investidor na Joyus. Dirigindo-se a mim e a várias outras fundadoras e CEOs bem-sucedidas nas quais ele havia investido, Keval perguntou abertamente se uma de nós poderia usar nossa própria voz para compartilhar nossas experiências únicas. Sentindo que as vozes das mulheres líderes estavam em grande parte ausentes da conversa, me ofereci para falar. Em uma publicação no mês seguinte chamada "Tech Women Choose Possibility" ("Mulheres na Tecnologia Escolhem a Possibilidade", em português), assinada por dezenas de outras fundadoras e CEOs e publicada no jornal da indústria de tecnologia Recode e no Medium, compartilhei os resultados de uma pesquisa que realizei com quase cem mulheres líderes em tecnologia.

Surpreendentes 84% disseram que recomendariam que suas filhas se tornassem empreendedoras. Ao mesmo tempo, uma porcentagem quase igual — 86% — viu o padrão inconsciente em ação dentro da tecnologia, como evidenciado pela tendência de criticar as mulheres por serem "agressivas" ou esperar ou exigir que elas sejam "simpáticas". Cerca de dois terços das mulheres testemunharam o que perceberam como preconceito em primeira mão, e um terço foi assediada sexualmente.

Com base nesses dados, observei que as mulheres da indústria de tecnologia estavam prosperando como empreendedoras porque escolhiam a possibilidade todos os dias. No entanto, as mulheres não foram capazes de contribuir totalmente para a indústria de tecnologia porque tiveram que lidar com um revés significativo. Todas poderiam e continuariam a construir empresas incríveis, mas a indústria de tecnologia precisava levar o preconceito a sério e tomar medidas decisivas para resolvê-lo a fim de que pudesse haver prosperidade feminina.

A resposta a este editorial foi imediata e extremamente positiva, e isso me levou a pensar mais seriamente sobre algumas de minhas próprias ideias para alavancar a tecnologia e provocar mudanças no Vale do Silício. Em particular, senti-me convencida de que poderíamos ter um impacto grande, inexplorado e imediato, concentrando-me nas salas de reuniões. Embora o Vale do Silício ostentasse muitas executivas talentosas (algumas engenheiras, outras não), poucas mulheres faziam parte dos conselhos de startups e empresas de tecnologia já estabelecidas. Se pudéssemos aproveitar o poder grande e diversificado do talento feminino do Vale, colocando essas pessoas na sala de reuniões com mais rapidez e frequência, acreditava que veríamos melhor desempenho e cultura empresarial, começando do topo. Quando perguntados por que mais mulheres não ocupavam cargos no conselho, muitos CEOs homens comentaram que a canalização de talentos femininos não existia. Não havia grandes líderes femininas suficientes, afirmavam, e os CEOs não sabiam como encontrá-las. Eu tinha certeza de que a tecnologia poderia ajudar a corrigir essa percepção imprecisa em pouco tempo.

Sessenta dias depois do editorial "Escolha a Possibilidade", eu tinha reunido o mais básico dos sites e lancei minha terceira empresa, chamada theBoardlist. Com base em amplas evidências de que as empresas obtêm melhor desempenho quando têm liderança diversificada, a Boardlist era um simples "mercado de talentos" que permitia que líderes experientes recomendassem e descobrissem talentos diversos para o conselho de qualquer empresa e permitia que grandes líderes mulheres acessassem mais oportunidades em um conselho. Para começar, abri meu Rolodex e perguntei a trinta CEOs e empreendedores experientes que eu conhecia se me enviariam nomes de grandes mulheres líderes que eles sabiam servir em conselhos. Cada um disse sim, e assim fizemos uma colaboração coletiva de mais de seiscentas mulheres para o Boardlist. Enquanto isso, promovemos o Boardlist para as empresas como uma fonte única e confiável de líderes diversificadas e altamente recomendadas para suas vagas no conselho.

Durante os anos que se seguiram, theBoardlist (meu negócio paralelo, onde hoje permaneço fundadora e presidente) construiu uma pequena e poderosa equipe em tempo integral e uma comunidade de líderes que se preocupavam profundamente em promover a diversidade do conselho. Em 2020, a Boardlist havia crescido para cerca de 16 mil membros, incluindo CEOs que recomendavam e buscavam talentos para o conselho, e a mulheres indicadas que recebiam essas oportunidades. A empresa também facilitou quase duas mil buscas e se tornou uma voz de autoridade na construção de conselhos diversos e na solução de iniquidades nas fileiras de liderança. Em 2020, também expandimos a plataforma para ajudar grandes líderes racializados a terem acesso a mais oportunidades no conselho e aumentamos nossa primeira rodada de capital de risco. Toda vez que vejo líderes recomendarem outras pessoas e compartilharem novas pesquisas de diretoria na plataforma, vejo o fluxo de poder em ação e sou encorajada a continuar.

Quando escrevi aquele artigo de opinião, parecia arriscado para mim? Certamente. Eu construí minha reputação primeiro como líder e depois como mulher; o que aconteceria com as percepções das pessoas sobre mim se começasse a ser estereotipada sob uma "lente de gênero"? Hoje, às vezes sou rotulada assim, mas a confiança que ganhei ao assumir riscos várias vezes me ensinou que meu histórico também está comigo onde quer que eu vá. Tão importante quanto, ter usado minha voz para tentar nivelar o campo de jogo das possibilidades foi muito mais gratificante de forma pessoal do que profissionalmente custoso.

Não posso prever o que theBoardlist acabará por se tornar, mais do que fiz em outras empresas que comecei. Tudo bem — estou contente com o foco em impactar de forma iterativa e parei de tentar projetar o que acontecerá no longo prazo. Mas, mais do que qualquer outra empresa que criei, a Boardlist tem o potencial de realmente mudar para benefício geral a distribuição de oportunidades e poder sistemicamente. É certamente a busca mais significativa e ambiciosa da minha carreira até agora.

UMA ÚLTIMA HISTÓRIA SOBRE ESCOLHER A POSSIBILIDADE

Se você gostaria de aprender sobre como liberar seu próprio poder e ajudar os outros a fazerem o mesmo em paralelo, então você faria bem em visitar o Big House Beans Cafe em Brentwood, Califórnia, e perguntar pelo proprietário, John Krause. Eu conheci John no início de 2020, quando uma organização sem fins lucrativos local com a qual estou envolvida concedeu a ele um prêmio de empreendedorismo. Enquanto a maioria dos empreendedores de sucesso tem uma história convincente para contar, a de John é excepcional.

Quando John tinha 4 anos, seu pai morreu bem na frente dele — os dois estavam em uma motocicleta que caiu. Sua mãe tinha alcoolismo severo e vício em drogas. Ela vivia nas ruas de Richmond, Califórnia. John teve a sorte de ter uma avó amorosa que o criou, mas quando criança ele lutou para lidar com o trauma que experienciou. De vez em quando ele encontrava sua mãe bêbada e espancada em um prédio abandonado, ou amontoada com outros transeuntes do lado de fora de uma loja de bebidas. Ela estava tão fora de si que nem o reconhecia. John não sabia como lidar com a raiva que sentia — ele não tinha para onde ir e teve problemas para se encaixar na escola. "Foi difícil para mim", disse ele, "porque, quando criança, você sente que as pessoas estão falando sobre sua mãe ou seu pai no pátio da escola, e isso nunca é bom."

Aos 12 anos, John começou a ficar bêbado com outras crianças da vizinhança que vinham de lares desfeitos. A partir daí, ele passou a fumar maconha e andar com uma gangue. "Minha principal missão e foco não eram acadêmicos", disse ele. "Era o que íamos fumar entre os períodos na escola." Aos 14 anos, ele se tornou viciado em metanfetamina, e foi aí que seus encontros com a lei começaram. Durante os 16 anos seguintes, até completar 30 anos, ele entrou e saiu de juvenis, cadeias ou prisões por posse de drogas, roubo e outros delitos. Quando não estava preso, ficava sóbrio e trabalhava por curtos períodos, mas depois retomava o seu vício, cometia crimes e acabava voltando para o "xadrez". Ao todo, ele passou cerca de 1 dúzia desses 16 anos atrás das grades, incluindo quase 1 ano inteiro na solitária.

O ponto de virada veio em 2009, durante o último ano de prisão de John. Sua avó, que até então sempre foi a âncora de sua vida, faleceu. Pela primeira vez, ele não tinha absolutamente ninguém a quem recorrer. John havia se tornado religioso há pouco tempo e, por dias a fio, chorou em sua cela e orou a Deus. Quando foi solto, ele sabia que tinha que tomar uma decisão, ou parar de tentar e se entregar às drogas e ao álcool, ou ficar sóbrio e construir uma vida. Ficar preso em velhos padrões, ou tentar algo novo. Estagnar, ou escolher a possibilidade.

Ele escolheu a possibilidade.

Em 2011, com a ajuda de amigos que conheceu em uma igreja local, conseguiu um emprego para reciclar óleo de cozinha usado em restaurantes. Era um trabalho sujo e não pagava bem, mas era alguma coisa. Cerca de um ano depois, ele e um sócio se arriscaram e abriram sua própria empresa de coleta de óleo. John e seu parceiro tiveram que montar um plano de negócios, apresentá-lo aos investidores e convencê-los de que poderiam fazer o negócio funcionar. "Uma coisa que eu diria", lembrou John, "é que recebi o dom do desespero e estava disposto a fazer o que fosse necessário para ter sucesso... Um dos meus mentores me ensinou a ser persistente. Ele me ensinou tantas coisas, mas uma delas foi que não há problema em receber um não, porque isso significa que você está um passo mais perto do sim, e o que você aprendeu com essa experiência?" Essa lição foi especialmente importante, observou John, porque se você não dedicar um tempo para refletir e aprender com seus erros, "como você pode voltar atrás e estar disposto a correr outro risco?"

O risco de John valeu a pena. Em um ano e meio, seu negócio foi um sucesso, registrando mais de meio milhão de dólares em vendas. Isso, por sua vez, deu a ele uma noção de estabilidade que lhe escapou durante toda a sua vida. Ele estava ganhando uma renda equivalente a 6 anos, tinha cobertura total de saúde, havia se casado e até conseguiu obter a custódia dos 3 filhos que teve durante seus anos dentro e fora da prisão. Mas seu risco não acabou — estava apenas começando.

Apesar do sucesso, John e seu parceiro de negócios não estavam se dando bem. Percebendo que a parceria deles não funcionaria em longo prazo, John decidiu que precisava fazer uma mudança. Ele passou a amar café torrado fresco e tinha uma vaga ideia de que poderia começar sua própria torrefadora de café, mas não tinha planos específicos e não sabia nada sobre o negócio do café. Ainda assim, apesar do risco, ele finalmente decidiu: ele venderia sua parte ao seu parceiro e seguiria por conta própria.

Da noite para o dia, sua renda foi para zero. Sua esposa estava completamente "assustada". O próprio John se sentiu estressado, mas não desanimado. Ele havia aprendido muito desde o início de seu primeiro negócio — tudo, desde como fazer uma projeção de fluxo de caixa até como vender — e conseguiu algo impressionante, construindo-o do zero. Isso lhe deu a confiança de que ele poderia ter sucesso por conta própria. Ele se esforçou para colocar um plano de negócios em prática e levantar capital. John teve uma visão de um negócio de torrefação de café que não iria simplesmente crescer e permitir que ele sustentasse sua família, mas que ajudaria outros como ele a começar a vida. "Meu sonho era usar a empresa como uma plataforma para compartilhar minha história, reunir pessoas e construir uma comunidade, criar empregos para pessoas com barreiras e, claro, ganhar o máximo de dinheiro que pudesse. Esse era o meu sonho."

John comprou um torrador de US$40.000 e aprendeu sozinho a usá-lo. Em 2014, nasceu a Big House Beans, vendendo café sob o slogan "Café com Propósito". John fazia tudo sozinho — torrava café, ensacava, entregava, vendia. O negócio teve dificuldades no início, mas eventualmente John conseguiu uma grande chance, conquistando uma conta no refeitório corporativo do Airbnb. Em 2019, ele aumentou o negócio para US$1 milhão em vendas, abriu uma cafeteria e planejava abrir mais três.

John decidiu desde cedo contratar para a Big House Beans homens e mulheres que haviam sido encarcerados anteriormente. Enquanto se esforçava para realizar as possibilidades, John estava igualmente determinado a ajudar os outros a fazerem o mesmo. Como explica o site da Big House Beans, a empresa contrata "as mulheres e homens 'menos desejáveis', mas que trabalhem duro", orientando-os e ensinando a eles as habilidades de trabalho que podem usar para melhorar suas vidas. A empresa é ao mesmo tempo uma segunda chance para John e é dedicada a dar segundas chances a outras pessoas, "gerando potencial por meio do destaque da diversidade". Seu "objetivo principal" é "empoderar indivíduos por meio de amor e oportunidades incondicionais."

A história de John é extrema, mas instrutiva. John começou do nada. Na verdade, ele começou muito pior — em uma cela de prisão. Ao escolher a possibilidade, ele liberou um poder desconhecido dentro dele. Uma escolha gerou uma segunda que gerou muitas, algumas bem-sucedidas e outras fracassadas. Por meio de um ciclo virtuoso de escolha, impacto, aprendizado e mais escolhas, John seguiu na direção de seu sonho, que era desfrutar de uma vida estável, bem-sucedida e feliz. Muito naturalmente, à medida que sua capacidade de fazer escolhas e influenciar seu próprio destino aumentava, ele se sentiu motivado a ajudar os outros a fazerem o mesmo. Não, a possibilidade não é escassa, nem o poder. Se começarmos a alcançar um, certamente encontraremos o outro. Tudo o que precisamos fazer é aproveitar a chance de escolher a possibilidade.

PONTEIROS DE POSSIBILIDADE

- Possibilidade e poder são abundantes, não escassos. Quando escolhemos a possibilidade de forma consistente, não precisamos de outros para nos tornarem poderosos. Geramos energia para nós mesmos.

- As pessoas mais poderosas são aquelas que ajudam o poder a fluir para os outros.

- Todos nós temos a oportunidade de gerar possibilidades para os outros no processo de gerá-las para nós mesmos. Também podemos optar por multiplicar nosso impacto.

AGRADECIMENTOS

Por mais assustador que seja escrever um livro, garantir que você agradeceu a todos que tornaram isso possível é ainda mais. Tentarei o meu melhor aqui.

Ao meu marido, Simon, e aos meus filhos, Ryan, Kenya e Kieran: Obrigada por sempre apoiar quem eu sou de uma forma incrível, incluindo meus sonhos profissionais. Sei que minha ambição e paixão pelo trabalho muitas vezes pressionam nossa vida familiar. Eu não poderia ter pedido um parceiro de vida melhor e um conjunto de filhos mais maravilhoso. Sempre que sinto a intensidade do trabalho assumir o controle, apenas estar com vocês me ajuda a colocar a vida em perspectiva novamente. Eu os amo imensamente e me sinto insanamente grata por nossa família.

A meu falecido pai, minha incrível mãe e minhas duas irmãs, Nicky e Neeta: Obrigada por me encorajarem todos os dias da minha vida. Desde a morte de meu pai, o querido amigo de meus pais e líder de nossa igreja, Bhai Mohinder Singh, tem servido como uma importante figura paterna para mim. É difícil transmitir a sensação fundamental de segurança e apoio que senti desde que nasci, o que tornou escolher a possibilidade tão possível em minha vida. Enquanto meu pai me passava um conjunto especial de lições, minha mãe silenciosamente demonstrava a todas as filhas que não precisamos ser o que o mundo espera que sejamos. De qualquer forma, minha mãe foi pioneira em seu próprio caminho profissionalmente, contrariando a tradição indiana da década de 1950 e adiando o casamento e a maternidade até os trinta para se tornar médica. Meus pais também me ensinaram que nosso trabalho, paixão e propósito na vida não precisam ser distintos um do outro. É possível que o que fazemos, quem somos autenticamente e nosso desejo de impacto se unam em carreiras que realmente criem satisfação todos os dias.

A todos os educadores, líderes empoderadores e mentores profissionais que ao longo da minha vida me permitiram "correr", não consigo dizer o quanto aprecio vocês. Tantas pessoas me deram espaço para "fazer mais e ser mais", e isso era exatamente o que eu precisava para prosperar. Embora eu só pudesse compartilhar histórias de alguns de vocês no livro, sinto-me grata a todos.

A todos os meus parceiros, colegas e equipes profissionais: Obrigada por suportar minha intensidade e tremendas imperfeições quando nos reunimos para fazer as coisas acontecerem, em empresas grandes e pequenas. Ao longo da minha carreira, tive o privilégio de trabalhar com tribos de pessoas incrivelmente talentosas que também são seres humanos muito bons. Quem pode pedir mais do que isso quando vai trabalhar todos os dias?

Tive o benefício de ter um conjunto incrível de amigos, tanto de longa data como mais recentes, que sempre me fizeram sentir apoiada na minha vida pessoal e profissional. Obrigada a todos pela amizade e carinho. Quero agradecer especialmente a algumas pessoas cujo apoio e amizade de longa data ajudaram a orientar muitas de minhas escolhas profissionais, incluindo a decisão de escrever este livro. Para Anh Lu — minha melhor amiga por mais de trinta e três anos (como isso é possível!): Eu aprecio que você esteja sempre, sempre lá para ouvir tudo e qualquer coisa que eu já tive a dizer, em um fuso horário, ou todos eles. A David Lesser, meu coach executivo nos últimos dez anos: Obrigada por sempre estar lá para me ajudar a navegar para a próxima possibilidade, em grandes momentos e em momentos mais desafiadores. Para Shea Kelly, uma chefe de RH incrivelmente talentosa e amiga, perspicaz e empática: Obrigada por dar uma chance a mim há mais de 20 anos e sempre me ouvir quando precisei desde então. E para minha parceira e amiga mais recente, Orit: Eu amo tanto sua verdade quanto seu encorajamento! Sempre me lembrarei da viagem de avião em que compartilhei minha ambição secreta de escrever este livro depois de vender o StubHub; você me dizendo para ir em frente deu o pontapé inicial nesta nova jornada.

Tantas pessoas desempenharam um papel na criação, publicação e promoção deste livro. Muito obrigada a Kim Scott, Scott Galloway e Magdalena Yesil por suas introduções críticas ao mundo editorial. Ao incrível Jim Levine, um dos melhores agentes do mundo, agradeço muito por ter atendido minha primeira ligação e tido tempo para ouvir minha história. Jamais esquecerei a rapidez com que você compreendeu a singularidade de meu pai e sua influência sobre mim durante nosso primeiro encontro. Naquele momento, eu sabia que havia encontrado o parceiro certo para este livro.

Para Seth Schulman, o escritor incrível que concordou em escrever este livro inteiro comigo em menos de seis meses, apesar dos muitos outros autores em potencial incríveis com quem ele poderia ter escolhido trabalhar: Foi um prazer absoluto. Você poderia ter escrito este livro inteiro sozinho e provavelmente teria sido mais eloquente e um processo mais eficiente. No entanto, você ajudou a estruturar um processo que me permitiu escrever este livro autenticamente com minha própria voz, ao mesmo tempo em que injetou sua experiência para moldá-lo, estruturá-lo e editá-lo, tornando-o muito melhor. Sua natureza paciente e generosa brilhou durante todo o processo e, se eu escrever um livro novamente, imploro que você o escreva comigo.

Para Christie Young e Monika Verma: Obrigada por me ajudarem a contar minha história em fotos. Sua capacidade de capturar o que estava na minha cabeça e traduzi-lo efetivamente em ilustrações em ciclos rápidos tornou este livro muito mais útil para os leitores.

A Rick Wolff, Olivia Bartz e Deb Brody: Obrigada por acreditar na ideia deste livro desde o dia em que o apresentei a vocês. Rick, seu envolvimento em cada capítulo enquanto o escrevemos é algo que agora sei ser raro e excepcional. Olivia, você aplicou cuidado e diligência no acompanhamento passo a passo deste livro, desde o rascunho do manuscrito até o lançamento final. Heather e Alison, obrigada por editar meticulosamente este livro e colocá-lo em produção. Para Lisa McAuliffe, Taryn Roeder e Andrea DeWerd, adoro a energia que vocês colocaram no marketing deste livro, e em tornarem suas mensagens tão relevantes e atraentes quanto possível para os leitores. E para Mark Fortier e toda a equipe de relações públicas que trabalharam no lançamento bem-sucedido de *Escolha a Possibilidade e* ajudando-o a encontrar seus momentos entre uma infinidade de mensagens, obrigada.

A Robin Harvie e toda a equipe da Pan McMillan, obrigada por acreditarem no potencial de *Escolha a Possibilidade* globalmente. Estou particularmente orgulhosa por termos conseguido levar suas mensagens aos cantos do globo aos quais me sinto pessoalmente conectada e também onde pode ter maior impacto. E a Kalyan Krisnamurthy, da Flipkart, obrigada por emprestar sua voz influente para o lançamento deste livro na Índia, o país de minhas raízes.

A todos os líderes que abordei individualmente e pedi que compartilhassem suas histórias no livro, obrigada por concordarem em fazer parte dele. Embora eu tenha tido o privilégio de conhecer muitos de vocês, em outros casos vocês simplesmente aceitaram nosso contato frio e gentilmente concordaram em participar. Nicky, Alyssa, Reshma, Stacy, Ade, Adam, Corey, Nick, Simon, Orit, David, Shea, Alan, Simon, Darren, Daniel, Mathai, Ashvin, Festus, John, John e Deb: Agradeço sua generosidade de tempo e espírito imensamente.

Para Shea Kelly, Kim Scott e Stoyan Stoyanov: Obrigada pelo valioso feedback que vocês forneceram como leitores deste livro. Embora eu desejasse poder pesquisar o mundo inteiro em tempo real enquanto escrevia, foi reconfortante saber que tive o benefício de suas valiosas e diversas perspectivas. Para Jonathan Rosenberg, meu ex-colega do Google e um autor incrível: Obrigada por compartilhar toda a sua sabedoria sobre como lançar e comercializar um livro de sucesso. E para Alex Dacks e Jean-Christophe Pope: Obrigada por serem meus parceiros criativos e me ajudarem a criar e executar uma estratégia de conteúdo holística em torno de *Escolha a Possibilidade,* que ajudaria a ampliar suas mensagens em todos os canais.

Finalmente, eu seria negligente se não olhasse para cima com gratidão como meus pais me ensinaram a fazer. Fui criada para acreditar que todos somos parte de algo maior e que tenho alguém maior a quem agradecer por tudo o que nos foi dado. Meus pais oravam todos os dias em agradecimento, e até hoje minha mãe me lembra de me sentir grata a Deus por todas as possibilidades que experimentar.

Não se preocupe, mãe — eu me lembro.

Sinceramente,

Sukhinder.

NOTAS

Introdução

Páginas

xvii   *"possibilidade de perda"*: *Merriam-Webster Online*, s.v. "risk," acessado em 5 de Novembro de 2020, https://www.merriam-webster.com/dictionary/risk.

"A vida é uma aventura ousada": "With the Light Inside, This Kerala Girl Challenges Limitations with Determination", *New Indian Express*, 19 Julho de 2020, https://www.newindianexpress.com/good-news/2020/jul/19/with-the-light-inside-this-kerala-girl-challenges-limitations-with-determination-2171729.html.

xix   *"A vida é um experimento"*: Ralph Waldo Emerson, *The Heart of Emerson's Journals,* ed. Bliss Perry (New York: Dover Publications, 1995), 189.

xxi   *"lugar de controle"*: Melody Wilding, "Successful People Have a Strong 'Locus of Control.' Do You?" *Forbes,* 2 Março de 2020, https://www.forbes.com/sites/melodywilding/2020/03/02/successful-people-have-a-stronglocus-of-control-do-you/#45e76ebb7af3; Paul E. Spector et al., "Locus of Control and Well-Being at Work: How Generalizable Are Western Findings?" *Academy of Management* 45, nº 2 (30 de Novembro de 2017): 453–66, https://doi.org/10.5465/3069359.

"Liberdade e autonomia são essenciais": Barry Schwartz, *The Paradox of Choice: Why More Is Less* (New York: HarperCollins, 2004), 99.

Capítulo 1: Descarte a Jornada do Herói

6   "Em todo o mundo habitado": Joseph Campbell, *O Herói de Mil Faces* (Princeton University Press, 1973), 3, 30.

"A incerteza age como um foguete cheio de preocupação": Markham Heid, "Science Explains Why Uncertainty Is So Hard on Our Brai,", *Elemental, 19 de Março de* 2020, https://elemental.medium.com/science-explains--why-uncer tainty-is-so-hard-on-our-brain-6ac75938662.

"um medo que controla todos os medos": R. Nicholas Carleton, "Fear of the Unknown: One Fear to Rule them All?" *Journal of Anxiety Disorders* 41 (Junho de 2016): 5–21, https://doi.org/10.1016/j.janxdis.2016.03.011.

7   *o incerto nos abala:* Dylan Walsh, "People Don't Like to Take Risks Because They Just Don't Want to Deal with Uncertainty", *Quartz,* 11 de Julho de 2017, https://qz.com/1022250/uncertainty-makes-us-less-likely-to-take--risks-due-to-a-strange-quirk-of-human-psychology.

o medo de perder o que já temos: Rose McDermott, "Prospect Theory," Britannica.com, https://www.britannica.com/topic/prospecttheory; Daniel Kahneman e Amos Tversky, "Prospect Theory: An Analysis of Decision Under Risk", *Econometrica* 47, nº 2 (Março de 1979): 263–92, https://doi.org/10.2307/1914185.

9   *estão criando, individualmente, caminhos profissionais não tradicionais:* Consulte Elaine Pofeldt, "Full-time Freelancing Lures More Americans", *Forbes,* 5 de Outubro de 2019, https://www.forbes.com/sites/elainepofeldt/2019/10/05/full-time-freelancing-lures-more-americans/#341b4fe57259 e "Alternative Routes to the Top: The Rise of Non-Traditional Career Paths", *Tempo,* 8 de Novembro de 2018, https://www.heytempo.com/blog/non-traditional-career-paths. *Em um estudo de líderes administrativas femininas:* Avery Blank, "Female Leaders Take Non-Traditional Career Paths, Study Says: How You Can, Too", *Forbes,* 28 de Abril de 2019, https://www.forbes.com/sites/averyblank/2019/04/28/female-leaders-take-non--traditional-career-paths-study-says-how-you can-too/#25281bcd7862.

"Eu fiz de tudo, desde investimento bancário": Emily Fields Joffrion, "How Vimeo's 34-Year-Old CEO Mastered the Nonlinear Career Path". *Forbes, 7 de* Junho de 2018, https://www.forbes.com/sites/emilyjoffrion/2018/06/07/how-vimeos-34-year-old-ceo-mastered-the-non-linear-career-path/#1b-8d579f1628.

10   *outros: "não acelere para chegar ao topo"*: Elena Lytkina Botelho, Kim Rosenkoetter Powell, e Nicole Wong, "The Fastest Path to the CEO Job, According to a 10-Year Study", *Harvard Business Review*, 31 de Janeiro de 2018, https://hbr.org/2018/01/the-fastest-path-to-the-ceo-job-according-to-a10-year-study.

      aceitar cargos menores: Botelho et al., "The Fastest Path".

      um grande estudo do LinkedIn: Neil Irwin, "How to Become a C.E.O.? The Quickest Path Is a Winding One", *New York Times*, 9 de Setembro de 2016, https://www.nytimes.com/2016/09/11/upshot/how-to-become-a-ceo-the--quickestpath-is-a-winding-one.html.

      "O caminho mais rápido é um caminho sinuoso": Irwin, "How to Become a C.E.O.?"

11   *"Os perigos da vida são infinitos":* Christoph von Toggenburg, "7 Inspirational Leadership Lessons from an Adventurer", *Forbes*, 29 de Julho de 2016, https://www.forbes.com/sites/worldeconomicforum/2016/07/29/7-inspirational-leadership-lessons-from-an-adventurer/?sh=232d2896d990.

12   *empresas durante um período de quinze anos:* Chris Bradley, Martin Hirt, e Sven Smit, *Strategy Beyond the Hockey Stick: People, Probabilities, and the Big Moves to Beat the Odds* (Hoboken, NJ: John Wiley & Sons, 2018), 109, 143–44, 169.

Capítulo 2: Fortaleça os Músculos que Assumem os Riscos

15   *"patenteado sistema de ação ciclônica":* "The Original Cyclonic Action Cleaning System," *Filterqueen*, acessado em 15 de outubro de 2020, https://www.filter queen.com/stories.

16   *Havia Gary e Sarah:* Os nomes dos indivíduos foram alterados neste parágrafo.

17   *"Faça todo dia uma coisa":* Mitch Ditkoff, "50 Awesome Quotes on Risk Taking", *HuffPost*, atualizado em 29 de Setembro de 2017.

      "o ato ou fato de fazer algo": Merriam-Webster Online, s.v. "risktakin", acessado em 5 de Novembro de 2020, https://www.merriam-webster.com/dictionary/risk-taking?src=search-dict-hed.

20   *aprender e crescer:* Para o debate entre a relação de aposta e aprendizado, favor consultar o capítulo 3 de Annie Duke, *Thinking in Bets: Making Smarter Decisions When You Don't Have All the Facts* (New York: Portfolio, 2018).

"O homem nada faria": David Mills, "The Wise and Witty New Saint, John Henry Newman", *Stream,* 13 de Outubro de 2019, https://stream.org/newsaint-john-henry-newman-say.

23   *"Senti que tivesse atingido o fundo do poço"*: Conto essa história com base em uma entrevista que minha equipe de pesquisa realizou com "Gina". Alterei seu nome e outros detalhes de identificação para proteger sua privacidade.

25   *"Não sei nadar"*: Reshma Saujani (autora de *Brave, Not Perfect* e fundadora de Girls Who Code), entrevista com a equipe de pesquisa da autora, Agosto de 2020.

Capítulo 3: O Poder da Canalização em Paralelo

32   *ter muitas opções:* Consulte S. S. Iyengar e M. R. Lepper, "When Choice Is Demotivating: Can One Desire Too Much of a Good Thing?" *Journal of Personality and Social Psychology* 79, nº 6 (2000): 995–1006, https://doi.org/10.1037/0022-3514.79.6.995 e Schwartz, *Paradox.*

se não nos disciplinarmos: Como exemplo de um texto afirmando a importância geral do foco, consultar "Harnessing Willpower to Meet Your Goals", *American Psychological Association,* atualizado em 9 de Dezembro de 2019, https://www.apa.org/helpcenter/willpower-fact-sheet. O texto diz respeito principalmente à força de vontade e não ao foco, mas inclui a seguinte declaração: "Os psicólogos descobriram que é mais eficaz se concentrar em um objetivo único e claro, em vez de assumir uma lista inteira de uma única vez."

33   *"Não sabíamos realmente"*: Ashvin Kumar (fundador da Tophatter), entrevista com a equipe de pesquisa da autora, Junho de 2020.

Capítulo 4: Por que a Proximidade Supera Planejamento

40   *milhões a cada semana:* Jeff Kaye, "British Satellite TV Networks Plan to Merge", *Los Angeles Times,* 3 de Novembro de 1990.

44   *"Acho que o que eles podem perder"*: Shea Kelly (diretora de recursos humanos na empresa de análise de dados Sumo Logic), entrevista com a equipe de pesquisa da autora, 14 de Julho de 2020.

"O que motiva nosso investimento": Oliver Burkeman, *The Antidote: Happiness for People Who Can't Stand Positive Thinking* (New York: Farrar, Straus, e Giroux, 2012), 86.

46   *jovens aspirantes tradicionalmente aprenderam seus ofícios* Consulte, por exemplo, Sue George, "Tanners, Tailors and Candlestick Makers: A History of Apprenticeships", *Guardian*, 4 de Fevereiro de 2020, https://www.theguardian.com/global/2020/feb/04/tanners-tailors-and-candlestick-makers-a-history-of-apprenticeships. Para uma breve história da aprendizagem na Europa, consulte David de la Croix, Matthias Doepke, e Joel Mokyr, "More Than Family Matters: Apprenticeship and the Rise of Europe", *VOXEU/CEPR*, 2 Março de 2017, https://voxeu.org/article/apprenticeship-and-rise-europe.

    os formuladores de políticas dentro do ambiente profissional dos EUA procuraram expandir: Consulte, por exemplo, Greg Ferenstein, "How History Explains America's Struggle to Revive Apprenticeships", *Brookings*, 23 Maio 2018, https://www.brookings.edu/blog/brown-center-chalkboard/2018/05/23/how-history-explains-americas-struggle-to-revive-apprenticeships, e Jeffrey J. Selingo, "Why Are Apprenticeships a Good Idea That Have Never Really Taken Off in the U.S.?" *Washington Post*, 22 de Dezembro de 2017, https://www.washingtonpost.com/news/grade-point/wp/2017/12/22/why-are-apprenticeships-a-good-idea-that-have-never-really-taken-off-in-the-u-s.

    "teoria da aprendizagem social": "Social Learning Theory", *Psychology Today*, acessado em 15 de Outubro de 2020, https://www.psychologytoday.com/us/basics/ social-learning-theory.

    neurocientistas descobriram que a aprendizagem social: Natalie Parletta, "Sometimes We Need to Learn from Others", *Cosmos*, 20 de Agosto de 2020, https://cosmosmagazine.com/health/body-and-mind/sometimes-we-need-to-learn-from-others.

    "filtram inadvertidamente informações": Christoph Grüter, Ellouise Leadbeater, e Francis L. W. Ratnieks, "Social Learning: The Importance of Copying Others", *Current Biology* 20, nº 16 (24 de Agosto de 2010): R683–85, https://www.sciencedirect.com/science/article/pii/S0960982210008006.

    profissionais altamente bem-sucedidos: Sydney Finkelstein, *Superbosses: How Exceptional Leaders Master the Flow of Talent* (New York: Portfolio, 2018), 171 e mais.

    "redes de sucesso": Finkelstein, *Superbosses,* capítulo 8. O exemplo de Alice Waters aqui referenciado aparece nas páginas 171–73.

48   *"Fui inspirada por esses clientes":* Alyssa Nakken (assistente técnica do San Francisco Giants), entrevista com a equipe de pesquisa do autor, agosto de 2020.

Capítulo 5: MDPO > MDF = Ação

53 *e chegou o dia:* Embora esta citação seja amplamente atribuída a Nin, existe alguma dúvida se ela realmente a escreveu (p.ex., "Who Wrote 'Risk'? Is the Mystery Solved?" *Official Anais Nin Blog,* 5 de Março de 2013, http:// anaisninblog.skybluepress.com/2013/03/who-wrote-risk-is-the-mystery-solved).

55 *"eu sou o maior":* Norbert Juma, "155 Positive Thinking Quotes for a New Perspective", *Everyday Power,* 17 de Julho de 2020, https://everydaypower.com/positive-thinking-quotes.

"O pensamento positivo": Juma, "155 Positive Thinking Quotes."

55 *"impedia as pessoas de seguir em frente em longo prazo":* Gabriele Oettingen, *Rethinking Positive Thinking* (New York: Current, 2014), 16.

um profissional veterano: David Lesser (coach executivo), entrevista com a equipe de pesquisa da autora, 8 de Setembro de 2020.

56 *decisões do Tipo 1 são as "vias de mão única":* Jeffrey P. Bezos, "To our Shareholders", *Securities and Exchange Commission,* acessado em 15 de Outubro de 2020, https://www.sec.gov/Archives/edgar/data/1018724/000 119312516530910/ d168744dex991.htm.

58 *"Dê-me o jovem":* Robert Louis Stevenson, *"Virginibus Peurisque" and Other Papers* (New York: Current Literature Publishing Co., 1910), 95.

60 *Ade fundou sua empresa, Formstack:* Ade Olonoh (fundador da Formspring and Formstack), entrevista com a equipe de pesquisa da autora, Agosto de 2020.

63 *"Eu meio que gostei da ideia":* Hilary Brueck e Skye Gould, "A 57-YearOld Google Engineer Performed the Highest Human Free-Fall, Jumping from 135,890 Feet Up in the Stratosphere: A Documentary on Netflix Reveals How He Did It", *Business Insider,* 7 de Fevereiro de 2019, https:// www.businessinsider.com/google-engineer-alan-eustace-free-fall-from-stratosphere-2019-2.

do ponto de vista da engenharia: Alan Eustace (ex-vice-presidente sênior de Conhecimento do Google), entrevista com a equipe de pesquisa da autora, 26 de outubro de 2020.

64 *"Demolidores são pessoas":* Brueck e Gould, "A 57-Year-Old Google Engineer".

65 *"Definitivamente senti que era muito arriscado":* Ade Olonoh (Fundador da Formspring e Formstack), entrevista com a equipe de pesquisa da autora, Agosto de 2020. alcançando mais *28 milhões de usuários:* Boonsri Dickinson, "Formspring Started as a Side Project, but Now Has Nearly 28 Million

Users and $14 Million in Funding," *Business Insider,* 9 de Janeiro de 2012, http://static.businessinsider.com/formspring-started-as-a-side-project-but-now-has-nearly-28 -million-users-and-14-million-in-funding-2012-1.

67   *otimista realista:* Jim Collins examina uma mentalidade que mescla realismo e otimismo em seu relato sobre o almirante Jim Stockdale e o "Paradoxo de Stockdale". Consulte Jim Collins, *Good to Great: Why Some Companies Make the Leap and Others Don't* (New York: Harper Business, 2001), 83– 87.

Capítulo 6: Coloque Quem Antes de O Quê ao Assumir um Risco

78   *"Seus velhos amigos":* David Burkus, *Friend of a Friend: Understanding the Hidden Networks That Can Transform Your Life and Your Career* (Boston: Houghton Mifflin Harcourt, 2018), 13.

80   *"Além de sua humanidade básica":* Finkelstein, *Superbosses,* 24.

82   *super chefes tendem a exibir:* Finkelstein, *Superbosses,* 29–33.

84   *"Cada pessoa":* Stacy Brown-Philpot (CEO da TaskRabbit), entrevista com a equipe da autora, 17 de Setembro de 2020.

      "Super chefes são os grandes coaches": Finkelstein, *Superbosses,* 14–15.

Capítulo 7: Nem Tudo É Sobre Você

89   *"A necessidade de controle é biologicamente motivada":* Lauren A. Leotti, Sheena S. Iyengar, e Kevin N. Ochsner, "Born to Choose: The Origins and Value of the Need for Control", *Trends in Cognitive Sciences* 14, n⁰ 10 (Outubro de 2010): 457–63, https://www.ncbi.nlm.nih.gov/pmc/articles/PMC2944661.

90   *"o futuro muitas vezes é um pouco como o passado":* Spyros Makridakis, Robin M. Hogarth, e Anil Gaba, "Why Forecasts Fail: What to Do Instead", *MIT Sloan Management Review,* 1 de Janeiro de 2010, https://sloanreview.mit.edu/article/why-forecasts-fail-what-to-do-instead/?use_credit=0e7e-05fa1026b0c5459267608ae320b8.

91   *macroambientes:* Para uma introdução básica aos macroambientes e seus efeitos nas empresas, consulte "Macro Environment", *Investopedia,* 30 de Janeiro de 2020, https://www.investopedia.com/terms/m/macro-environment.asp.

Empresas que identificam: Consulte, por exemplo, o capítulo 6 em Chris Bradley, Martin Hirt, e Sven Smit, *Strategy Beyond the Hockey Stick: People, Probabilities, and Big Moves to Beat the Odds* (Hoboken, NJ: Wiley, 2018).

92 *"A organização estava profundamente dividida":* Satya Nadella, *Hit Refresh: The Quest to Discover Microsoft's Soul and Imagine a Better Future for Everyone* (New York: HarperCollins, 2017), 55. Publicado no Brasil com o título: Aperte o F5: A transformação da Microsoft e a busca de um futuro melhor para todos.

93 *"Um líder deve ver":* Nadella, *Hit Refresh*, 62.

94 *ventos contrários que nos permitem:* Para uma discussão sobre as oportunidades de carreira disponíveis em tempos de crise, consulte Natasha D'Souza, "How to CrisisProof Your Career", *Harvard Business Review*, 14 Julho de 2020, https://hbr.org/2020/07/how-to-crisis-proof-your-career.

94 *"Fraser fez seu nome":* Claire Zillman, "How Jane Fraser Broke Banking's Highest Glass Ceiling", *Fortune*, 19 de Outubro de 2020, https://fortune.com/longform/citi-ceo-jane-fraser-first-woman-wall-street-bank-citigroup-glass-ceiling.

95 *Girls Who Code [Garotas Que Programam, em tradução livre]:* Reshma Saujani, *Brave, Not Perfect: How Celebrating Imperfection Helps You Live Your Best, Most Joyful Life* (New York: Currency, 2019), 142; Reshma Saujani (fundadora da Girls Who Code), entrevista com a equipe de pesquisa da autora, Agosto de 2022.

96 *executivos corporativos podem acelerar drasticamente seu caminho:* Elena Lytkina Botelho, Kim Rosenkoetter Powell, e Nicole Wong, "The Fastest Path to the CEO Job, According to a 10-Year Study", *Harvard Business Review*, 31 de Janeiro de 2018, https://hbr.org/2018/01/the-fastest-path-to-the-ceo-job-according-to-a-10-year-study.

98 *levantando mais de US$141 milhões:* Este dado vem do site Crunchbase, pesquisa feita em 10 de Novembro de 2020.

99 *uma respeitável avaliação de US$450 milhões:* Este número vem de correspondência de e-mail entre o autor e Anil Arora, CEO da Envestnet/Yodlee, 9 de Novembro de 2020.

história contada em The Money, de Daniel P. Simon's The Money Hackers: Daniel P. Simon, *The Money Hackers: How a Group of Misfits Took on Wall Street and Changed Finance Forever* (New York: HarperCollins Leadership, 2020).

101 *"Você tem cérebro na cabeça"*: Retirado de Leotti, Iyengar, e Ochsner, "Born to Choose".

Capítulo 8: Bem, Algumas Coisas São (Como Apostar em Nós Mesmos)

103 *eu a chamarei de Margaret:* Eu alterei alguns detalhes nesta história para proteger a privacidade do sujeito.

106 *"Os dois dias mais importantes"*: Vishnu Verma, "These 31 Quotes Will Inspire You to Follow Your Passion", *Calling Dreams,* 10 de Fevereiro de 2016, https://callingdreams.com/follow-your-passion-quotes.

107 *nossas credenciais educacionais e experiência:* James Whittaker, *Career Superpowers: Succeeding on Purpose* (Kindle, 2014).

108 *"eu não acredito"*: Kim Scott, *Radical Candor: Be a Kick-Ass Boss Without Losing Your Humanity* (New York: St. Martin's Press, 2019), 64.

"grandes objetivos de vida com bastante estabilidade": Laura Parks-Leduc, Gilad Feldman, e Anat Bardi, "Personality Traits and Personal Values", *Personality and Social Psychology Review* 19, nº 1 (2015): 3–29, https://www.deepdyve.com/lp/sage/personality-traits-and-personal-values-kF1fPSdIdR?k ey=sage.

109 *"embora 95% das pessoas"*: Tasha Eurich, "Working with People Who Aren't Self-Aware", *Harvard Business Review,* 19 de Outubro de 2018, https://hbr.org/2018/10/working-with-people-who-arent-self-aware.

Se conhecer pode ser desafiador: Consulte Adam Grant, "People Don't Actually Know Themselves Very Well", *Atlantic,* 1 de Março de 2018, https://www.theatlantic.com/health/archive/2018/03/you-dont-know-yourself-as--well-as-you-think-you-do/554612/; Robert W. Firestone, "You Don't Really Know Yourself", *Psychology Today,* 26 de Novembro de 2016, https://www.psychologytoday.com/us/blog/the-human-experience/201611/you-dont--really-know-yourself; e Tasha Eurich, "What Self-Awareness Really Is (and How to Cultivate It)", *Harvard Business Review,* 4 de Janeiro de 2018, https://hbr.org/2018/01/what-self-awareness-really-is-and-how-to-cultivate-it.

A autoconsciência também pode se tornar mais difícil: Eurich, "What Self--Awareness Really Is".

109 *"Simplesmente não temos acesso"*: Eurich.

114 *"realmente um tanto inspirado"*: Nick Grudin (vice-presidente de Parcerias Mídia no Facebook), entrevista com a equipe de pesquisa da autora, Julho de 2020.

Capítulo 9: Saltos Maiores

121 *"deixar nossa preocupação antecipada"*: Esta citação é amplamente citada online e atribuída a Winston Churchill, mas não consegui localizar sua fonte original.

127 *um julgamento rápido com origens que permanecem um tanto misteriosas para nós:* Carlin Flora, "Gut Almighty", *Psychology Today, 1º de* Maio de 2007, https://www.psychologytoday.com/us/articles/200705/gut-almighty. Para saber mais sobre o pensamento instintivo, consulte os capítulos 3 e 4 de John Coates, *The Hour Between Dog and Wolf: How Risk Taking Transforms Us, Body and Mind* (New York: Penguin, 2012).

"Regra de ouro": Claudia Dreifus, "Through Analysis, Gut Reaction Gains Credibility", *New York Times,* 28 de Agosto 2007, https://www.nytimes.com/ 2007/08/28/science/28conv.html.

128 *"Não consigo explicar sempre"*: Dreifus, "Gut Reaction Gains Credibility."

"'combinação de padrões' inconscientes": Al Pittampalli, "When Should You Trust Your Gut? Here's What the Science Says", *Psychology Today,* 16 de Novembro de 2017, https://www.psychologytoday.com/us/blog/are-you-persuadable/ 201711/when-should-you-trust-your-gut-heres-what-the-science-says.

Capítulo 10: O Mito do Risco e Recompensa

146 *seu domínio do jogo melhora:* Daniel Weinand, "The Perils of Linear Life", *Mission* (blog), 21 de Agosto de 2017, https://medium.com/the-mission/ the-perils-of-linear-life-e2a95ea6aaa1.

"Décadas de pesquisa em psicologia cognitiva": Bart de Langhe, Stefano Puntoni, e Richard Larrick, "Linear Thinking in a Nonlinear World", *Harvard Business Review,* Maio–Junho de 2017, https://hbr.org/2017/05/ linear-thinking-in-a-nonlinear-world.

enfatizar o pensamento linear: Richard E. Nisbett et al., "Culture and Systems of Thought: Holistic Versus Analytic Cognition", *Psychological Review* 108, nº 2 (2001): 291–310, https://doi.org/10.1037/0033-295X.108.2.291.

"pensadores analíticos": Nick Hobson, "Our Anxiety Is Rooted in the American Tradition of Over-Analyzing", *Vice*, 29 de Março de 2018, https://www.vice.com/en_us/article/ne9vv8/our-anxiety-is-rooted-in-the-american-tradition-of-over-analyzing.

149   *sua carreira nos negócios*: Corey Thomas (chairman and CEO of Rapid7), entrevista com a equipe de pesquisa da autora, 25 de agosto de 2020.

150   *"Às vezes a vida distorce tudo"*: entrevista com Corey Thomas.

Capítulo 11: Para Ser Bem-Sucedido, Esqueça o Sucesso

155   *"um efeito significativo ou importante"*: *Merriam-Webster Online*, s.v. "impact", acessado em 5 de Novembro de 2020, https://www.merriam-webster.com/dictionary/impact.

156   *longo processo de desenvolvimento*: Mathai Mammen (chefe global de R&D para a Janssen Pharmaceutical Companies da Johnson & Johnson), entrevista com a equipe de pesquisa da autora, 1 de Novembro de 2020.

159   *desempenho de suas funções básicas*: Simon Chen (ex-assistente executivo da Joyus), entrevista com a equipe de pesquisa da autora, 26 de outubro de 2020.

161   *"interação motivada"*: George E. P. Box, "Science and Statistics", *Journal of the American Statistical Association* 71, nº 356 (Dezembro de 1976): 791.

proprietários de pequenas empresas: Leonard A. Schlesinger, Charles F. Kiefer, e Paul B. Brown, "Act, Learn, Build: Lessons Small Business Owners Should Take from Serial Entrepreneurs", *Washington Post*, 14 de Maio de 2012, https://www.washingtonpost.com/business/on-small-business/act-learn-build-lessons-small-business-owners-should-take-from-serial-entrepreneurs/ 2012/05/14/gIQATLefPU_story.html.

162   *"ficar presos em possíveis consequências"*: Julia Ries, "Here's What Happens to Your Body When You Overthink," *Huffington Post*, atualizado em 6 de Fevereiro de 2020, https://www.huffpost.com/entry/overthinking-effects_l_5dd2 bd67e4b0d2e79f90fe1b.

165   *dizê-la (a verdade) de maneira que os outros possam ouvi-la*: Orit Ziv (chefe dos recursos humano no escritório Sony Playstation), entrevista com a equipe de pesquisa da autora, 26 de outubro de 2020.

169   *"Eu certamente poderia ter falhado"*: Daniel Alegre, presidente e diretor de operações da Activision and former Google executive, troca de e-mail com a autora, 15 de novembro de 2020.

170   *10 mil horas:* Malcolm Gladwell, *Outliers: The Story of Success* (New York: Back Bay Books, 2009). Publicado no Brasil com o título: Fora de Série – Outliers.

Em um grande estudo: Guy Berger, "How to Become an Executive", *LinkedIn,* 9 Setembro 2016, https://www.linkedin.com/pulse/how-become-executive-guy-berger-ph-d-/?published=t)In.

Capítulo 12: Falhas de Impacto

179   *agora famoso memorando:* Eugene Kim, "This Internal Memo from 10 Years Ago Shows Yahoo Still Hasn't Solved Its Biggest Problem", *Business Insider,* 7 de Fevereiro de 2016, https://www.businessinsider.com/peanut-butter-manifesto-still-holds-true-for-yahoo-2016-2.

avançar significativamente em nenhum deles: Para saber mais sobre o problema de sermos muito exigentes com nós mesmos, consulte o capítulo 2 de Morten T. Hansen, *Great at Work: How Top Performers Do Less, Work Better, and Achieve More* (New York: Simon & Schuster, 2018).

181   *"Coach de trilhões de dólares":* Consulte Eric Schmidt, Jonathan Rosenberg, e Alan Eagle, *Trillion Dollar Coach: The Leadership Playbook of Silicon Valley's Bill Campbell* (Hodder & Stoughton, 2019).

185   *experiências com discriminação:* Ade Olonoh, "I Can't Breathe", Ade Olonoh.com, Junho de 2020, https://adeolonoh.com/i-cant-breathe.

185   *escreveu corajosamente um poderoso post para seu blog:* Susan Fowler, "Reflecting on One Very, Very Strange Year at Uber", SusanJFowler.com, 19 de Fevereiro de 2017, https://www.susanjfowler.com/blog/2017/2/19/reflecting-on-one-very-strange-year-at-uber.

alegações semelhantes: Johana Bhuiyan, "A Former Uber Engineer Is Suing the Company for Discrimination and Sexual Harassment", Recode, 21 de Maio de 2018, https://www.vox.com/2018/5/21/17377588/uber-engineer--sexual-harassment-lawsuit-discrimination-ingrid-avendano.

186   *Um estudo britânico com 1.400 colaboradores:* Georgina Fuller, "Half of Employees Have Witnessed Racism at Work, Says Survey", *People Management,* 2 Março de 2018, https://www.peoplemanagement.co.uk/news/articles/half-employees-witnessed-racism-work.

186 *demitida e, posteriormente, seu processo:* Carlos Granda, "UCLA Hospital Worker Awarded $1.5 Million in Racial Harassment Lawsuit", *ABC 7 News,* 9 de Agosto de 2019, https://abc7.com/society/ucla-hospital-worker-awarded-$15-million-in-harassment-suit/5453517.

Capítulo 13: Sinais de Crescimento

203 *"Pessoas que não assumem riscos":* Robert P. Miles, *Warren Buffett Wealth: Principles and Practical Methods Used by the World's Greatest Investor* (Hoboken, NJ: Wiley, 2004), 157.

O mercado de gig economy TaskRabbit: Stacy Brown-Philpot (CEO da TaskRabbit), entrevista com a equipe de pesquisa da autora, 17 de setembro de 2020.

204 *"Tive que correr alguns riscos pessoais ao longo do caminho":* Stacy Brown-Philpot.

207 *cerca de 12,5%:* Millie Beetham, "The 2020 Automotive Dealer Benchmarks Report", *Four Eyes,* 17 de Janeiro de 2020, https://foureyes.io/learn/the-2020-automotive-dealer-benchmarks-report.

cirurgia de fusão espinhal: Stephen P. Montgomery, "TLIF Back Surgery Success Rates and Risks", *Spine Health,* 7 de Maio de 2003, https://www.spine-health.com/treatment/spinal-fusion/tlif-back-surgery-success-rates-and risks.

207 *registraram taxas de vitória:* Consulte, por exemplo, os dados fornecidos por teamrankings.com, https://www.teamrankings.com/nba/player-stat/ts-percentage.

208 *"processo recursivo":* Darren J. Gold (coach executivo e sócio-diretor da the Trium Group), entrevista com a equipe de pesquisa da autora, 2 de setembro de 2020.

210 *"Não é porque as coisas são difíceis":* David Stevenson, *Secrets of Wealthy People: 50 Techniques to Get Rich* (New York: McGraw-Hill, 2014), 1.

211 *"reconstruindo a besta":* Festus Ezeli, em e-mail para a autora, 4 de novembro de 2020.

Capítulo 14: Possibilidade e Fluxo de Energia

214 *"como uma vitima que reage"*: Gary Zukav, *Soul to Soul: Communications from the Heart* (New York: Free Press, 2007), 196.

219 *Surpreendentes 84%:* Sukhinder Singh Cassidy, "Tech Women Choose Possibility", *Vox,* 13 de Maio de 2015, https://www.vox.com/2015/5/13/11562596/tech-women-choose-possibility.

222 *Quando John tinha 4 anos:* John Krause (empreendedor e fundador da Big House Beans), entrevista com a equipe de pesquisa da autora, 14 de maio de 2020.

224 *"gerando potencial":* "Second Chances", *Big House Beans,* acessado em 31 de outubro de 2020, https://bighousebeans.com/pages/ourstory.

ÍNDICE

Este livro foi impresso nas oficinas gráficas da Editora Vozes Ltda.,
Rua Frei Luís, 100 – Petrópolis, RJ.